大阪名所図解

THE OSAKA DESIGN

かたちと名前を知ることで、大阪をより深く「見る」ことができる。

大阪の名所と呼ばれる歴史的建築物の中には、国宝建築や重要文化財も含め、
ユニークなものがたくさんある。屋根の形はもちろんのこと、
例えば屋根を支える縦横の柱や装飾にも一つ一つ名称があり、
それらの名前を知ることで、より深く「見る」ことができる。
城郭と寺社の建築を見比べることで、
それぞれの用途や時代ごとの違いもわかる。

街に点在する近現代のビルや橋、駅、空港も同様で、
各部位の名称があり、一つずつに機能的意味やデザインの意図がある。
また、長く愛されてきた老舗のお好み焼き屋やうどん屋、
あるいは喫茶・バーは、名物と店自体が作用し合いながら形づくられている。
店の造りや意匠にはその店らしさが滲み出ていると同時に、
その店が建っている場所の地元性をも具現化している。

これらを図解によって知ることで、
ふだん意識しない細部にも大阪ならではの工夫があることがわかる。
それこそが大阪の「かたち」を見ることに他ならないのである。

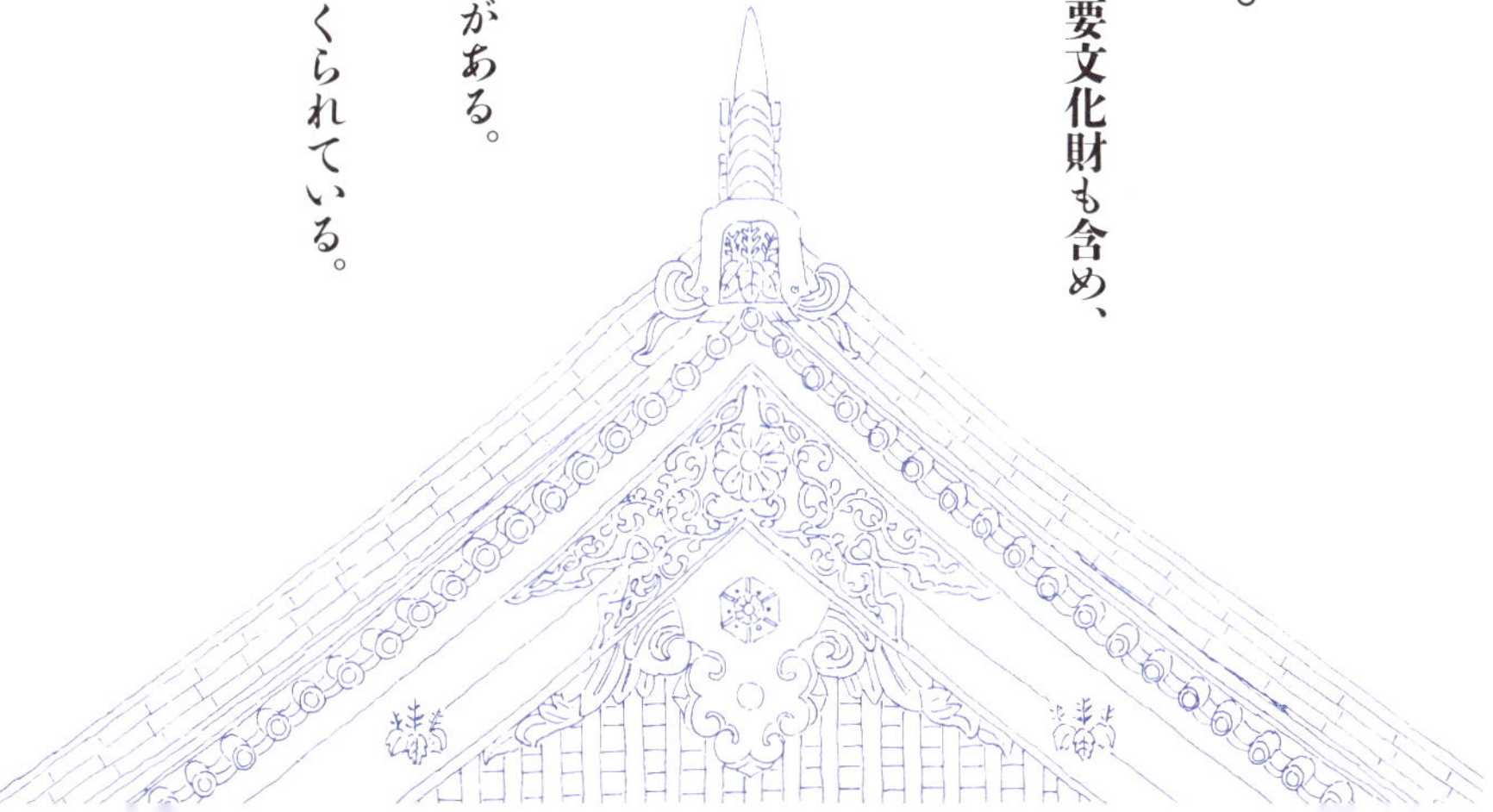

目次

城郭・寺社のかたち。

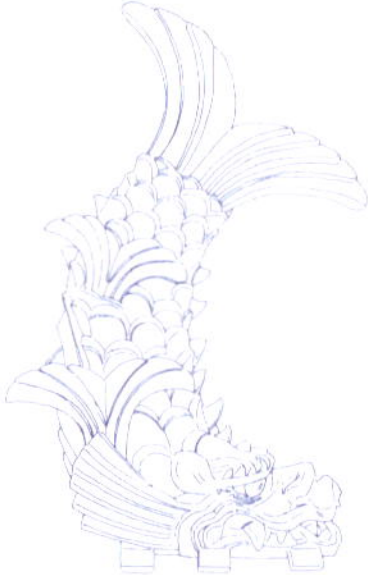

街のランドマーク。

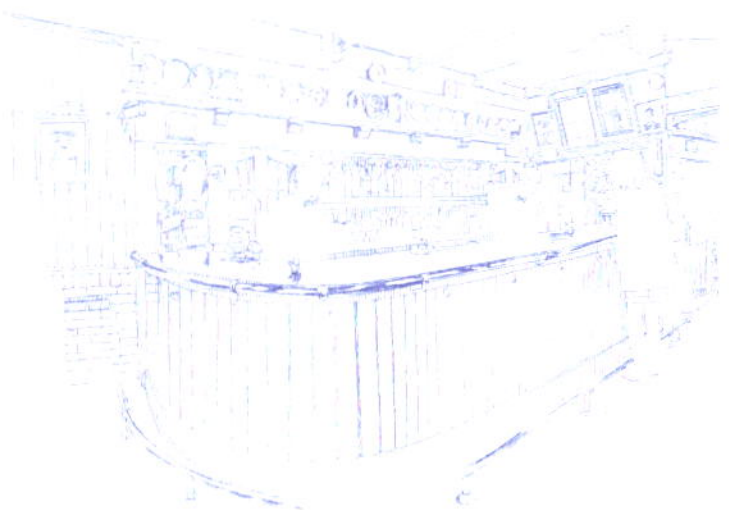

コラム

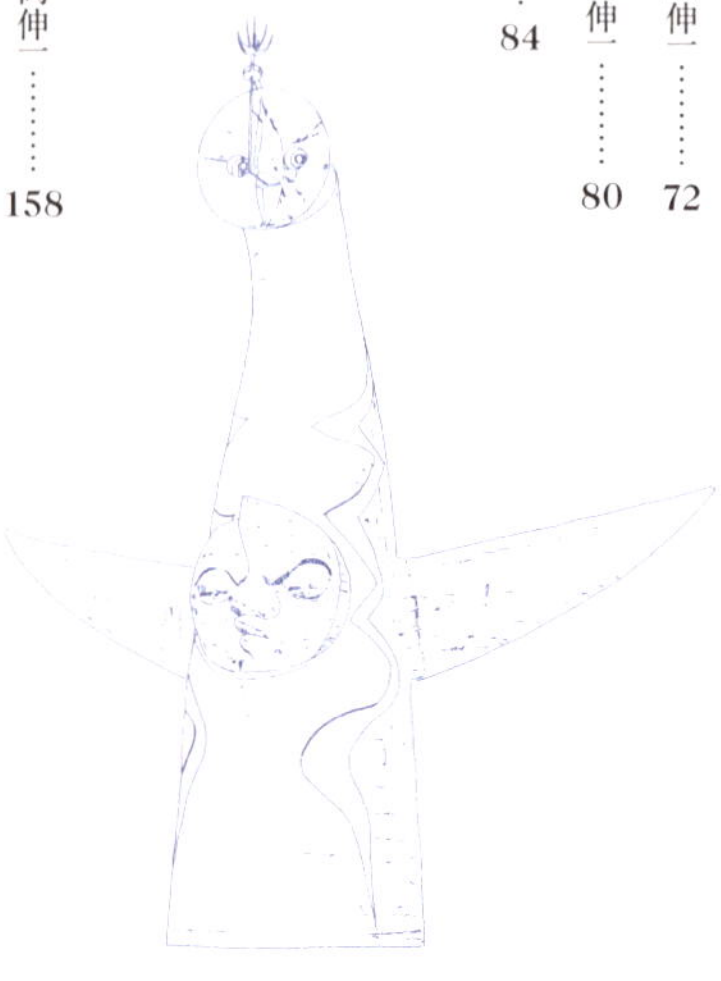

城郭・寺社のかたち。

城郭・寺社のかたちI

大阪城

OSAKAJO

大阪城内にはさまざまな時代、デザイン、構造の建造物がある。現在の天守閣は、鉄骨鉄筋コンクリート造《ぞう》で建てられた三代目。だが、築八〇年を超える歴史は、豊臣・徳川期の天守を合わせたよりも長い。豊臣期天守を復元した天守閣をはじめ、徳川期の蔵、櫓、門など重要文化財の諸建築、そして近代建築と、各時代の名建築が現在の大阪城の魅力を生みだしている。

N
内堀
極楽橋
青屋門
7 焔硝蔵
4 乾櫓
10 刻印石
天守台石垣 5
1 天守閣
西外堀
金明水井戸屋形
西の丸
庭園
梅林
6 金蔵
本丸
旧第四師団
指令部庁舎
3 千貫櫓
9 蛸石
2 大手口
多聞櫓
8 桜門
大手門
一番櫓
六番櫓
豊国神社
南外堀

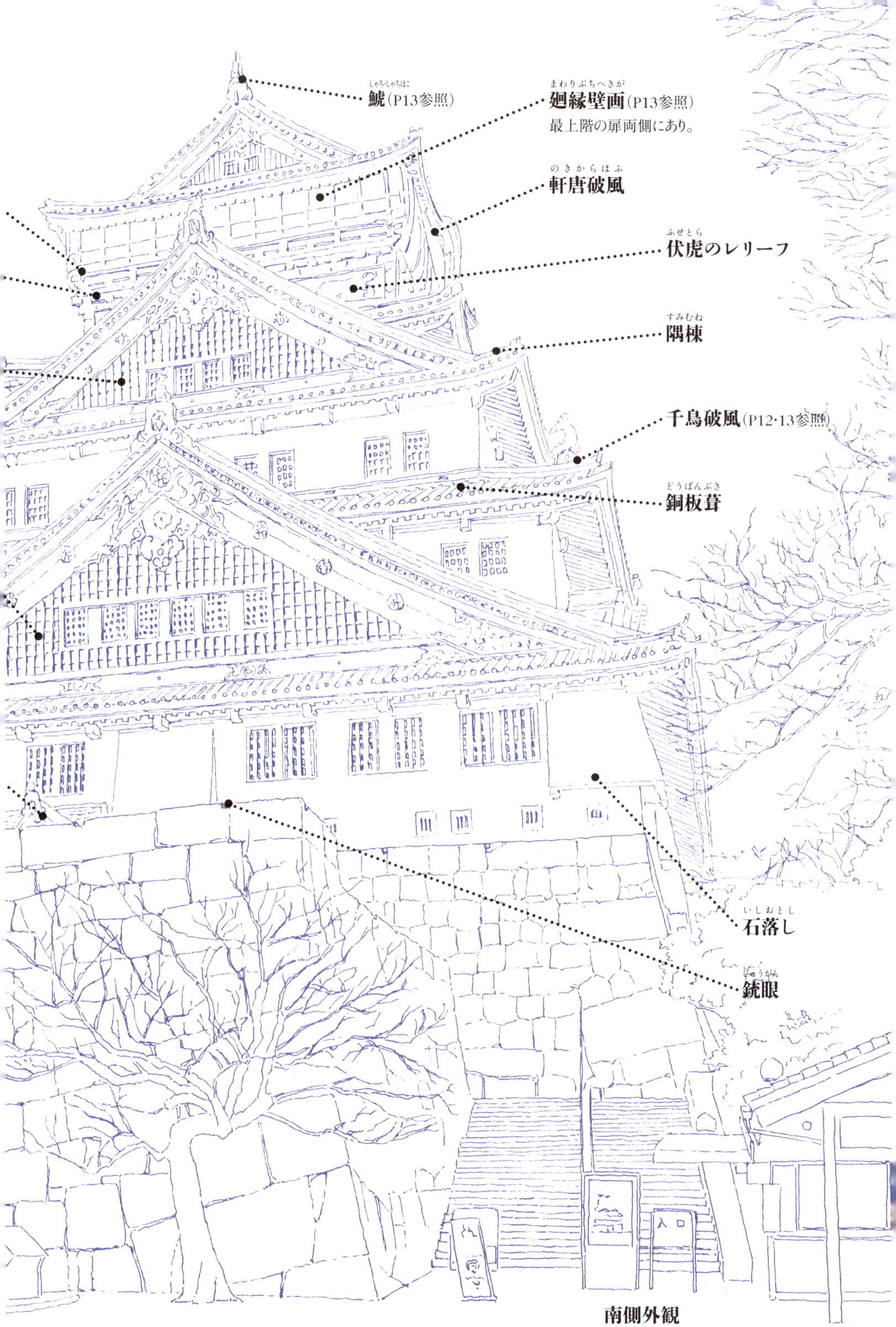
鯱《しゃち・しゃちほこ》(P13参照)
廻縁壁画《まわりぶちへきが》(P13参照)
最上階の扉両側にあり。
軒唐破風《のきからはふ》
伏虎《ふせとら》のレリーフ
隅棟《すみむね》
千鳥破風(P12·13参照)
銅板葺《どうばんぶき》
石落《いしおと》し
銃眼《じゅうがん》
入口

南側外観

天守閣 ❶

現在の天守閣は昭和六年（一九三一）、豊臣期天守の外観を復元考証して鉄骨鉄筋コンクリート造《ぞう》の「永久建築」として建てられた。大阪のシンボルとして、耐震耐火の不燃建築を、との願いが込められたためだろう。外観は五層の屋根を持ち、内部は八階建。復興当初から博物館と展望台の機能を持っていた。

※天守と天守閣
天守とは、城の中心となる建物で、織田信長の安土城では「天主」と記されたが、その後は主に「天守」の文字が用いられた。「天守閣」という呼び名は江戸後期から少しずつあらわれ、近代になってよく用いられるようになった。ここでは、江戸時代に関する部分では「天守」、近代以降は「天守閣」と呼ぶ。

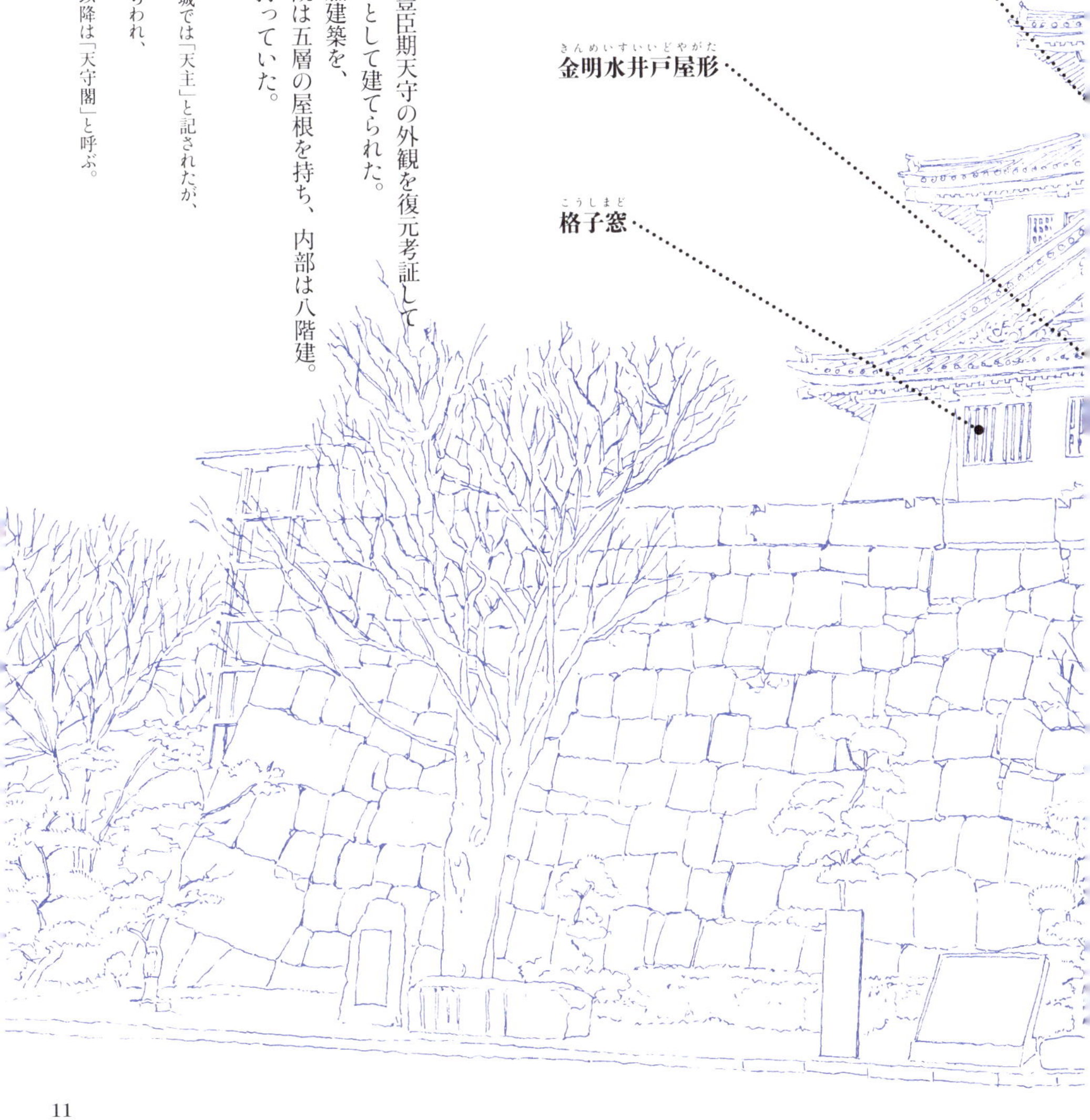

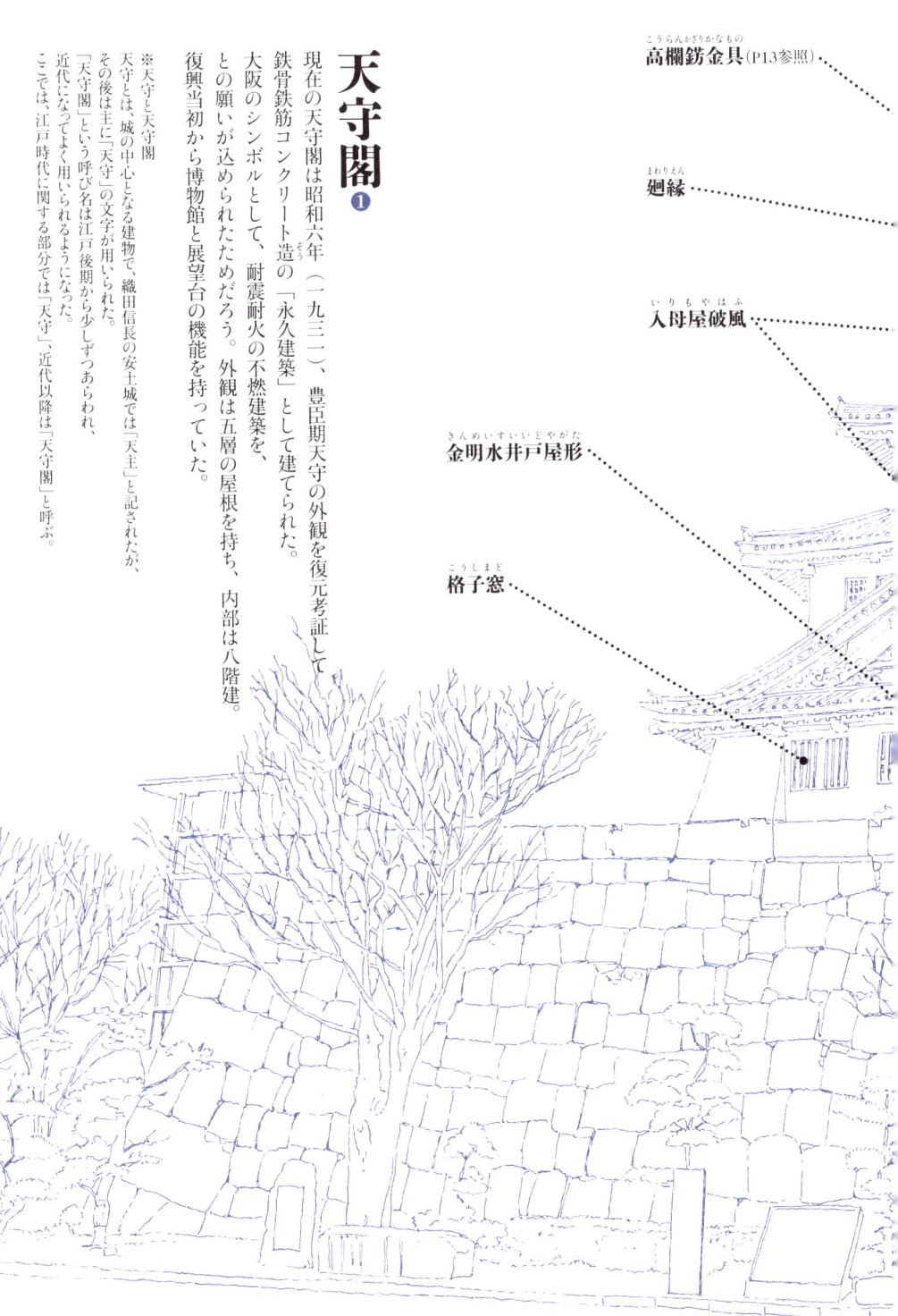

天守閣の装飾

千鳥破風《ちどりはふ》

天守閣東西面第三層のもの。南北面には入母屋破風があり、ともに三角形でよく似ているが、違いは入母屋破風が屋根の隅棟《すみむね》と接続しているのに対し、千鳥破風は隅棟に接続せずに、屋根面につきあたって止まる。

鬼瓦《おにがわら》
ここでは金箔押桐紋鬼瓦が用いられている。

鯱《しゃち》
頭が虎で体が魚の想像上の霊魚。

六葉《ろくよう》
懸魚の中心飾り。

破風拝錺金具《はふおがみかざりかなもの》
破風とは屋根の妻側の山形部分を指し、その頂部を拝(おがみ)という。

鰭《ひれ》
懸魚の左右の装飾。

前包《まえづつみ》
入母屋破風、千鳥破風の最下部にある水平材。

木連格子《きつれこうし》
入母屋造の妻飾(つまかざり:妻面を飾る架構法)のひとつで、竪桟(たてさん)と横桟を組んだもの。狐格子(きつねごうし)ともいう。

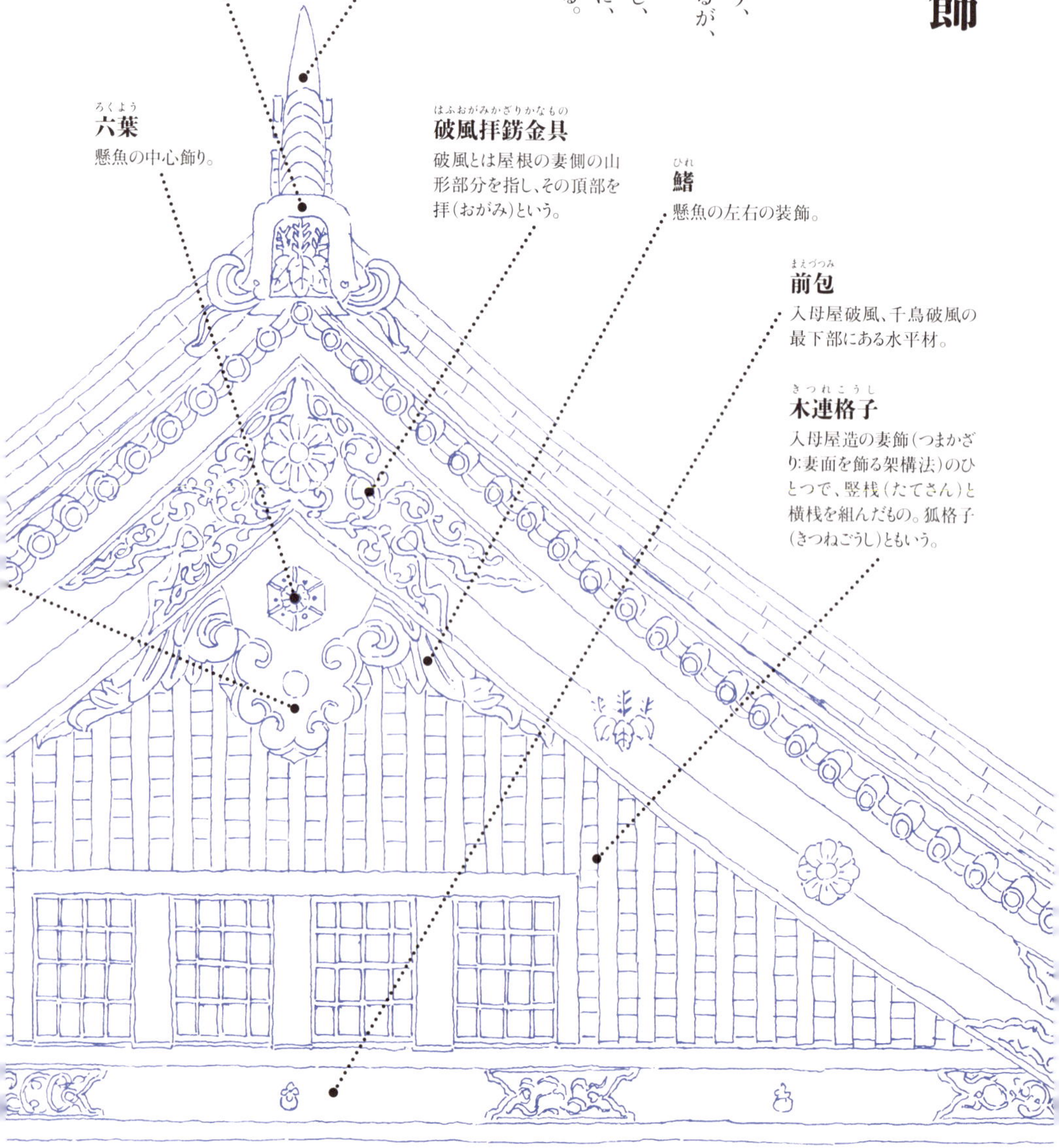

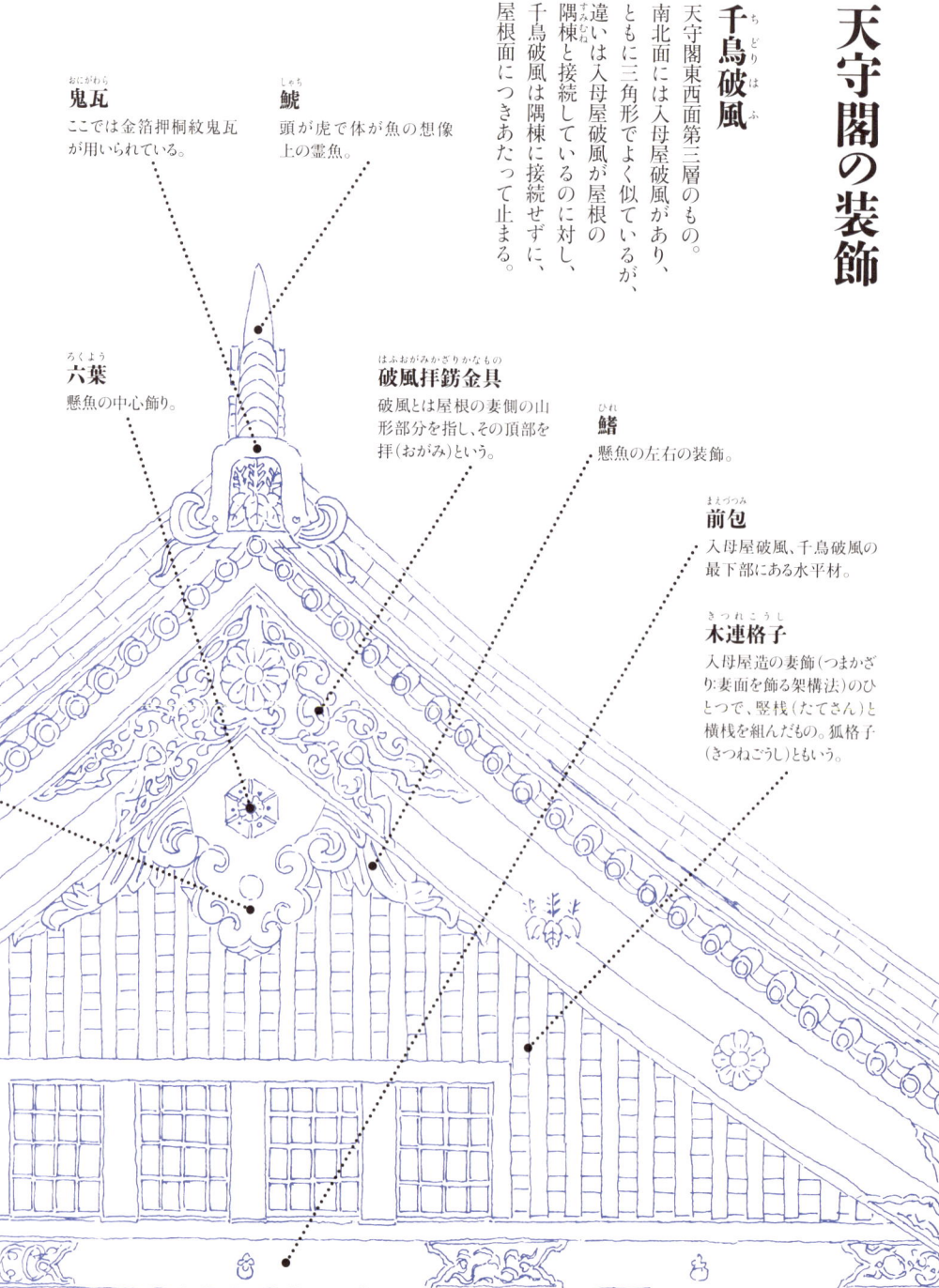

高欄《こうらん》錺《かざり》金具《かなもの》（P10参照）

最上層の外側に張り巡らされた
廻縁《まわりえん》高欄の最上部に
取り付けられた錺金具。

軒《のき》丸《まる》瓦《がわら》瓦《が》当《とう》

瓦当とは、軒瓦の先端部分をさす。
天守閣の屋根はすべて銅板葺。
丸瓦は金箔押銅板瓦。

廻縁《まわりえん》壁画《へきが》（P10参照）

京都の図案家・
沢辺清五郎の原画をもとに、
金沢の蒔絵師・遊部石斎《あそべせきさい》が制作した。
当時、復元の根拠となった
黒田屏風（大坂夏の陣図屏風）に
描かれたものが鶴と考えられていたが、
今日ではこれを鷺と解釈するのが一般的。

最上層の鯱《しゃち》（P10参照）

最上層の高さ二一・一九メートルの鯱一対は、
南区（現・中央区）瓦屋町在住で
代々鋳金業を営む今村久兵衛が寄贈した。
鯱は武者行列を含む二五〇余名の
行列によって華々しく城内に運び込まれた。
その際、久兵衛は秀吉に扮して行列に参加した。

三花懸魚《みつばなげぎょ》

懸魚とは、屋根の妻面において拝みの部分などに取り付ける保護材を兼ねた装飾で、三花懸魚は先端の模様が三方にあるものをいう。

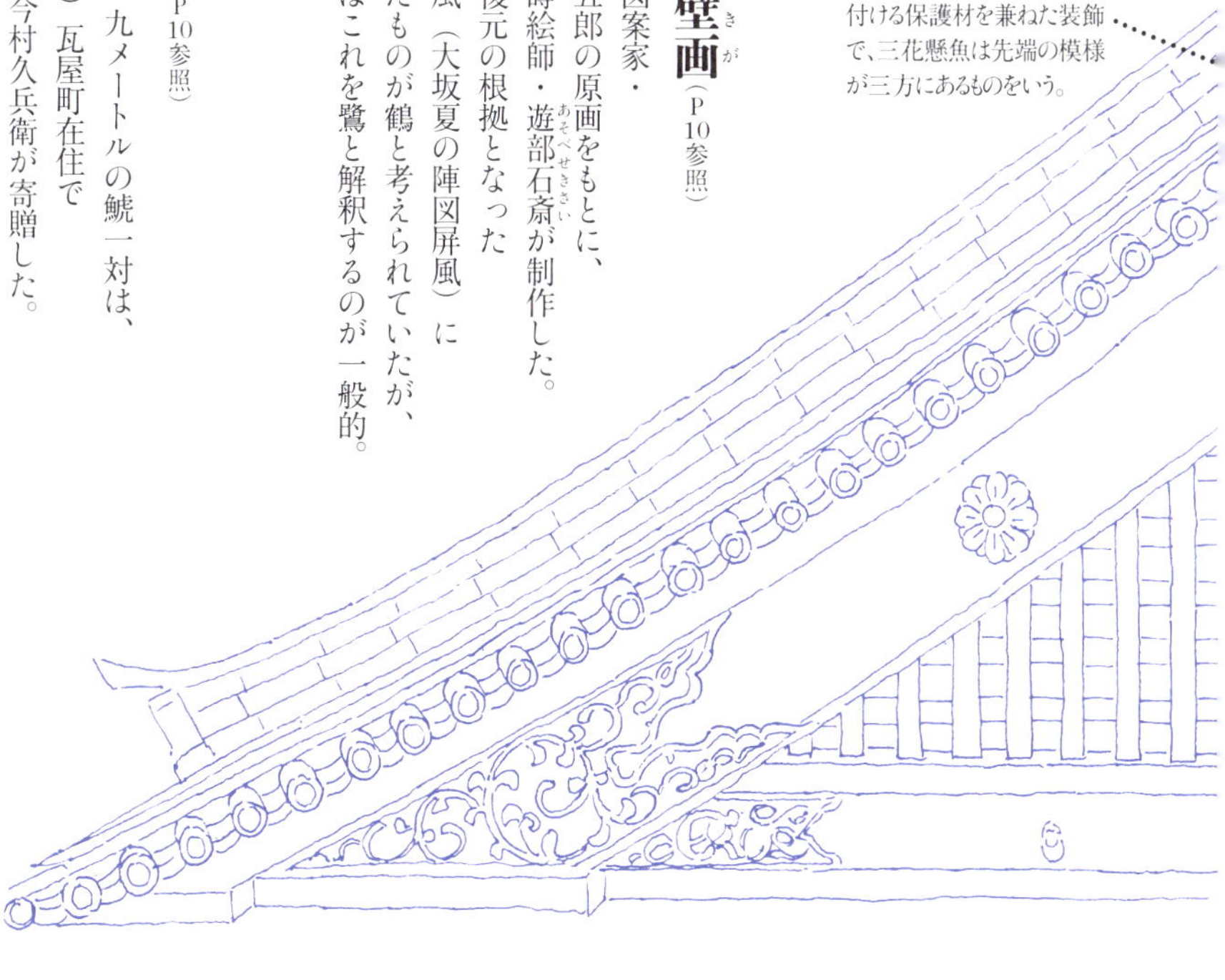

冠木《かぶき》

渡櫓《わたりやぐら》

多聞櫓の二階部分。

土戸《つちど》

分厚い板戸の表面に漆喰を塗った防火戸。

続櫓《つづきやぐら》

渡櫓から南に折れた部分。

腕木《うでぎ》

水平部材から張りだして上部の部材を支持する横木。

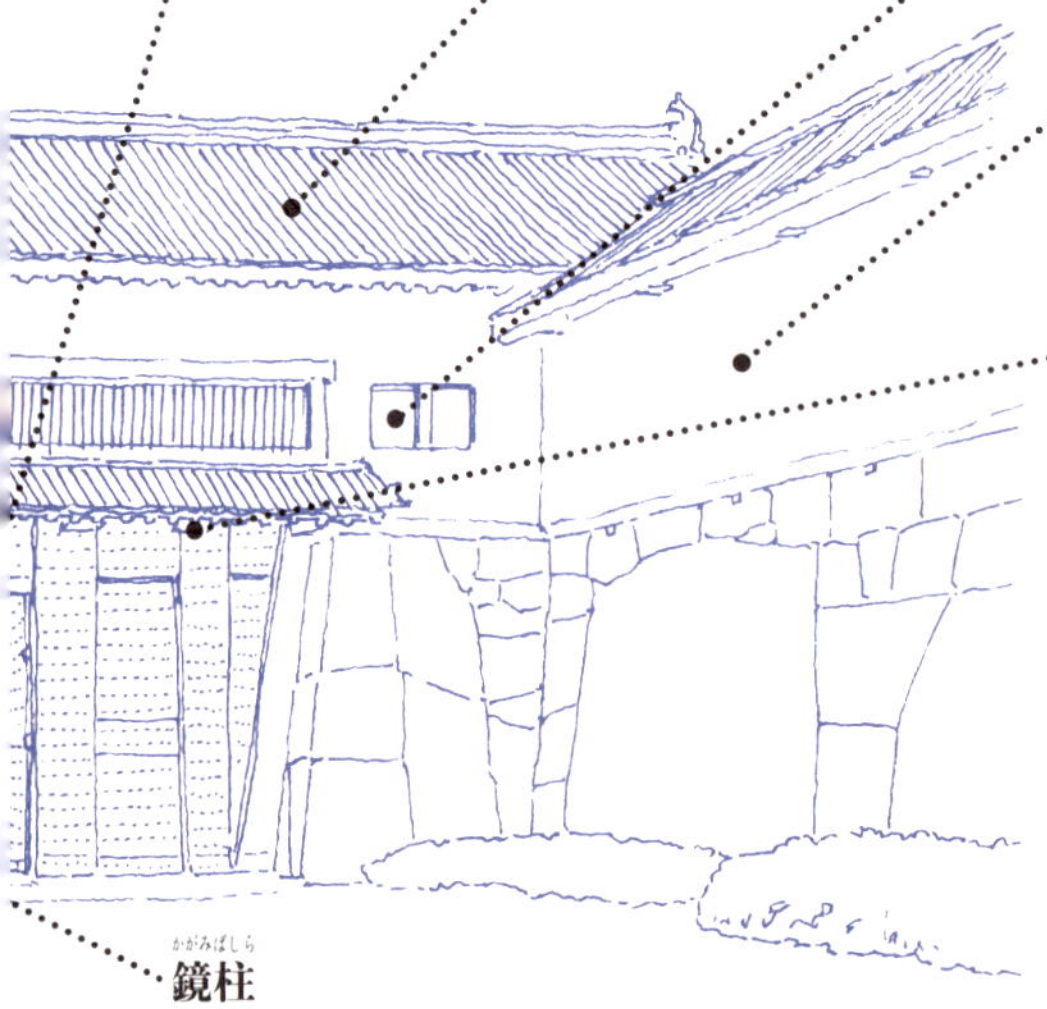

鏡柱《かがみばしら》

千貫櫓《せんがんやぐら》 ③

大阪城の正面入口・大手門を守る隅櫓で、最も攻めにくいといわれた櫓。元和《げんな》六年（一六二〇）に建てられ、乾櫓とともに城内最古の建造物。現存する大阪城内の櫓中、唯一軒唐破風《のきからはふ》を持つことも、その格式を物語っている。

蕪懸魚《かぶらげぎょ》

懸魚とは破風の頂部や途中で、桁（水平材）を保護し装飾する部材。蕪懸魚はその下端が蕪のような形で、人字型を重ねた様な意匠。

鯱《しゃち》

頭が虎で体が魚の想像上の霊魚。ここでは瓦製。

切妻破風《きりづまはふ》

軒先まで三角形の屋根の端部を張り出したもの。主に一階の出窓上に付ける。

軒唐破風《のきからはふ》

唐破風とは、中央がむくり、両端が反っている連続曲線を描く破風。軒唐破風とは、軒先につく唐破風のこと。

入母屋造本瓦葺《いりもやづくりほんがわらぶき》

千鳥破風《ちどりはふ》

屋根の流れ面に取り付けられた切妻（三角）の破風。

銃眼《じゅうがん》

鉄砲を打つ穴。鉄砲は片膝をついて構えるので、銃眼は通常の窓より低い位置にある。

石落《いしおとし》

床面に開けられた細長い蓋つきの穴。石を落とすよりも、ここから鉄砲を構えて打つためのもの。

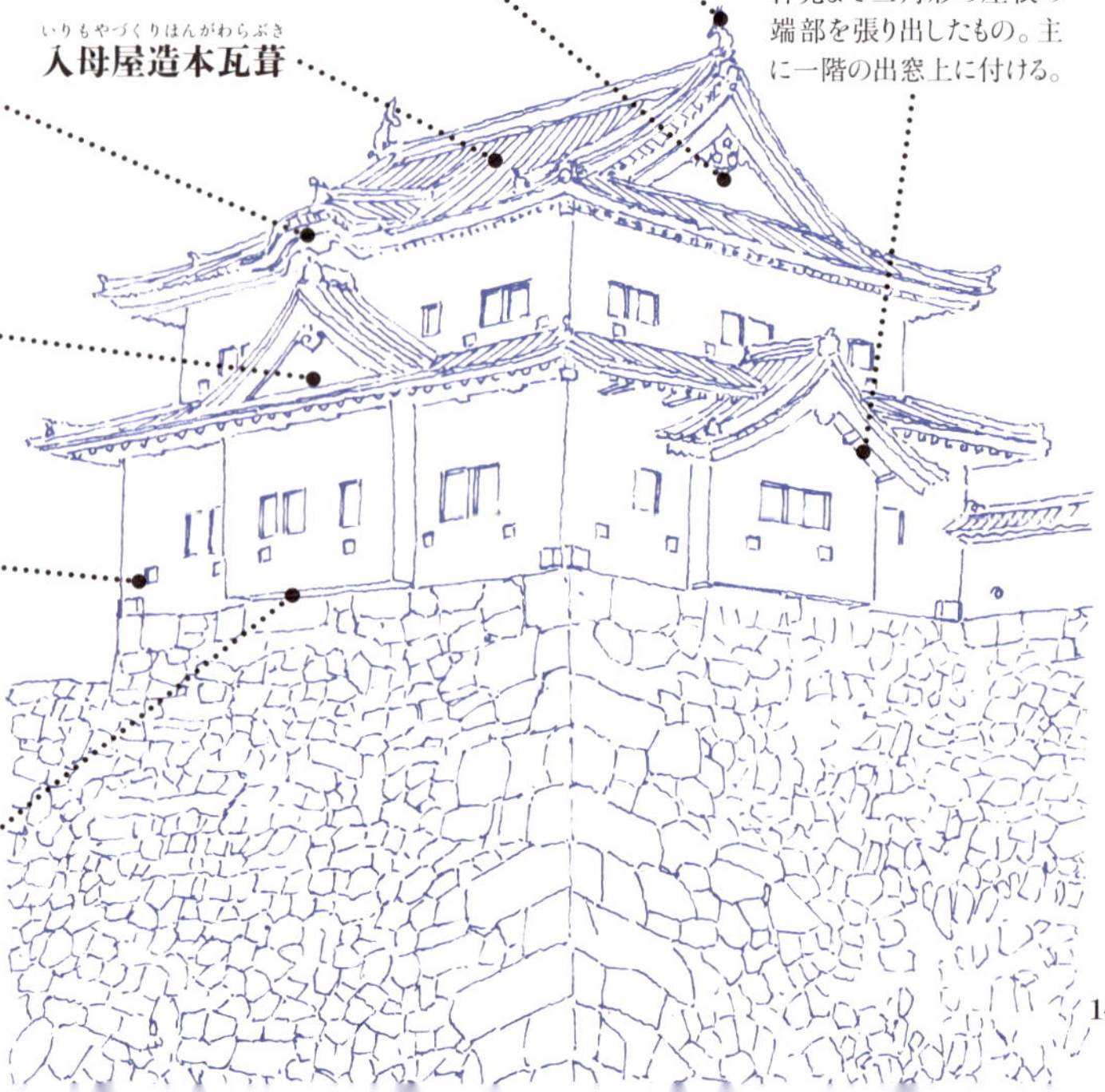

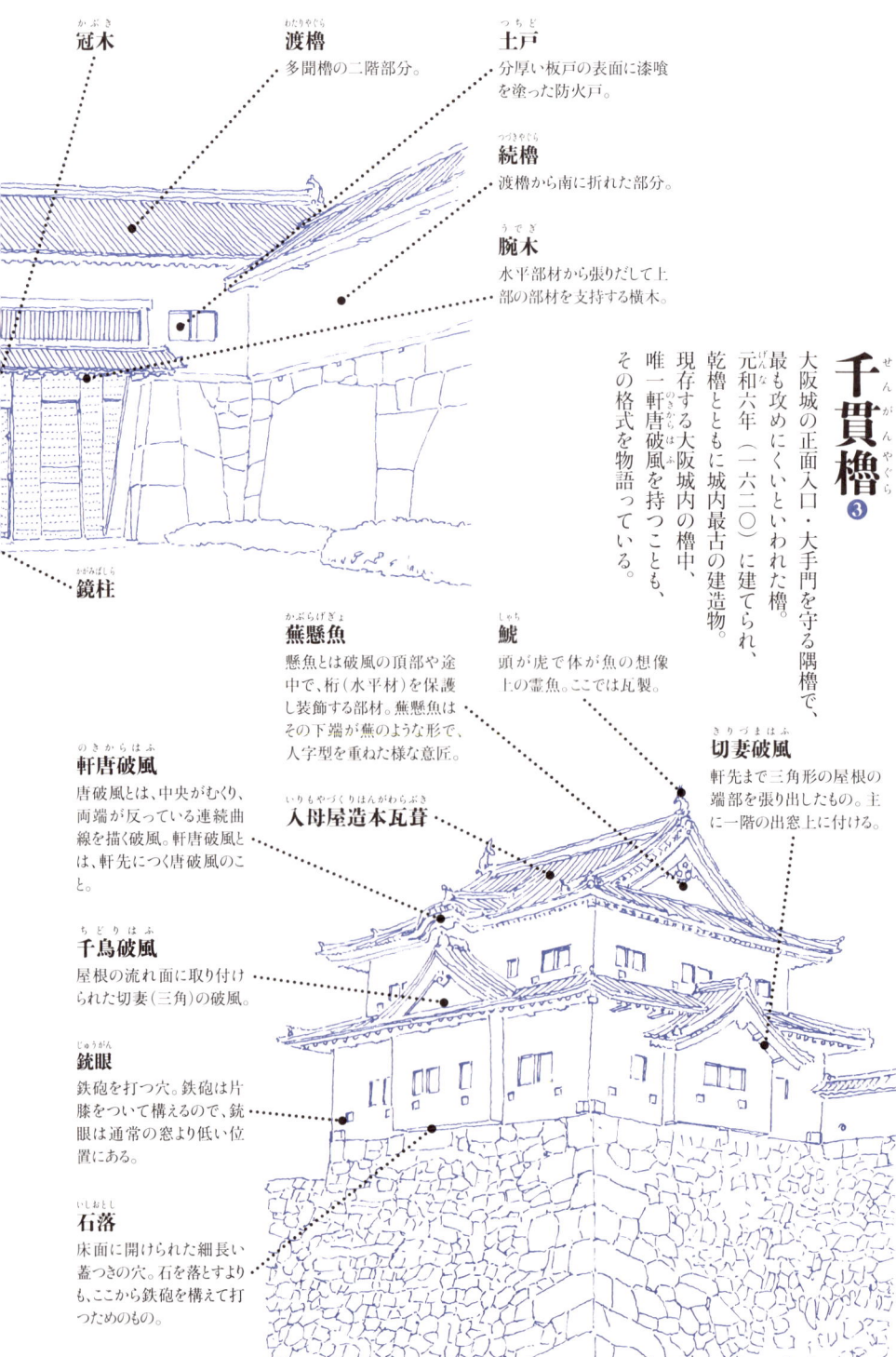

大手口多聞櫓《おおてぐちたもんやぐら》 ❷

一階部分を櫓門とし、上部を渡櫓《わたりやぐら》、南に折れ曲がった部分を続櫓《つづきやぐら》と呼ぶ。

大棟《おおむね》
屋根の頂上において水平に走る棟の総称。

本瓦葺《ほんがわらぶき》
丸瓦と平瓦を交互に用いて葺いたもの。

武者窓《むしゃまど》
城郭建築における太い竪格子窓。ここでは格子を鉄板で巻く念の入れよう。内側は引戸。その下に石落がある。

乾櫓《いぬいやぐら》 ❹

西の丸庭園の北西隅にあるL字形総二階建の櫓。櫓は一階よりも二階の壁が後退していることが多いが、ここでは一、二階の壁がそろっており（総二階）、L字形（矩折《かねおり》）である点が大変珍しい。L字形は、外側からみた時に櫓を大きくみせるための工夫でもある。

入母屋造本瓦葺《いりもやづくりほんがわらぶき》
入母屋造とは、寄棟造の上に切妻造の屋根をのせた形。

降棟《くだりむね》
切妻造や入母屋造の屋根で、流れに沿って降りてくる棟。

矩折二重二階《かねおりにじゅうにかい》
全体が矩折（直角に曲がっている）の総二階建で、屋根が二重に付いている。

大棟《おおむね》

鯱《しゃち》

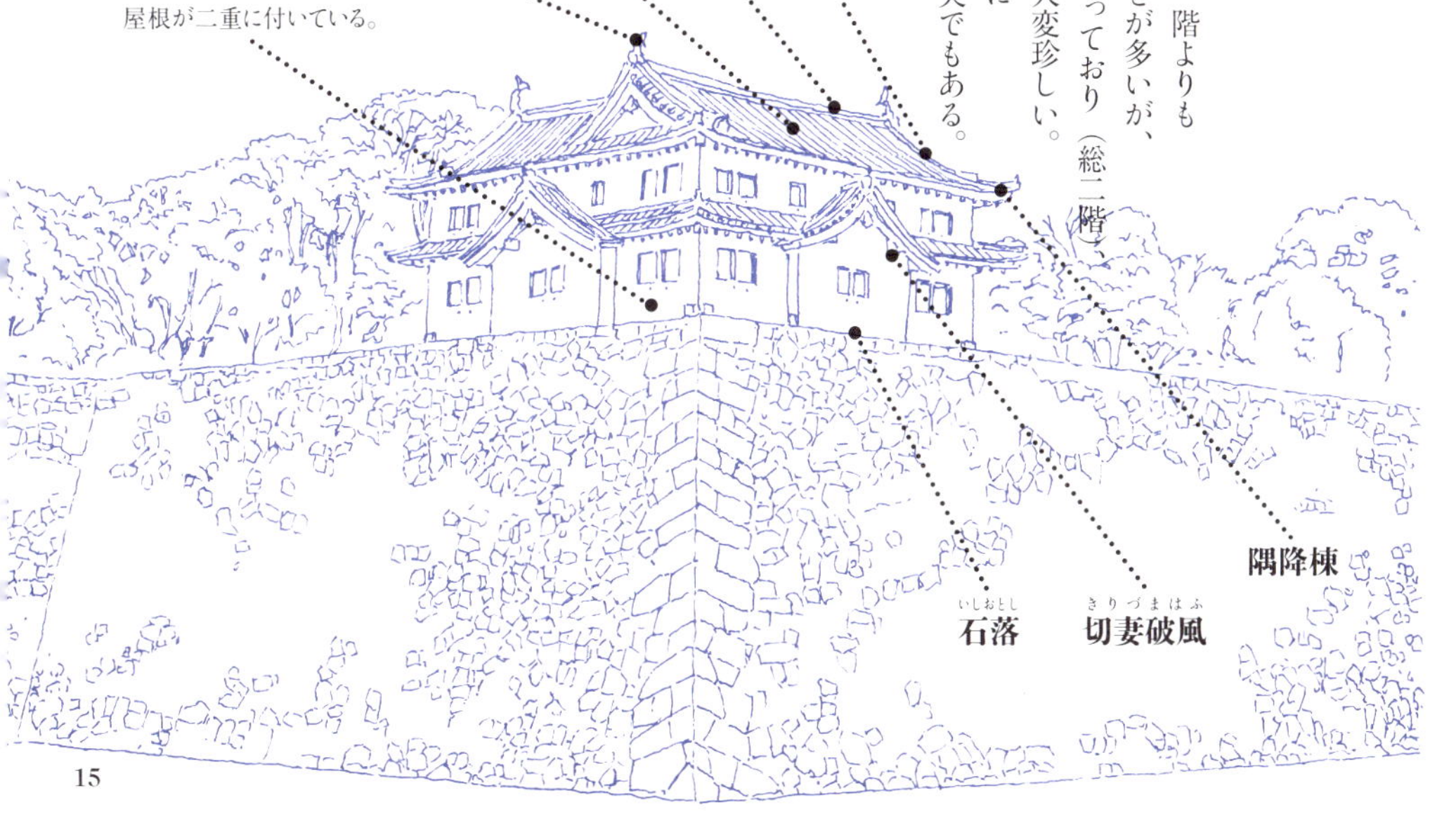

天守台石垣《てんしゅだいいしがき》 ⑤

再建当時は豊臣期のものと考える意見が大勢を占めていたが、昭和三四年（一九五九）に行われた大阪城総合学術調査によって、現在の石垣はすべて徳川期のものであることが判明。つまり、現在の天守閣は徳川期の石垣の上に豊臣期の天守を築いていたことになる。

寄棟造本瓦葺《よせむねづくりほんがわらぶき》

焔硝蔵では屋根内にも石を充填し、隙間を粘土で固めた。

塗込軒

垂木全体を漆喰で塗り込めて、波形のように仕上げている。

大棟《おおむね》

屋根の頂部において水平にはしる棟の総称。

隅降棟《すみくだりむね》

大棟から隅角に向かってのびる棟。

金蔵《きんぞう》 ⑥

江戸時代、幕府の金貨・銀貨を保管した建物。宝暦元年（一七五一）長屋状の建物を改造してつくられ、天保八年（一八三七）大改築を受けた。陸軍時代も改造されたが、いまは昔の形に復された。姿を変えながらも生き続ける、建築のしたたかさの一例。

焔硝蔵《えんしょうぐら》 7

貞享《じょうきょう》二年（一六八五）竣工。西の丸庭園にある火薬庫。通常の土蔵と異なり、石垣の上に本瓦葺の屋根をのせた耐火・耐弾・耐落雷の特異な構造をもつ。壁の厚みと庫内の幅がほぼ同じ。他に類例のない堅牢な建造物。

隅降棟《すみくだりむね》
寄棟造(または入母屋造)の稜線に沿った棟。

鳥衾《とりぶすま》
鬼瓦の上から飛びだしている円筒形状の瓦。

鬼瓦《おにがわら》
徳川期の建築ゆえ、三葉葵紋である。

大棟《おおむね》

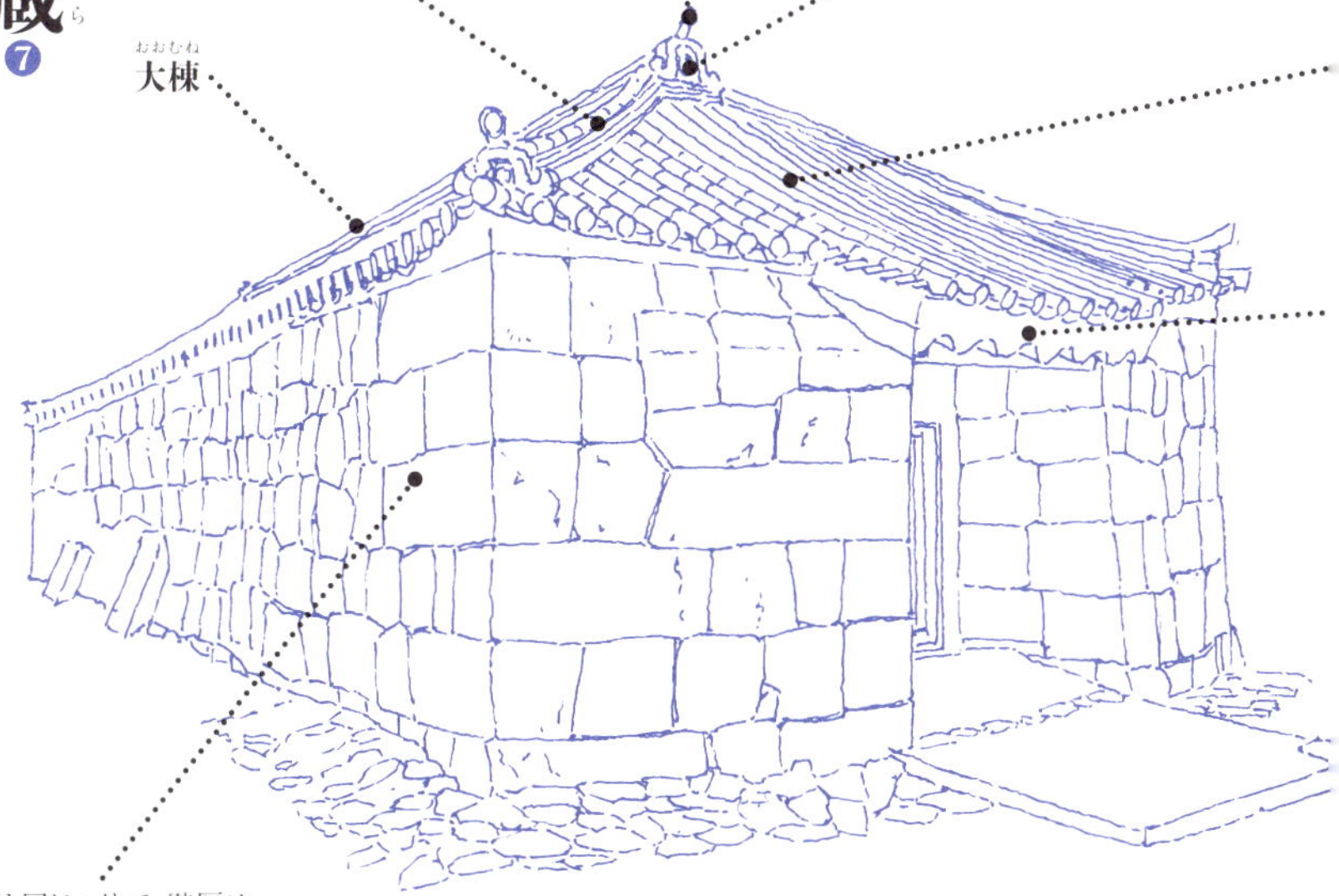

壁
石垣と同じつくりで、壁厚は8尺(約2.4m)。

寄棟造妻入本瓦葺《よせむねづくりつまいりほんがわらぶき》
寄棟造とは、大棟から四方に葺き下ろした屋根のこと。本瓦葺とは、丸瓦と平瓦によって構成される屋根の葺き方。

大壁造《おおかべづくり》
柱を外に出さず、塗り込めたつくり。城郭建築では通常、防火性に長けた大壁造が用いられる。

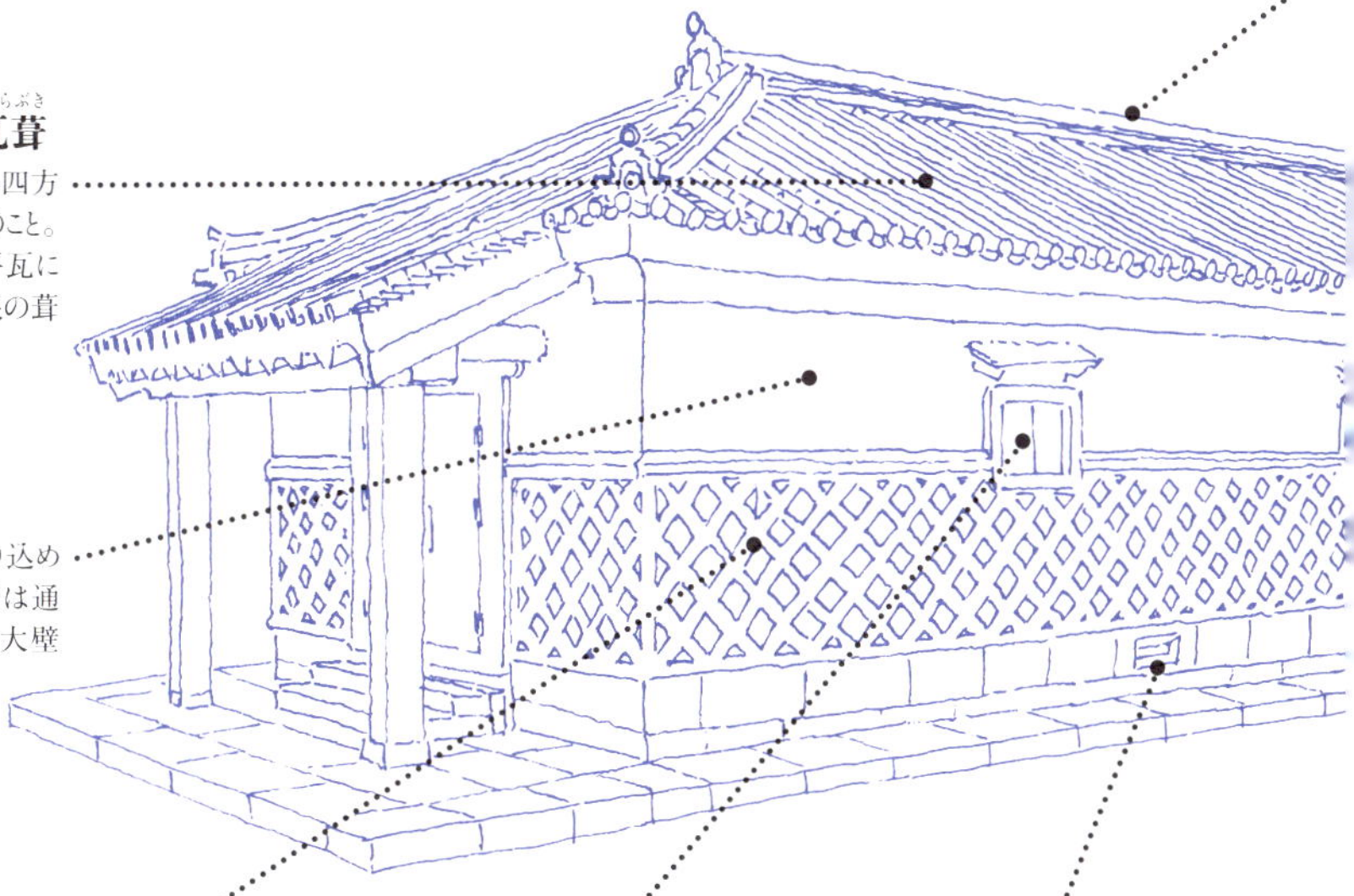

なまこ壁
正方形の平瓦を壁に打ち付け、目地をかまぼこ状に盛り上げた仕上げ。

両開き窓《りょうびらきまど》
城郭建築の窓では引戸形式が多いが、ここでは外側への両開き窓。

床下換気口《ゆかしたかんきこう》
床下および内部に通じる換気口。三重の柵、扉により防犯・防火に備える。

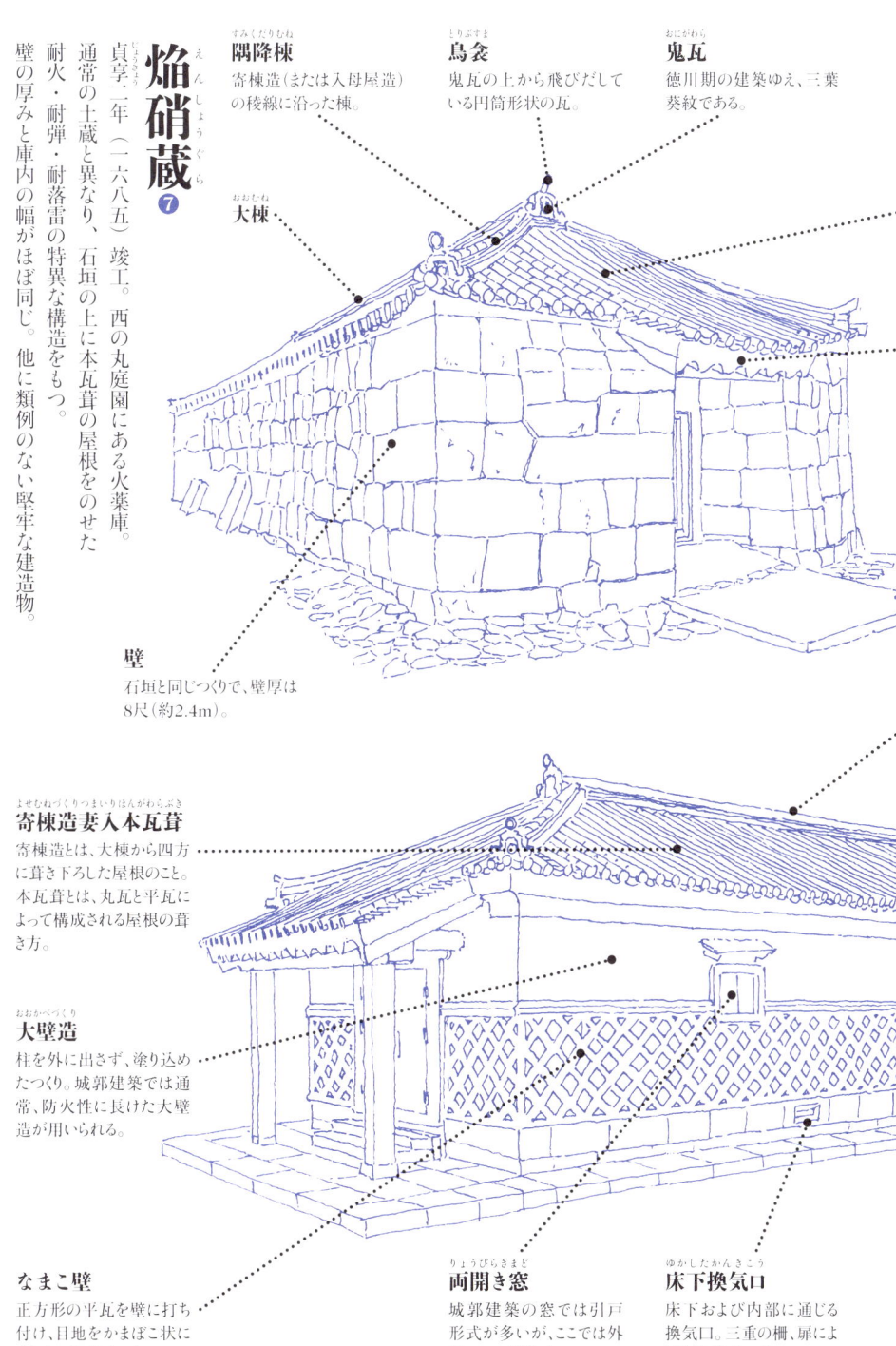

桜門《さくらもん》 8

本丸正面にある。戊辰《ぼしん》の役（一八六八年）で焼失したが、明治二〇年（一八八七）大阪城内にあった陸軍大阪鎮台（後の第四師団）の手で再建された。そのため、天守閣以外にこの門でも鬼瓦に桐紋が使われている。

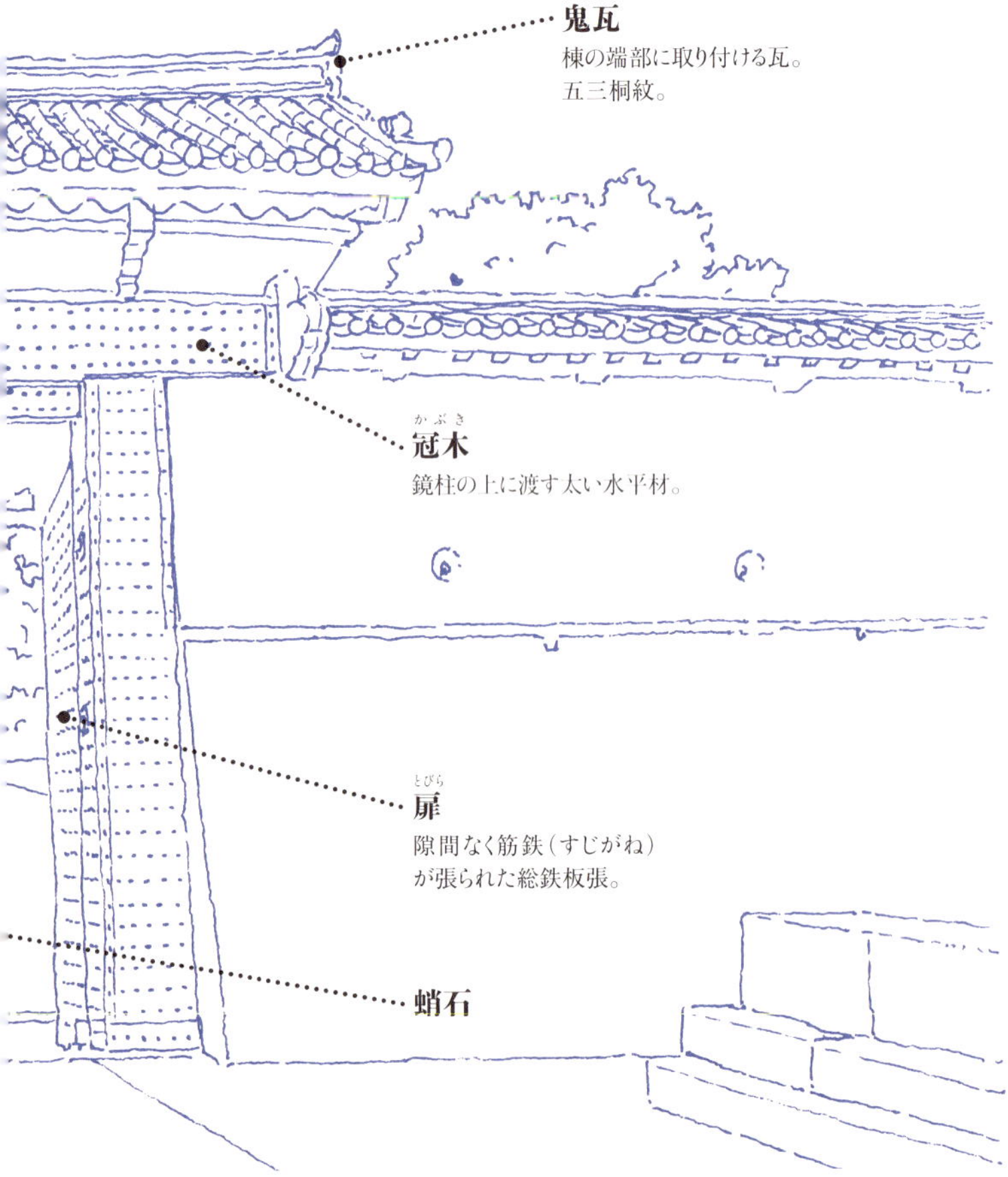

鬼瓦《おにがわら》
棟の端部に取り付ける瓦。五三桐紋。
冠木《かぶき》
鏡柱の上に渡す太い水平材。
扉《とびら》
隙間なく筋鉄（すじがね）が張られた総鉄板張。
蛸石

蛸石《たこいし》 9

桜門のつきあたりにある大阪城内最大の表面積を持つ石。向かって左隅付近に蛸の形がみえることから、蛸石と呼ばれるようになった。

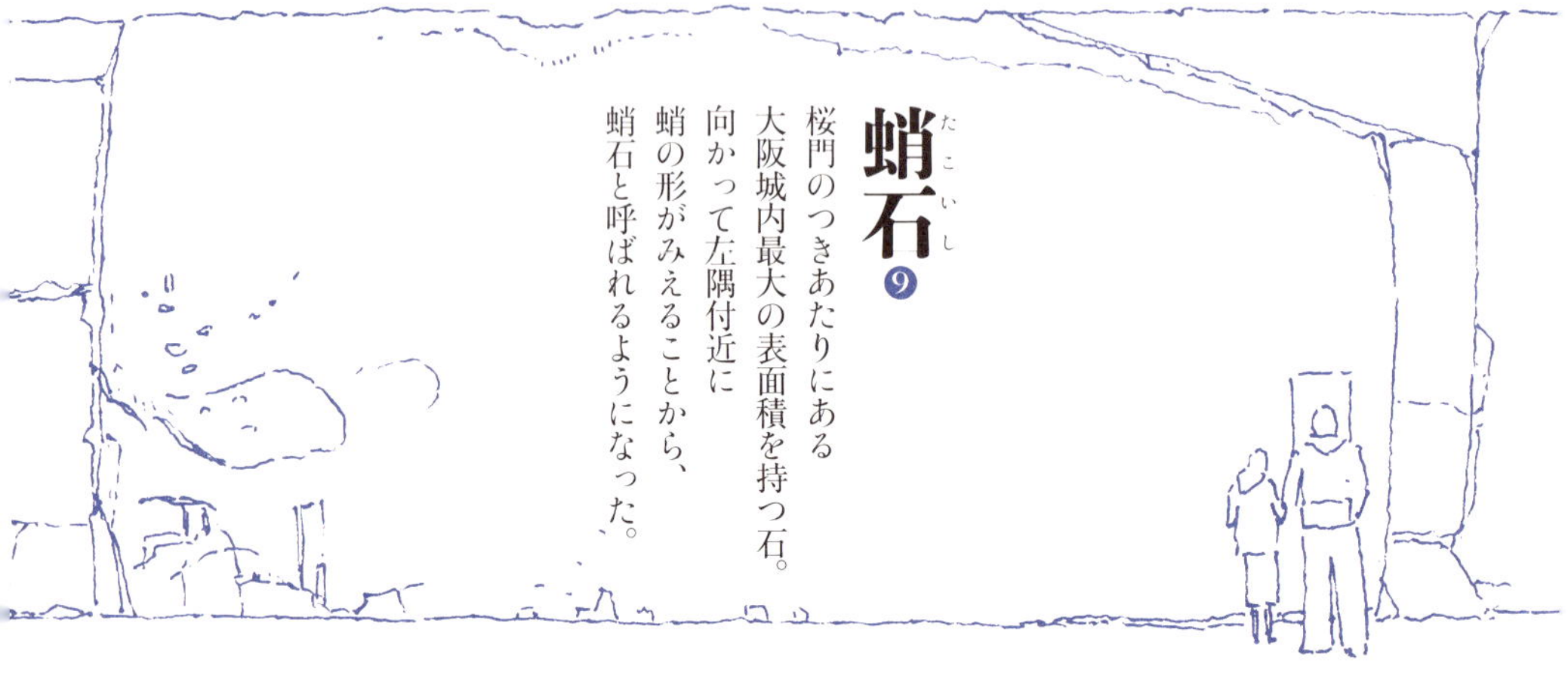

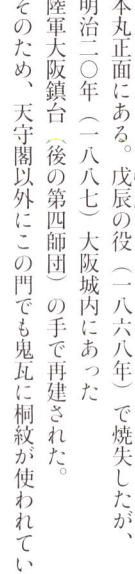

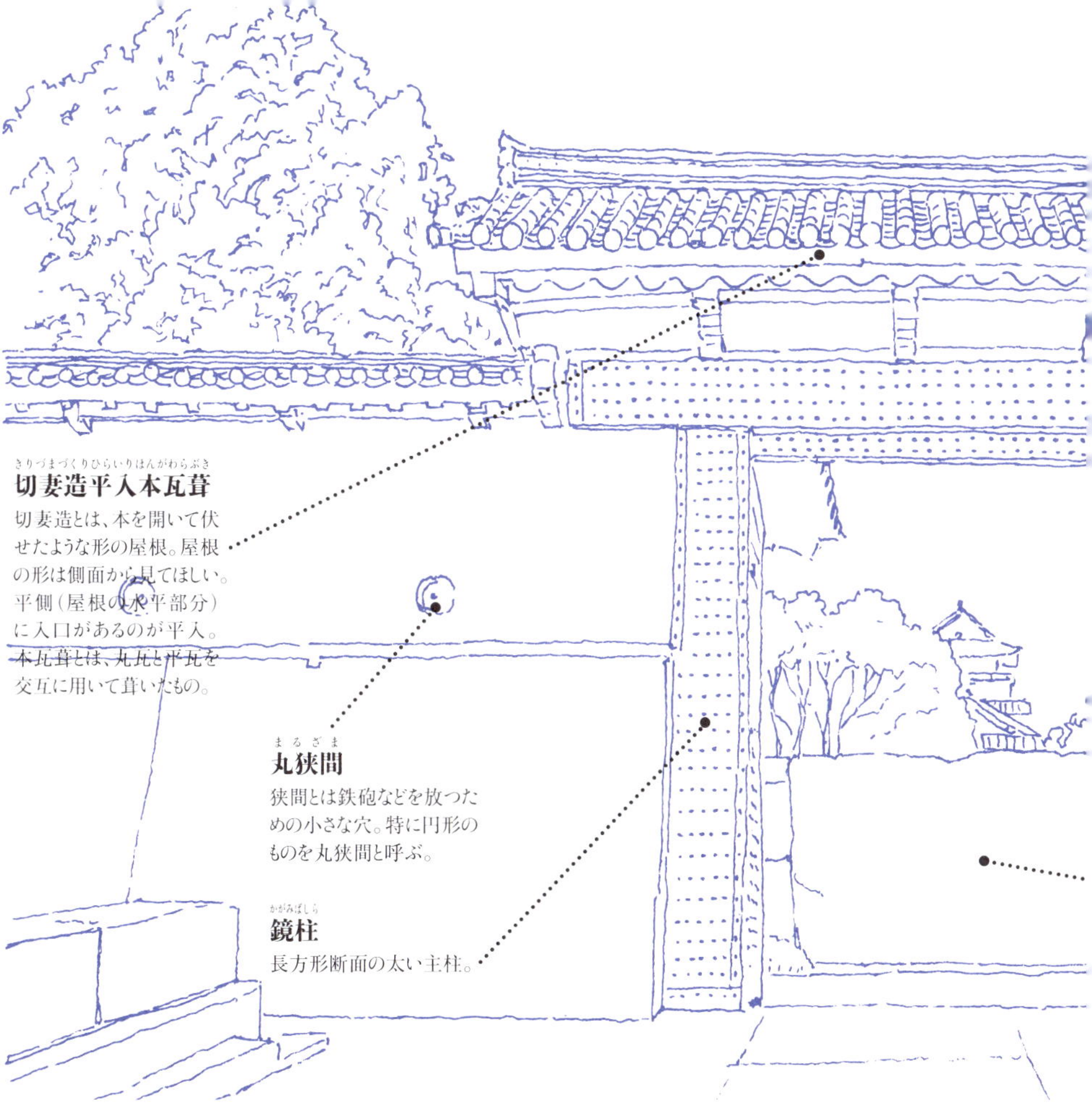
切妻造平入本瓦葺《きりづまづくりひらいりほんがわらぶき》
切妻造とは、本を開いて伏せたような形の屋根。屋根の形は側面から見てほしい。平側（屋根の水平部分）に入口があるのが平入。本瓦葺とは、丸瓦と平瓦を交互に用いて葺いたもの。
丸狭間《まるざま》
狭間とは鉄砲などを放つための小さな穴。特に円形のものを丸狭間と呼ぶ。
鏡柱《かがみばしら》
長方形断面の太い主柱。

刻印石《こくいんせき》 ⑩

大阪城の石垣普請を担当した各大名が、自分の担当丁場を明示するために記したものが有名。ほかにも石切り場における何らかの符号、目印として付けられたものなど、多種多様な刻印石が城内の石垣のいたるところにある。

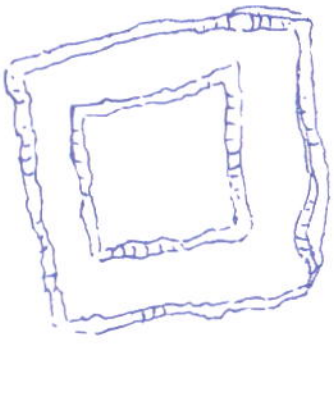

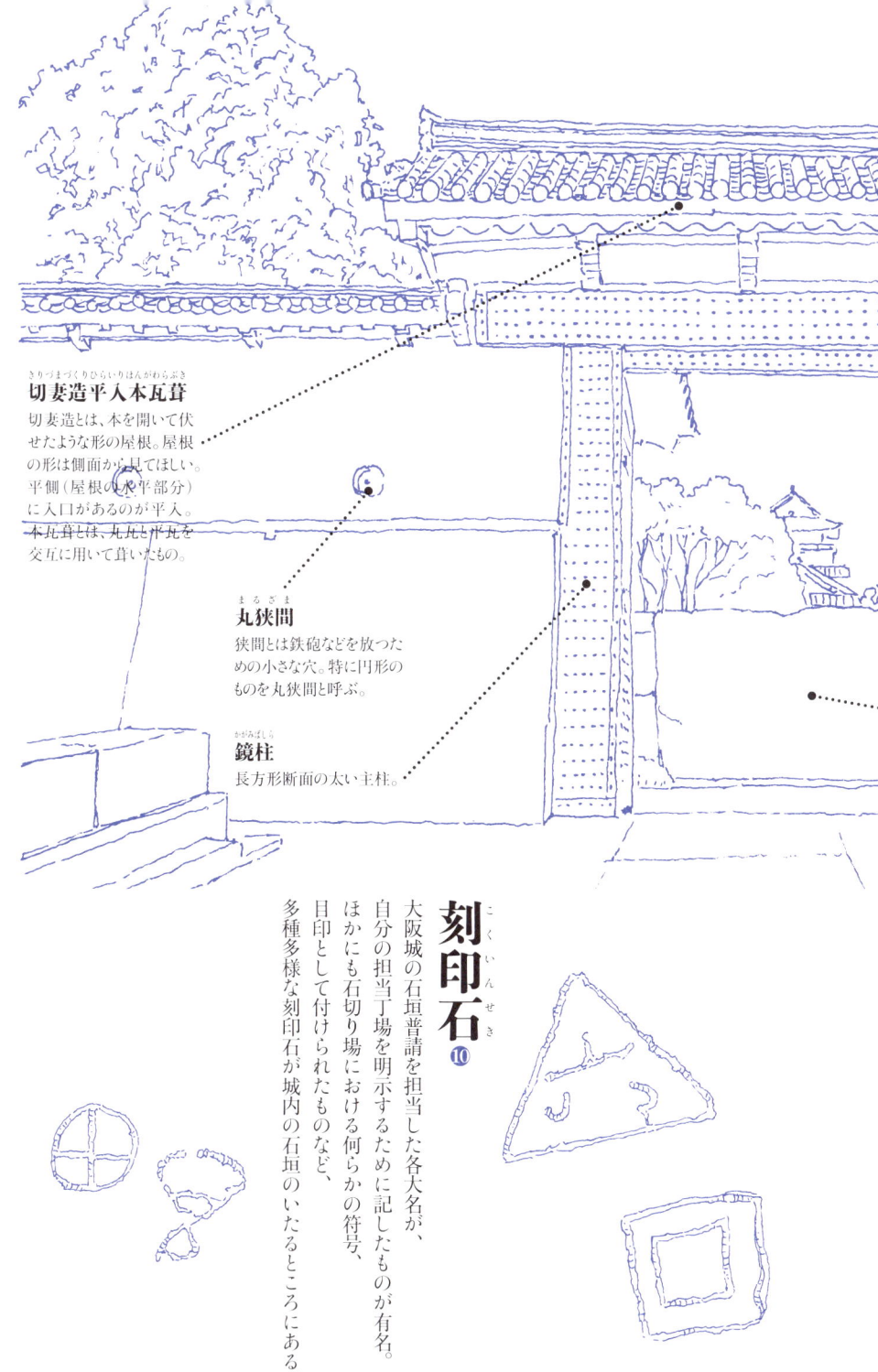

大阪城の眺めかた

石垣、外堀の雄大さにも注目。

酒井一光

大阪城には、昭和六年（一九三一）復興の豊臣期天守閣のほか、数多くの徳川期の城郭建築が残っている。これらを一筆書きで巡るのは至難の業だが、ここでは西外堀を起点に大手門から天守閣にいたるルートにそって主要建築を紹介したい。

まず、西の外堀沿いに歩くと、北西隅の**乾櫓**《いぬいやぐら》❹や大手門脇の**千貫櫓**《せんがんやぐら》❸が高い石垣の上にそびえる。外堀の大きさや石垣の高さ、外周部の長さなど、他の城郭では味わえない大阪城のスケールの雄大さが感じられる。

府庁前から城の正門である大手門をくぐり、**大手口多聞櫓**❷を抜けて西の丸庭園前へといたる。寄り道になってしまうが、西の丸庭園からは天守閣の西面がきれいにみえるので、天守閣を造形的に味わいたい方にはぜひ入園を勧めたい。また、園内奥には石垣の上に屋根をのせただけの**焔硝蔵**《えんしょうぐら》❼という不思議な建築がある。内部空間の幅と、片側の壁厚がほとんど同じという何とも重々しい建築物で、他の城郭にも現存例が全くない。火薬庫という特殊な用途であることを聞けば、その形態の特異さも納得できよう。前近代の日本建築には珍しい石造建築のひとつ。

西の丸庭園を後にし、二の丸の豊国神社を参拝して、**桜門**❽から本丸に入ろう。桜門は幕末に焼失したが、明治二〇年（一八八七）に再建された。そのため、他の古建築の鬼瓦の多くが徳川の三葉葵紋であるのに対し、ここだけ豊臣の桐紋がみられる。桜門正面には城内最大の巨石・**蛸石**❾がある。さらに進むと、近代建築として有名な旧第四師団司令部庁舎（旧博物館）があらわれる。城内一帯が明治以降、陸軍のものであったことを思い起こさせる。この建物は天守閣とともに、市民の寄付金によって昭和六年（一九三一）に建てられた。和の大阪城に対し、西洋風の城のデザインが採用されたことに、当時景観的にそぐわないのではないかとの議論がおこった。

そしていよいよ、中心となる**天守閣❶**の登場である。現在の天守閣再建の機運が生じたのは、大正一四年（一九二五）に大阪市が第二次市域拡張を遂げ、人口面積ともに日本一の都市となり、これを記念して「大大阪記念博覧会」が開かれた時のこと。第一会場は天王寺公園の一帯、第二会場には第四師団がおかれていた大阪城の一部があてられた。博覧会では天守台跡に豊臣家の威光をしのぶ仮設の豊公館が建てられ、好評を博した。これが契機となり、昭和の御大典事業の一環として豊臣期天守閣の復興が決まった。

設計にあたった大阪市土木部建築課では、鉄骨鉄筋コンクリート造《ぞう》の「永久建築」とすること、可能な限り豊臣期の天守の姿を研究し再現することをめざした。復元は建築課長・波江悌夫《やすお》のもと、古川重春らが鋭意研究を重ねた。復元の根拠となった黒田屏風（「大坂夏の陣図屏風」大阪城天守閣蔵）に描かれた天守は五層で、文献に書かれた八階と異なっており、その写実性が疑われていたが、研究過程で当初の外観の屋根が五層で内部が八階、つまり外観と内部で層・階数が異なることを解明し、外観意匠復元に黒田屏風が有用であることをつきとめた。こうした研究の成果として、昭和六年（一九三一）日本最初の鉄骨鉄筋コンクリート造の本格的復元天守閣が誕生したのだ。

参考文献
『重要文化財大阪城 千貫櫓・焔硝櫓・金蔵（附乾櫓）修理工事報告書』大阪市 昭和三六年
渡辺武『図説再見大阪城』大阪都市協会 昭和五八年
三浦正幸『城の鑑賞基礎知識』至文堂 平成一一年
三浦正幸『城のつくり方図典』小学館 平成一七年
『大阪城天守閣復興80周年記念特別展 天守閣復興』大阪城天守閣 平成二三年

太閤はんと親しまれる豊臣秀吉が、1583年から大坂本願寺跡に築城。
天守閣はその後、徳川幕府による再建、焼失をへて、現在は1931年建立の3代目。
●大阪市中央区大阪城1-1　✆06-6941-3044
天守閣入館9:00〜17:00（最終入館〜16:30）
※桜の季節、GW、夏休み・秋の特別展中は延長
天守閣観覧料=600円（中学生以下無料）

城郭・寺社のかたちII

住吉大社

SUMIYOSHI TAISHA

大阪市内唯一の国宝建築がある住吉大社では、住吉造《すみよしづくり》の本殿をはじめ、直線的で簡潔な日本古来の構成美を堪能することができる。また、重厚な瓦葺《かわらぶき》が多い寺院建築にくらべ、神社建築では桧《ひ》皮葺《わだぶき》など植物系の屋根葺材《ふきざい》を使っているのが特徴。神社建築の神髄を味わうのに最適な場所である。

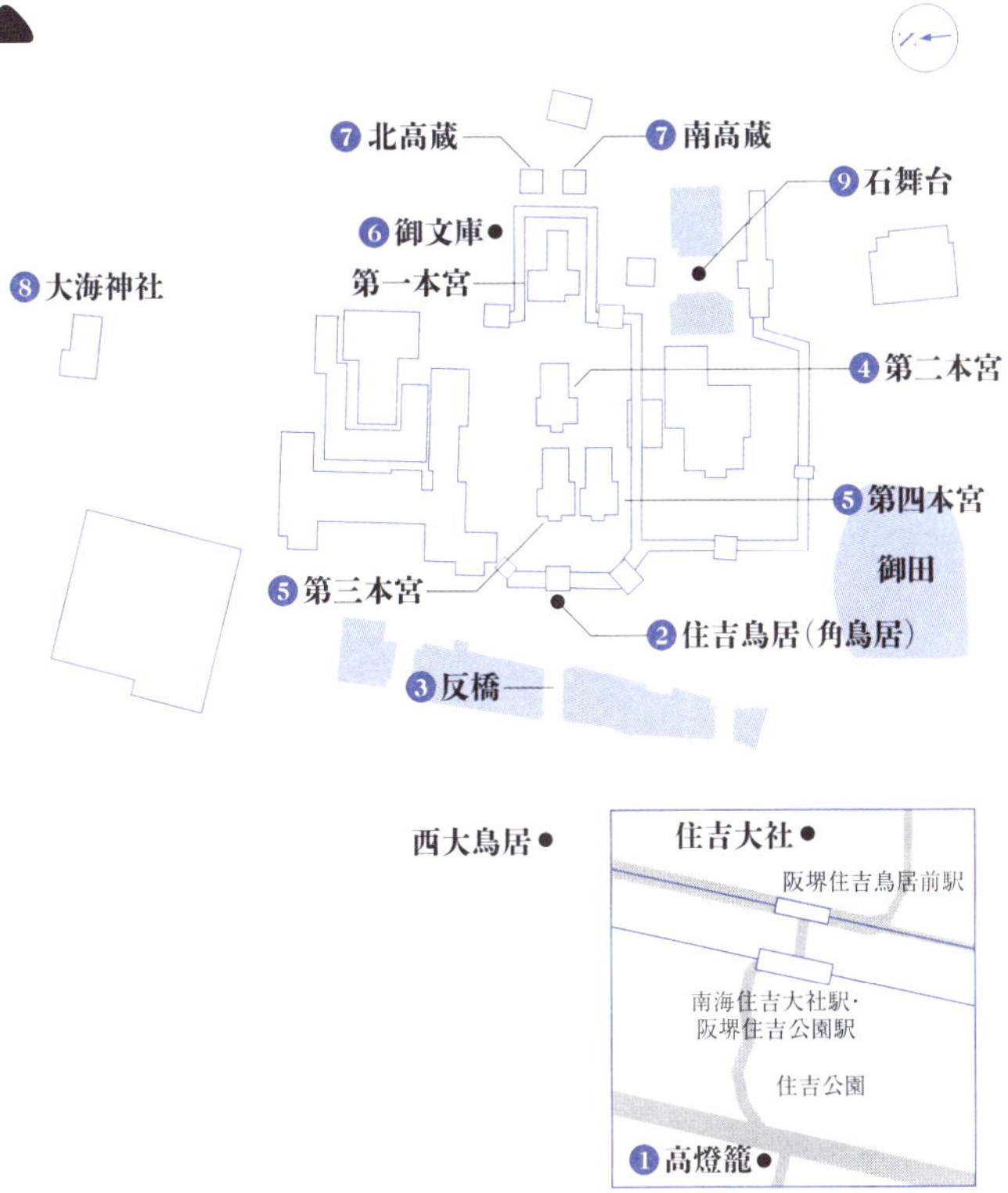

❼北高蔵
❼南高蔵
❾石舞台
❻御文庫
第一本宮
❽大海神社
❹第二本宮
❺第四本宮
御田
❺第三本宮
❷住吉鳥居(角鳥居)
❸反橋
西大鳥居
住吉大社
阪堺住吉鳥居前駅
南海住吉大社駅・
阪堺住吉公園駅
住吉公園
❶高燈籠

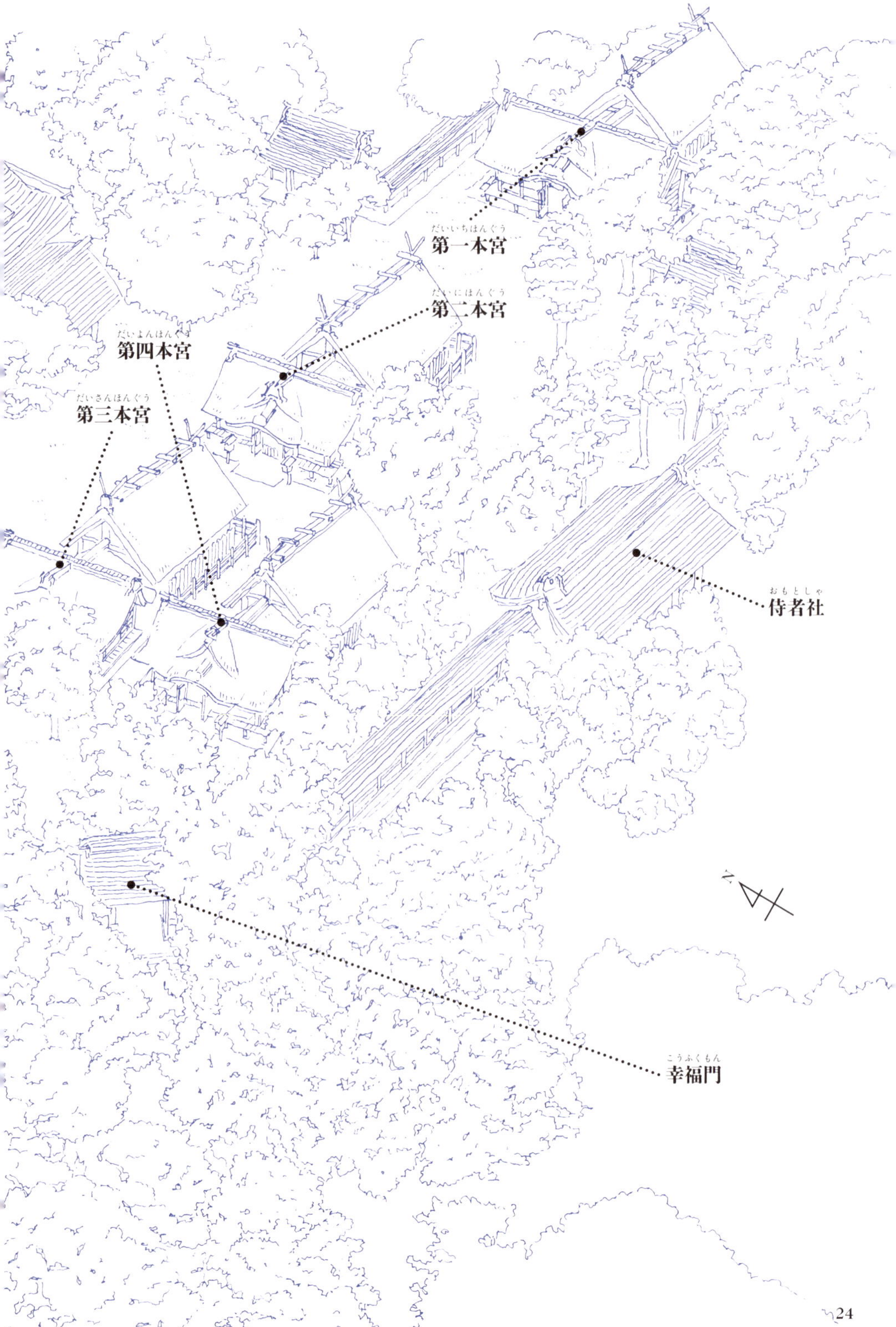
第一本宮《だいいちほんぐう》
第二本宮《だいにほんぐう》
第四本宮《だいよんほんぐう》
第三本宮《だいさんほんぐう》
侍者社《おもとしゃ》
幸福門《こうふくもん》

鳥瞰図《ちょうかんず》

神社建築は一般に南向きや東向きだが、ここでは西を向いている。

これは住吉の神様が、海の神様、航海の神様であることとも関連する。

かつて社殿の先には海原が広がっていたのだ。

また、四つの本宮の並び方は、一直線でもなければ、シンメトリーでもない。

神社建築では、個々の建築デザインだけではなく、それらの配置のされ方や敷地の高低差にも入念な配慮がなされ、神社ごとの大きな特色にもなっている。

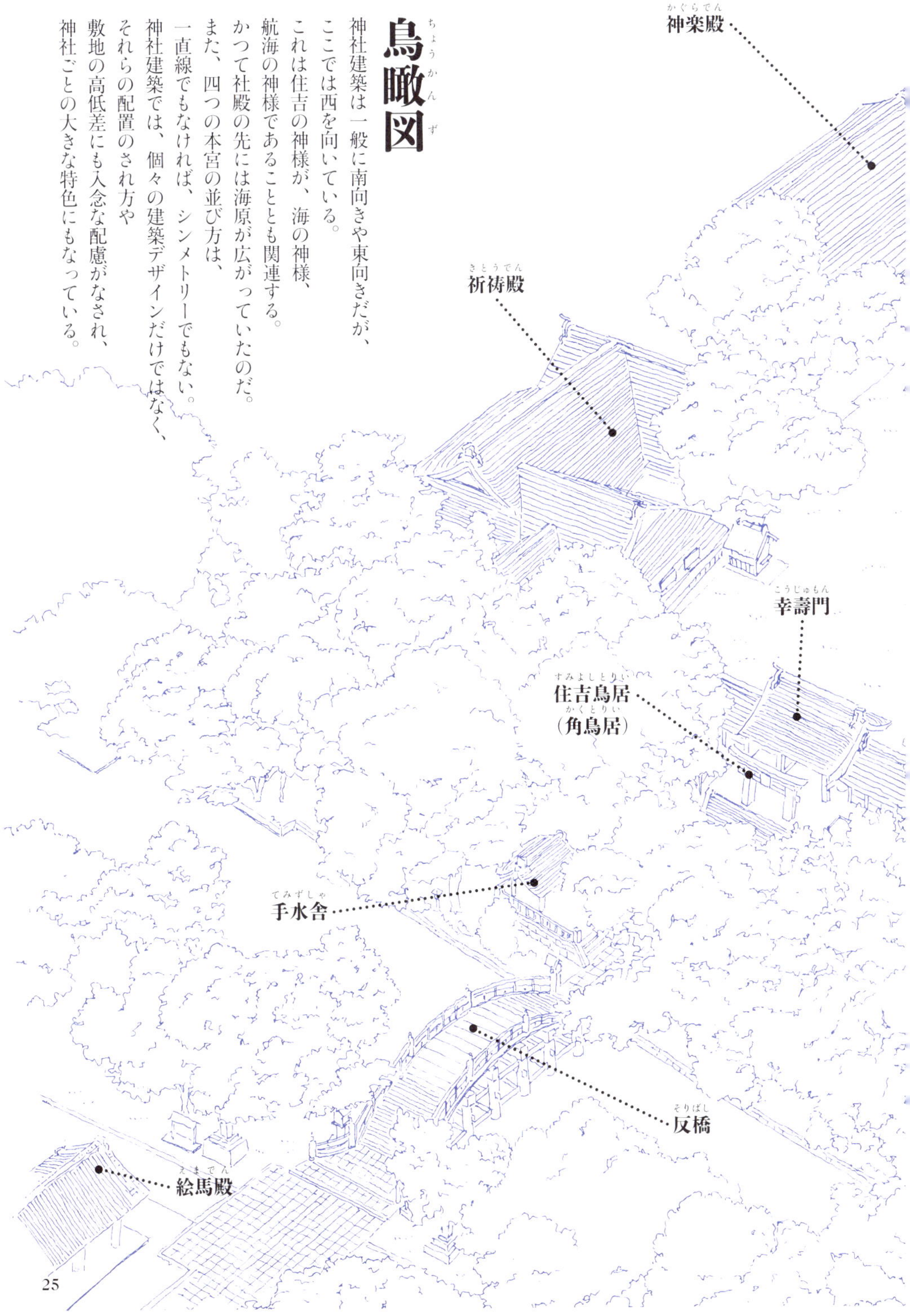
神楽殿《かぐらでん》
祈祷殿《きとうでん》
幸壽門《こうじゅもん》
住吉鳥居《すみよしとりい》
(角鳥居《かくとりい》)
手水舎《てみずしゃ》
反橋《そりばし》
絵馬殿《えまでん》

高燈籠《たかどうろう》 ❶

昭和四九年（一九七四）に再建された高燈籠は、江戸時代の地誌『摂津名所図会《せっつめいしょずえ》』にも描かれた住吉の象徴的なモチーフのひとつである。もとは、現在地の西二〇〇メートルほどのところにあり、その先が住吉の浜となっていた。

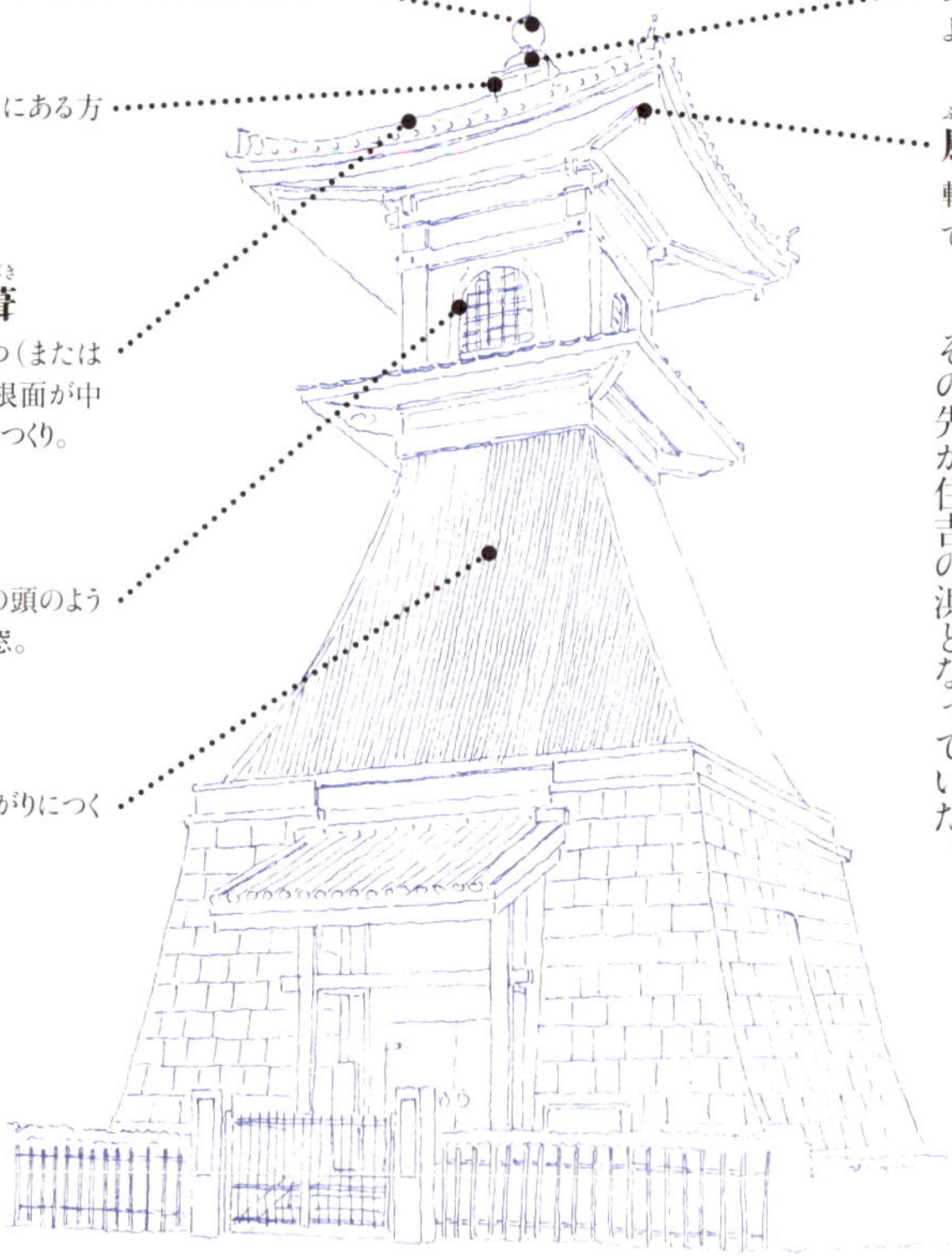

宝珠《ほうしゅ》
最上部を飾る玉状の飾り。

露盤《ろばん》
相輪や宝珠の下にある方形の台。

宝形造本瓦葺《ほうぎょうづくりほんがわらぶき》
宝形造とは、四つ（または六つ、八つ）の屋根面が中央の一点に集まるつくり。

花頭窓《かとうまど》
釣鐘あるいは炎の頭のような曲線枠を持つ窓。

袴腰《はかまごし》
袴のようにすそ広がりにつくった壁。

伏鉢《ふくばち》
露盤上にあり、鉢を伏せたような形のもの。

風鐸《ふうたく》
軒の四隅に吊り、風に揺れて音を発する。

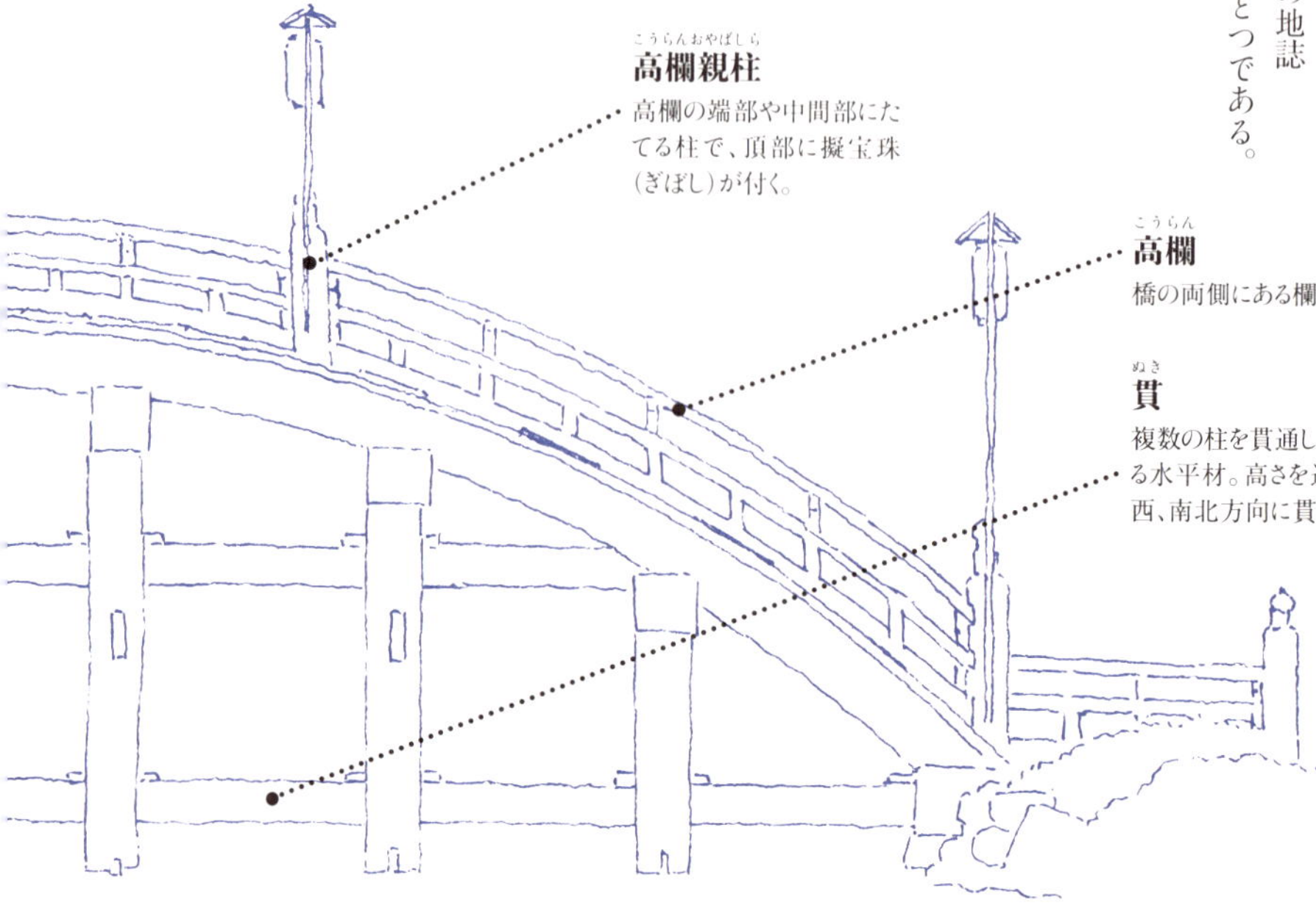

高欄親柱《こうらんおやばしら》
高欄の端部や中間部にたてる柱で、頂部に擬宝珠（ぎぼし）が付く。

高欄《こうらん》
橋の両側にある欄干。

貫《ぬき》
複数の柱を貫通し、緊結する水平材。高さを違えて東西、南北方向に貫が通る。

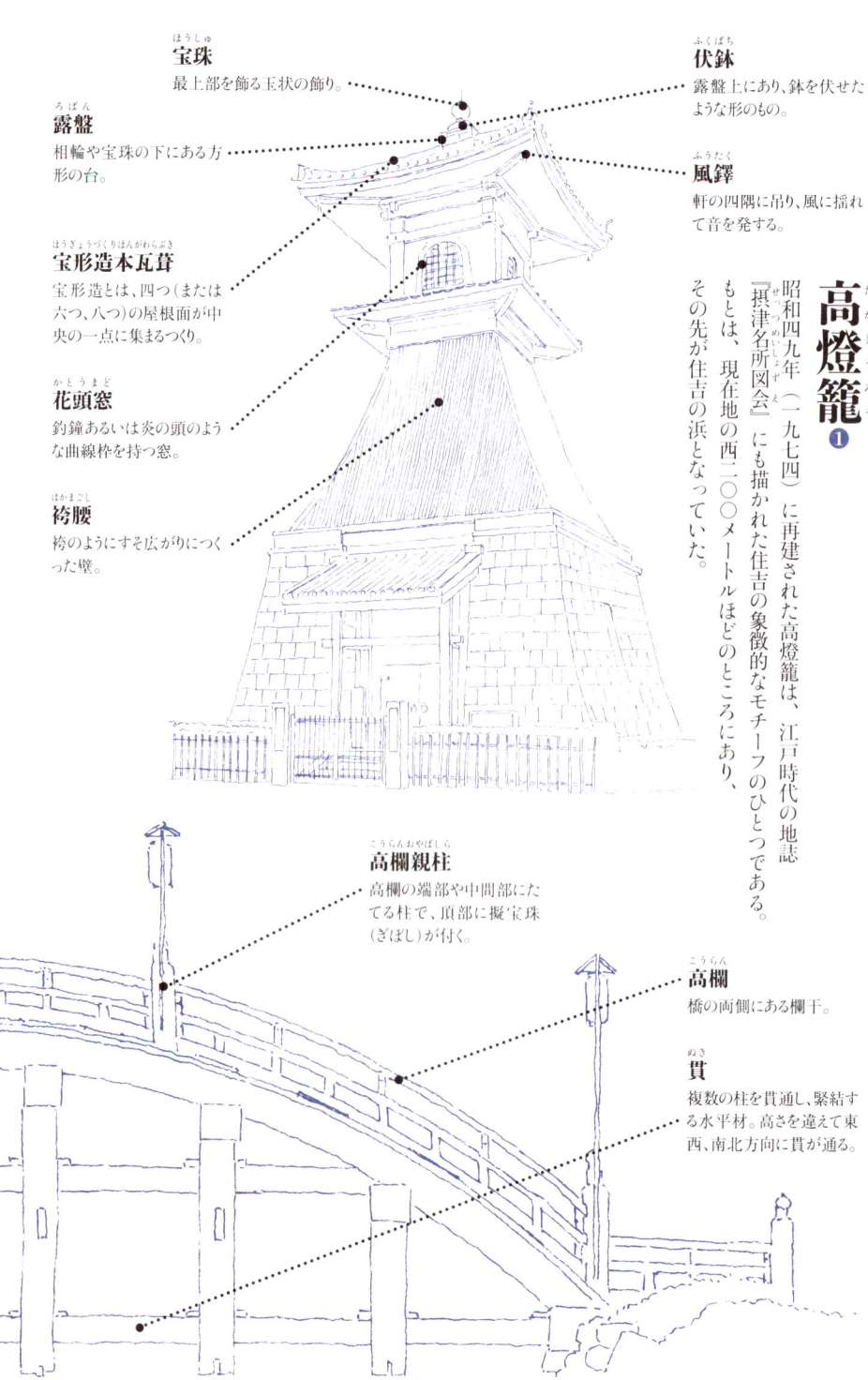

住吉鳥居（角鳥居）❷

角鳥居ともいい、本宮正面入口にたつ。石造《せきぞう》で柱が四角い点が特色。

なお、第一～第四本宮の本殿前（渡殿内）にも木造丹塗《にぬり》の角鳥居があるが、これらは貫《ぬき》が柱の外側に出ていない。

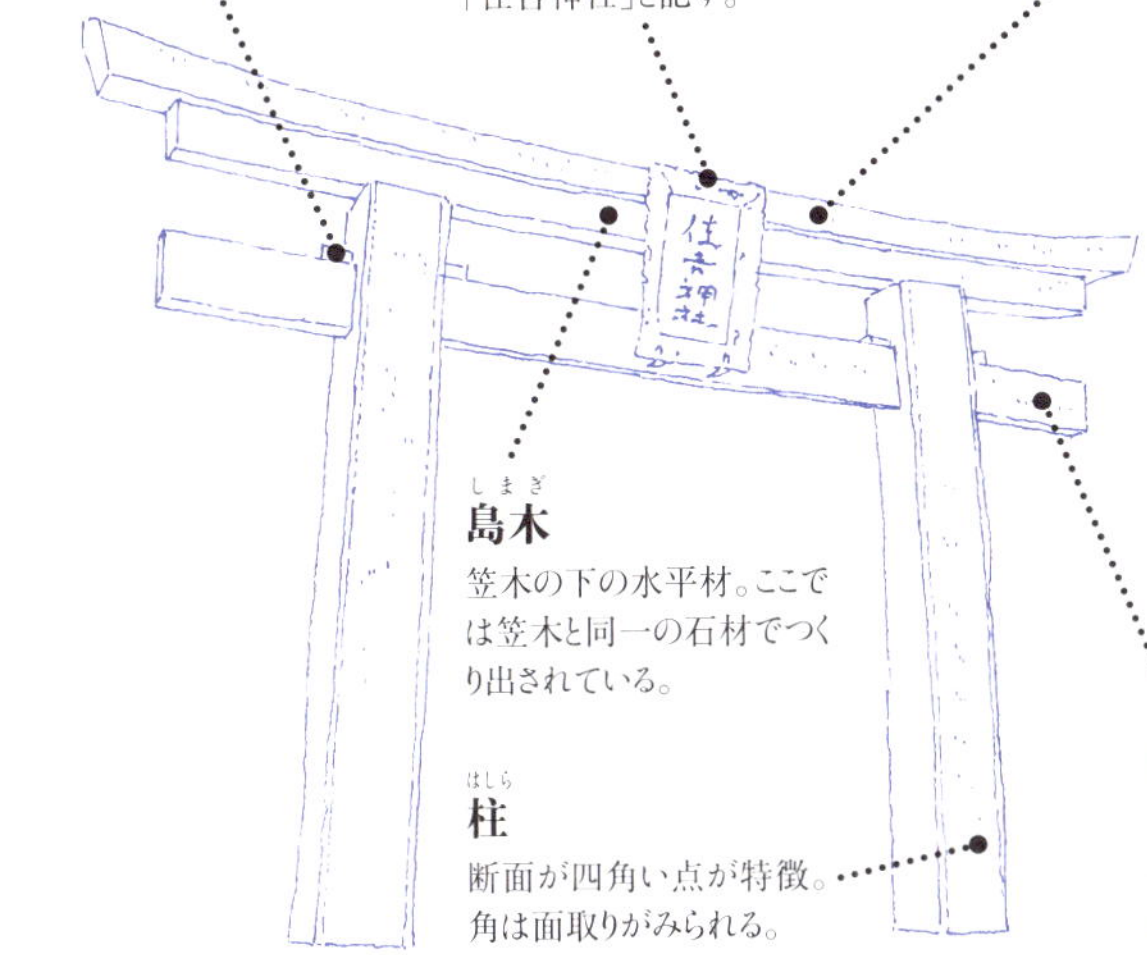
楔《くさび》
柱と貫を緊結するために打ち込む材。
扁額《へんがく》
鳥居上部や建物入口上などに掲出される額。ここでは「住吉神社」と記す。
笠木《かさぎ》
鳥居の最上端の水平材。両端に反り増しがある。
島木《しまぎ》
笠木の下の水平材。ここでは笠木と同一の石材でつくり出されている。
柱《はしら》
断面が四角い点が特徴。角は面取りがみられる。
貫《ぬき》
複数の柱を貫通し、緊結する水平材。ここでは柱の両端に貫が出ている。

反橋《そりはし》 ❸

住吉さんの象徴。
大きく弧を描く形から、太鼓橋とも呼ばれる。
側面からみると太い石の六本の角柱が三列にならび、貫が縦横に貫通するさまが見事。

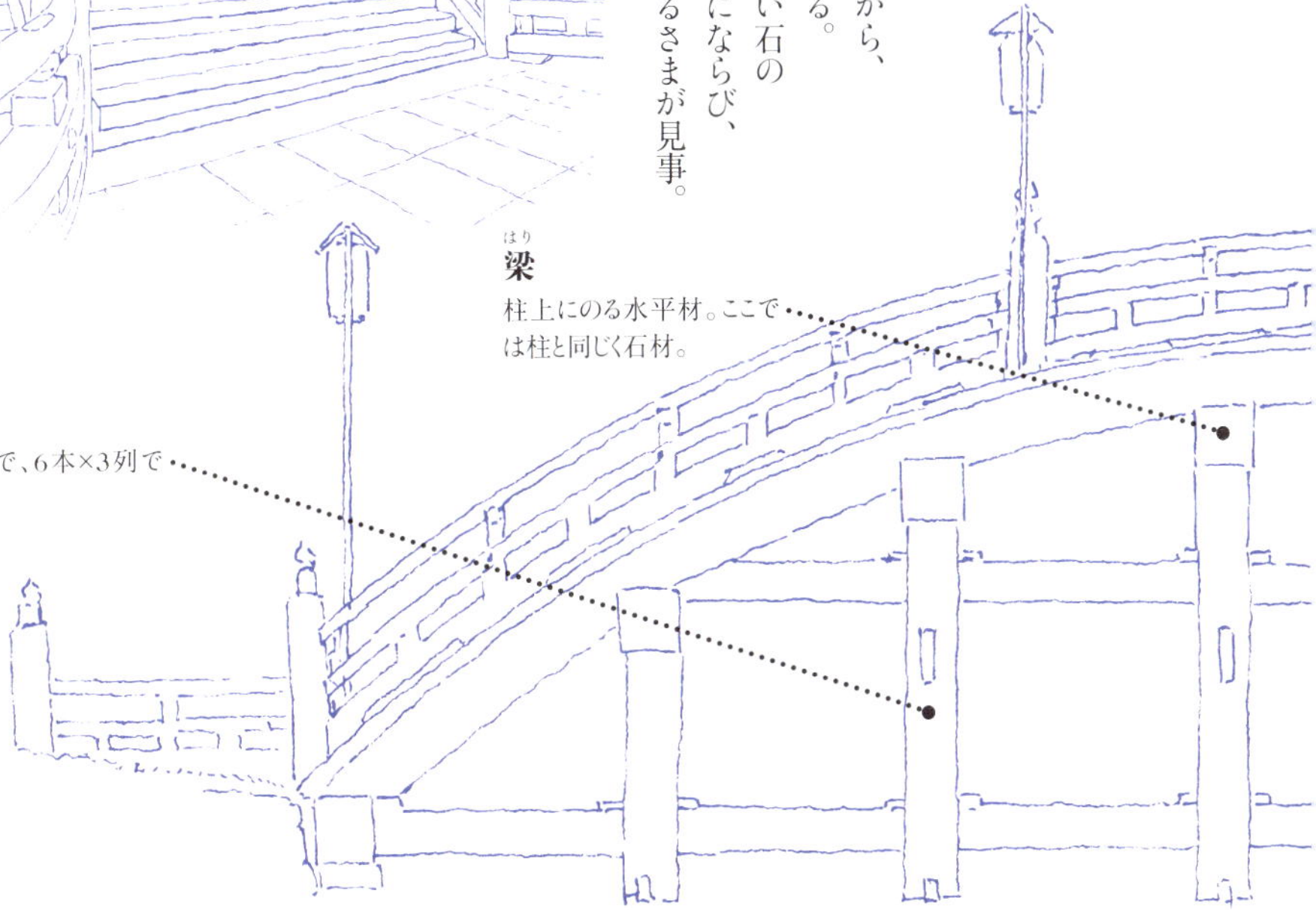
梁《はり》
柱上にのる水平材。ここでは柱と同じく石材。
柱《はしら》
石の角柱で、6本×3列で支える。

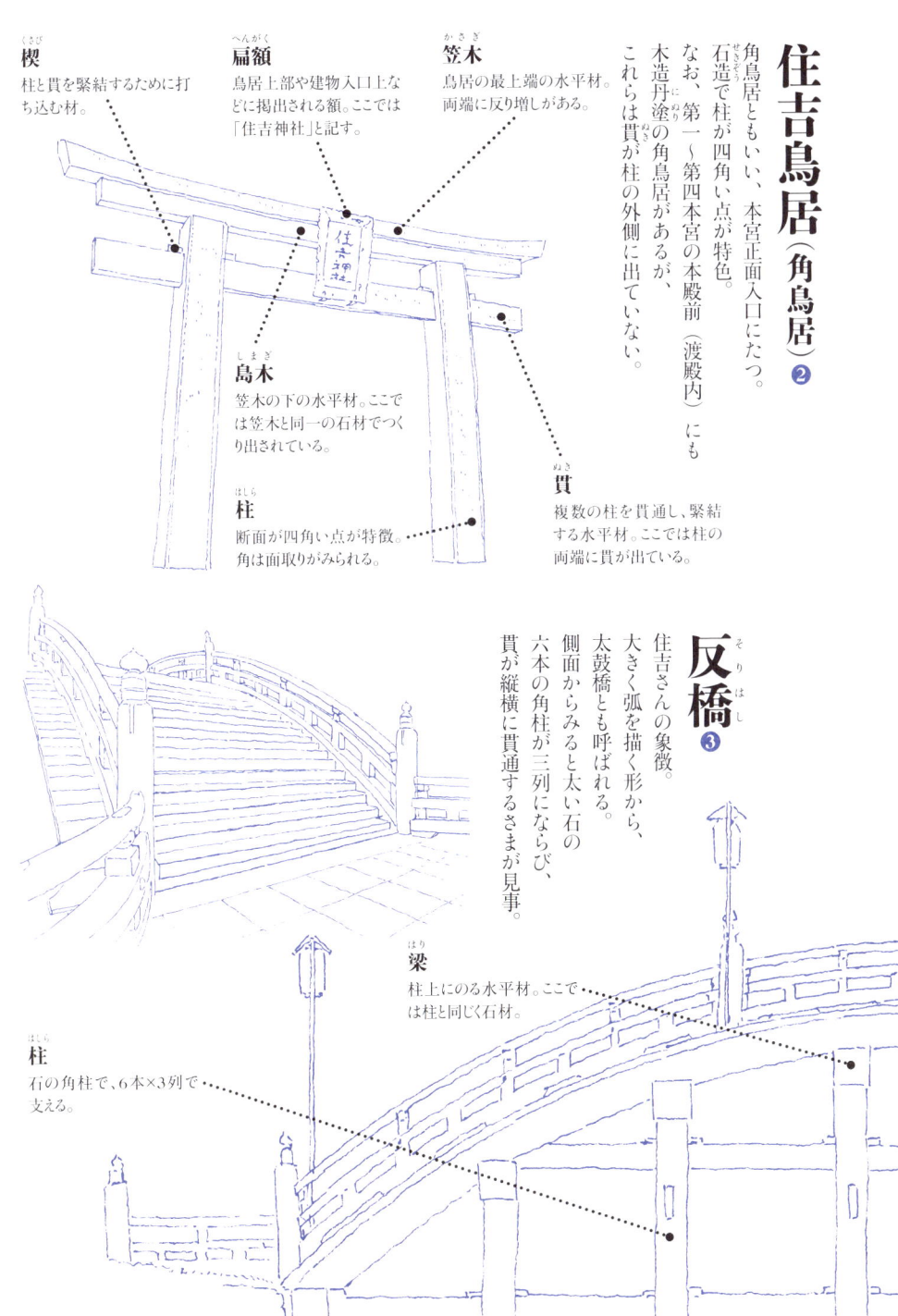

第二本宮本殿 ④

国宝の第二本宮本殿を背面からみる。厚みある桧皮葺《ひわだぶき》の屋根、建物全体を貫く直線的、幾何学的な意匠。簡潔ななかに崇高な雰囲気が醸しだされている。

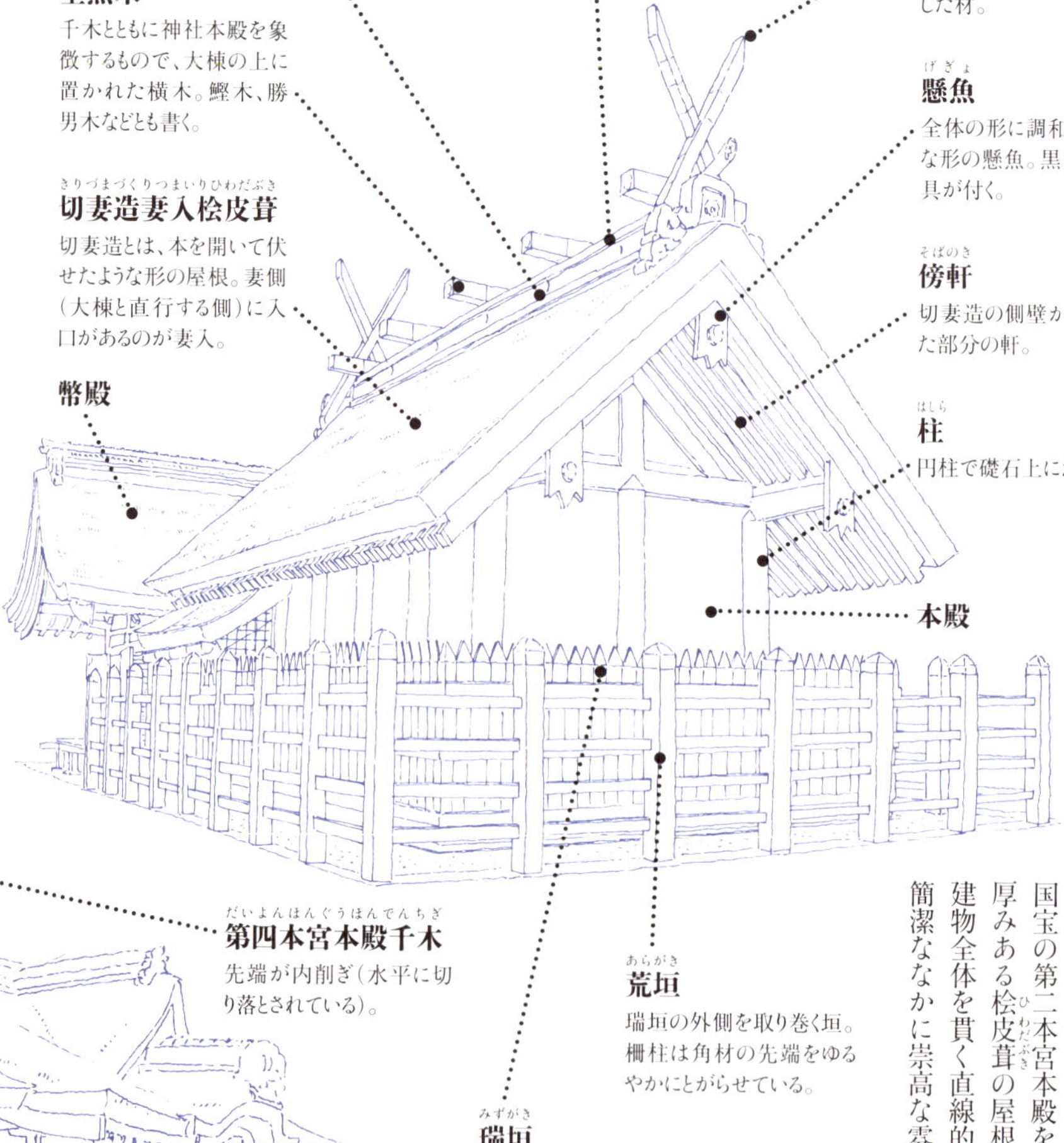

障泥板《あおりいた》
大棟の両側面に取り付けた一対の板。

甲板《こういた》
大棟の上に取り付けた長い板。この上に勝魚木がのる。

千木《ちぎ》
神社本殿を象徴するもので、大棟の両端にある交差した材。

堅魚木《かつおぎ》
千木とともに神社本殿を象徴するもので、大棟の上に置かれた横木。鰹木、勝男木などとも書く。

懸魚《げぎょ》
全体の形に調和した簡潔な形の懸魚。黒塗で金金具が付く。

切妻造妻入桧皮葺《きりづまづくりつまいりひわだぶき》
切妻造とは、本を開いて伏せたような形の屋根。妻側(大棟と直行する側)に入口があるのが妻入。

傍軒《そばのき》
切妻造の側壁から外に出た部分の軒。

幣殿

柱《はしら》
円柱で礎石上にたつ。

本殿

第四本宮本殿千木《だいよんほんぐうほんでんちぎ》
先端が内削ぎ(水平に切り落とされている)。

荒垣《あらがき》
瑞垣の外側を取り巻く垣。柵柱は角材の先端をゆるやかにとがらせている。

瑞垣《みずがき》
本殿の周囲を取り巻く垣。柵板の頂部を槍状にとがらせている。

軒唐破風《のきからはふ》
唐破風とは、中央がむくり、両端が反っている連続曲線を描く破風。軒先に付けられたものを軒唐破風という。

兎毛通《うのけどおし》
唐破風の中央に取り付ける懸魚の一種。通常の懸魚よりも扁平で、唐破風懸魚ともいう。

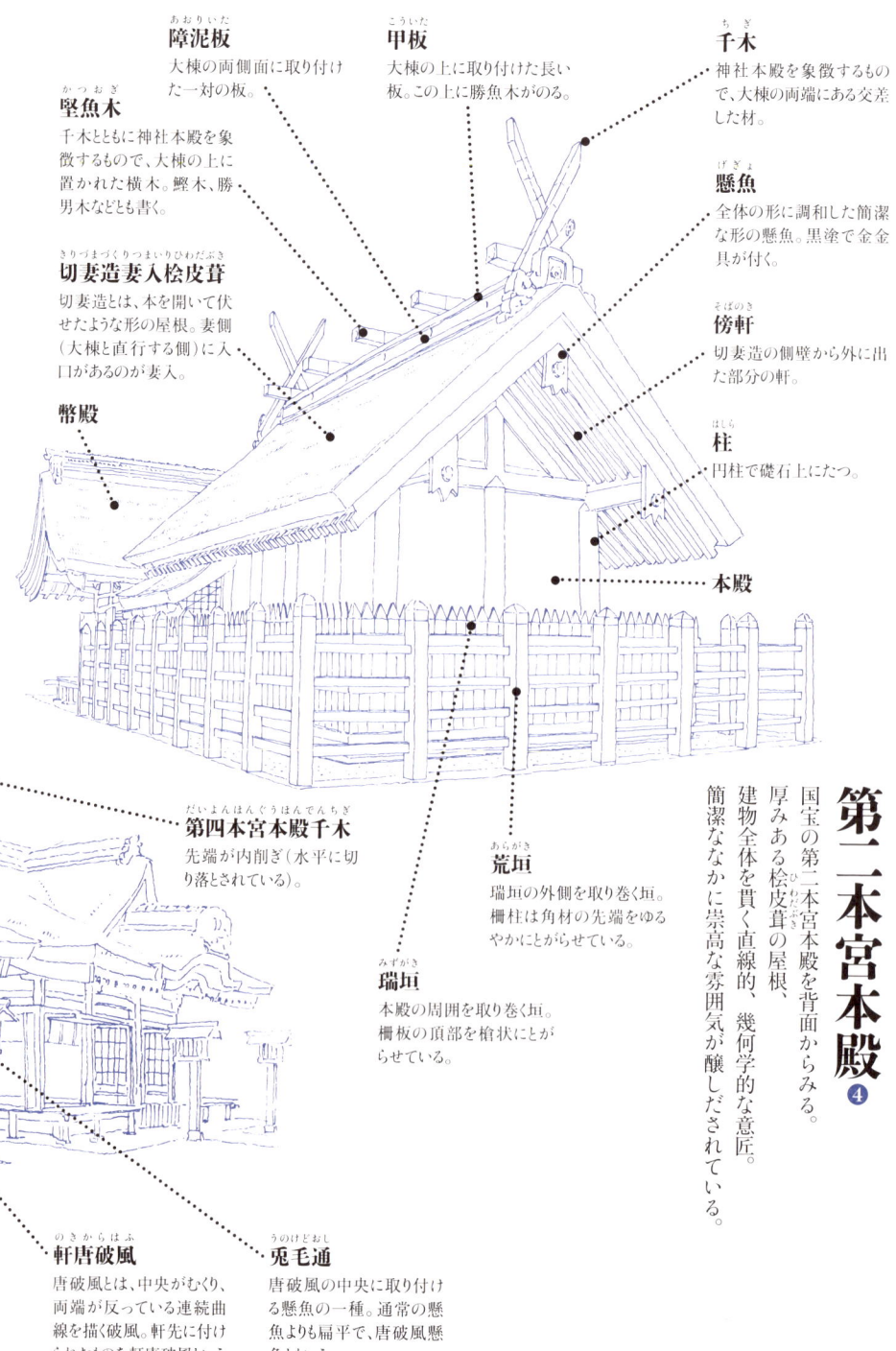

住吉造の本殿

住吉造の特徴は、直線的なデザインにある。寺院建築や城郭建築の特色のひとつが屋根の曲線美とすれば、神社建築のそれは直線による構成美といえる。伊勢神宮の正殿（本殿）は、神明造《しんめいづくり》と呼ばれ、切妻造平入の直線的な美しさで知られるが、住吉造は同じ切妻造でも、神明造とは正面が九〇度異なる（これを妻入《つまいり》という）。柱は丹《に》塗《ぬり》、壁は白い胡粉塗《ごふんぬり》の鮮やかなコントラストで、本殿の直線的構成をより一層強調している。屋根には神社本殿の象徴である千木《ちぎ》と堅魚木《かつおぎ》があるが、こちらも幾何学的で全体に調和している。桧皮葺《ひわだぶき》の厚みある屋根は、深い軒の出や強い勾配《こうばい》（傾斜）とともに際立った造形美をみせている。全国にある住吉さんのなかには、住吉造を手本にそれをやや簡略化させた本殿をもつところも多い。

第三・第四本宮幣殿《へいでん》 ❺

参拝者が本宮で最初に目にするのが第三・第四本宮。正面の建物が幣殿で、奥に神様を祀る本殿がある。直線的な本殿にくらべ、幣殿は千鳥破風《ちどりはふ》や唐破風《からはふ》により曲線的な印象を与える。柱は白木《しらき》（色が塗られていない木肌のままの材）の角柱。

切妻造平入桧皮葺《きりづまづくりひらいりひわだぶき》
切妻造とは、本を開いて伏せたような形の屋根。大棟と並行する側に入口があるのが平入。桧皮葺とは、檜の皮で葺いた屋根。

輪違積《わちがいづみ》
棟の部分を、半円形断面の瓦（輪違瓦）を用いて輪違いに積む積み方。

第三本宮本殿千木《だいさんほんぐうほんでんちぎ》
先端が外削ぎ（垂直に切り落とされている）。

千鳥破風《ちどりはふ》
屋根の流れ面に取り付けられた切妻（三角）の破風。

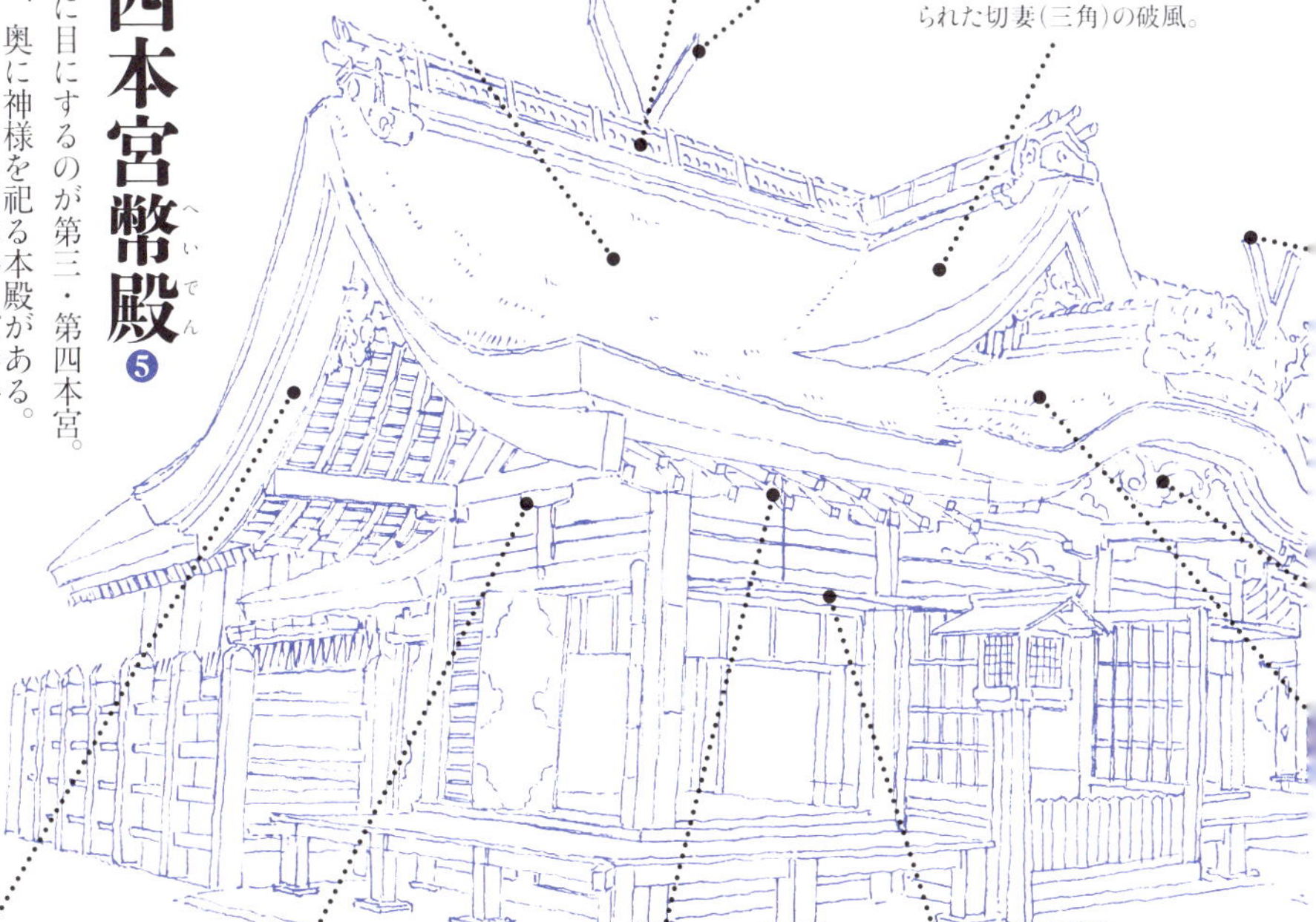

破風板《はふいた》
屋根の端（妻）に取り付けた合掌型の厚板。

舟肘木《ふなひじき》
もっとも素朴・古様な斗栱（ときょう）で、柱上にある舟形の肘木。斗栱（ときょう）とは、柱の上で軒を支える、斗と肘木をもちいた組物。

疎垂木《まばらだるき》
垂木の間隔が疎なもの。

蔀戸《しとみど》
表面に格子のついた上下一組の板戸で、上部は水平軸に吊られ、外側（または内側）にはね上げて開く。

千木《ちぎ》と堅魚木《かつおぎ》

屋根の両端を飾る千木の先端は、第一〜第三本宮が外削《そとそ》ぎ、第四本宮が内削《うちそ》ぎである。住吉大社では、堅魚木の断面が四角い点が全体のデザインと調和し、古式な印象を与えている。

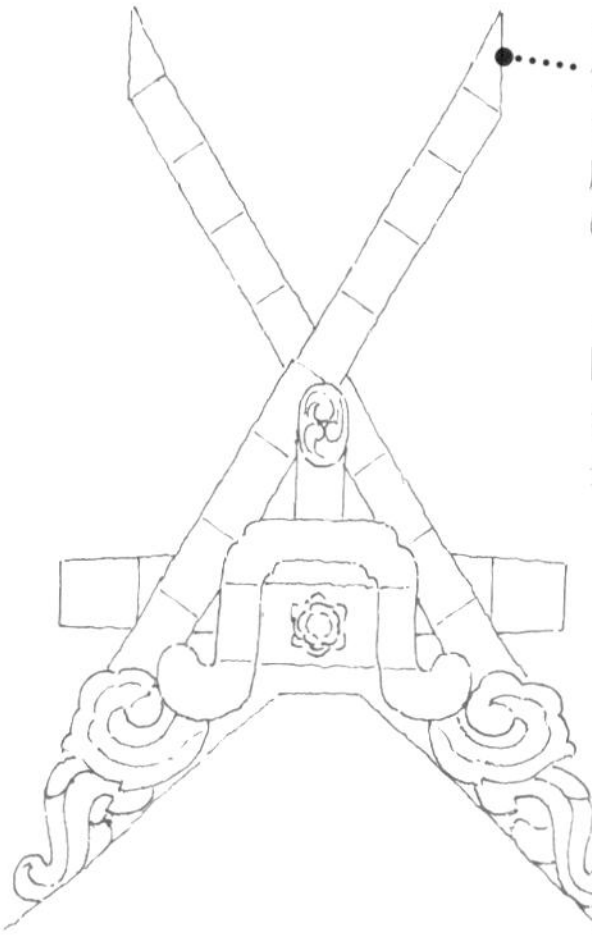

外削《そとそ》ぎ
第一・第二・第三本宮本殿は、千木の先端を垂直に切っている。

内削《うちそ》ぎ
第四本宮本殿は、千木の先端を水平に切っている。

千木《ちぎ》
伊勢神宮の神明造(しんめいづくり)の千木は垂木がそのまま屋根上に突き抜けたものだが、住吉造では屋根の上に置いたもので、置千木(おきちぎ)という。

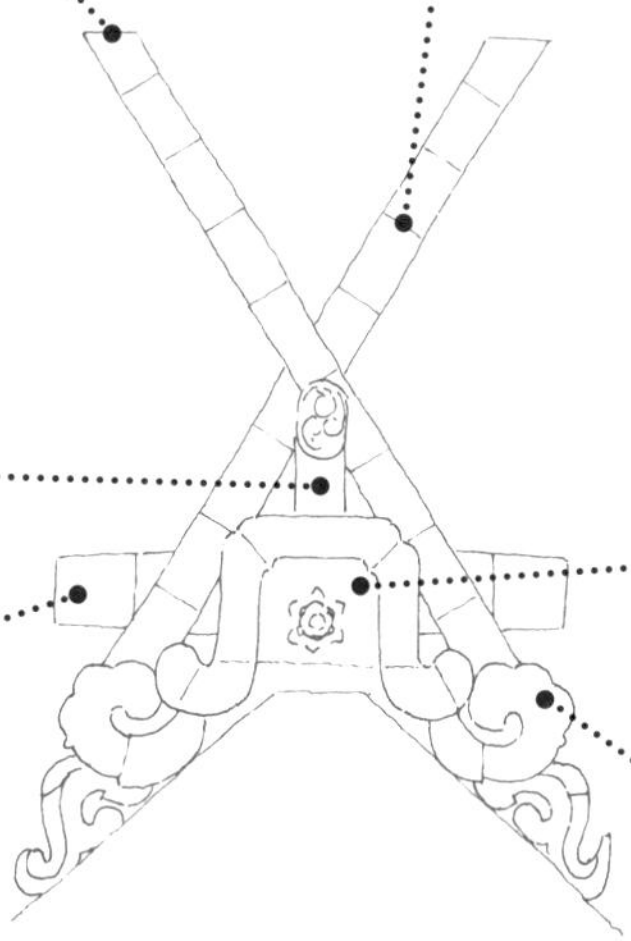

鳥衾《とりぶすま》
鬼板(鬼瓦)上で、前方に沿って突き出した円筒状の部分。

鬼板《おにいた》
棟の両端にある飾板で、雨から棟を守る。

堅魚木《かつおぎ》
住吉造では、四角い断面の堅魚木が大棟上に5本のる。

足元《あしもと》
鬼板両端で屋根に沿って取りつく巻き上がった部分。鰭(ひれ)ともいう。

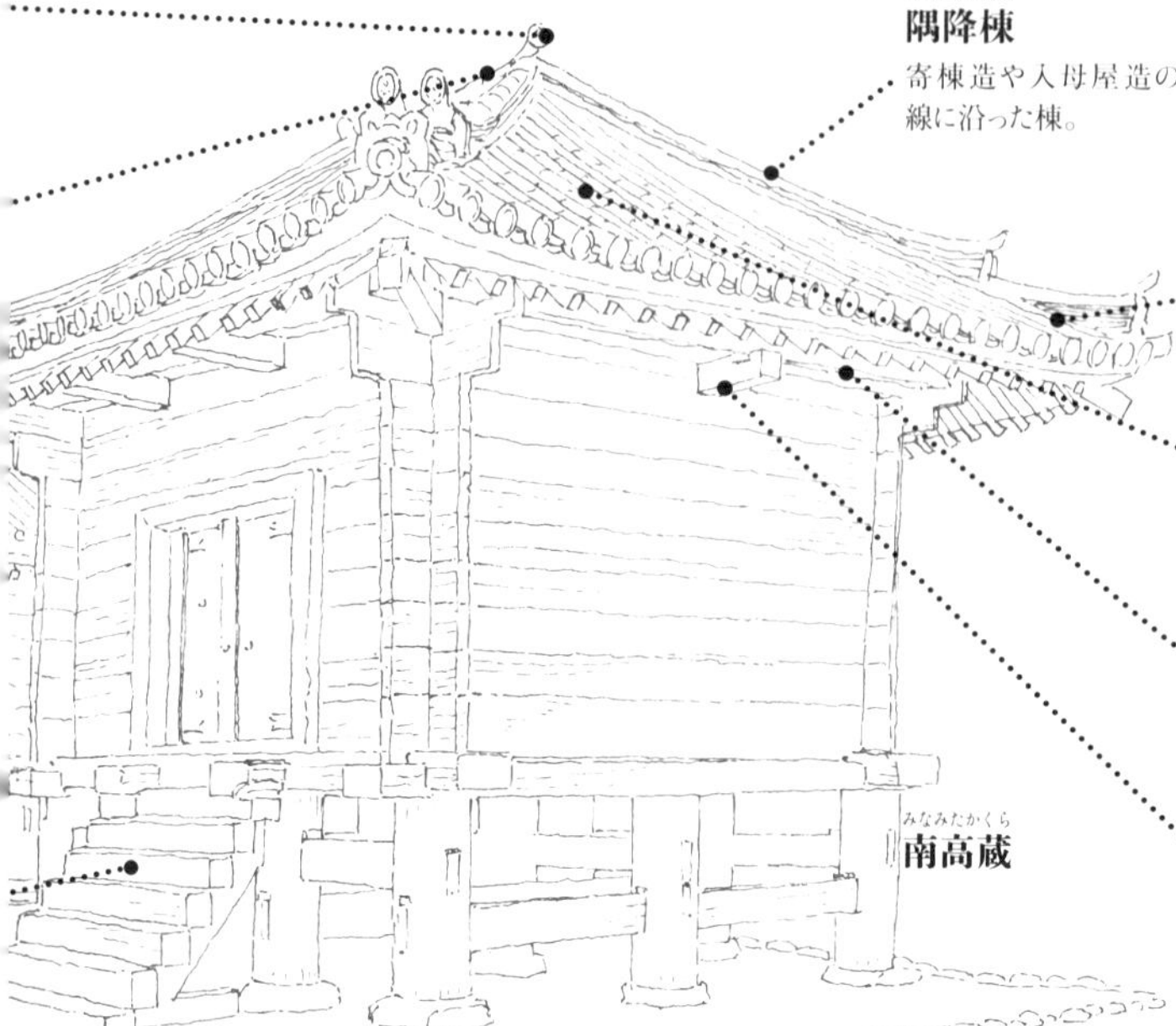

隅降棟《すみくだりむね》
寄棟造や入母屋造の稜線に沿った棟。

稚児棟《ちごむね》
隅降棟が二段であるときに、その下方の棟。

寄棟造本瓦葺《よせむねづくりほんがわらぶき》
寄棟造とは、大棟を中心に四方に葺きおろした屋根。本瓦葺とは、丸瓦と平瓦を交互に用いて葺いたもの。

出桁《だしげた》
腕木(梁)上にのり、垂木を受ける水平材。

南高蔵《みなみたかくら》

梁《はり》
小屋組を支える水平材。ここでは、腕木状に外側にも張り出す。

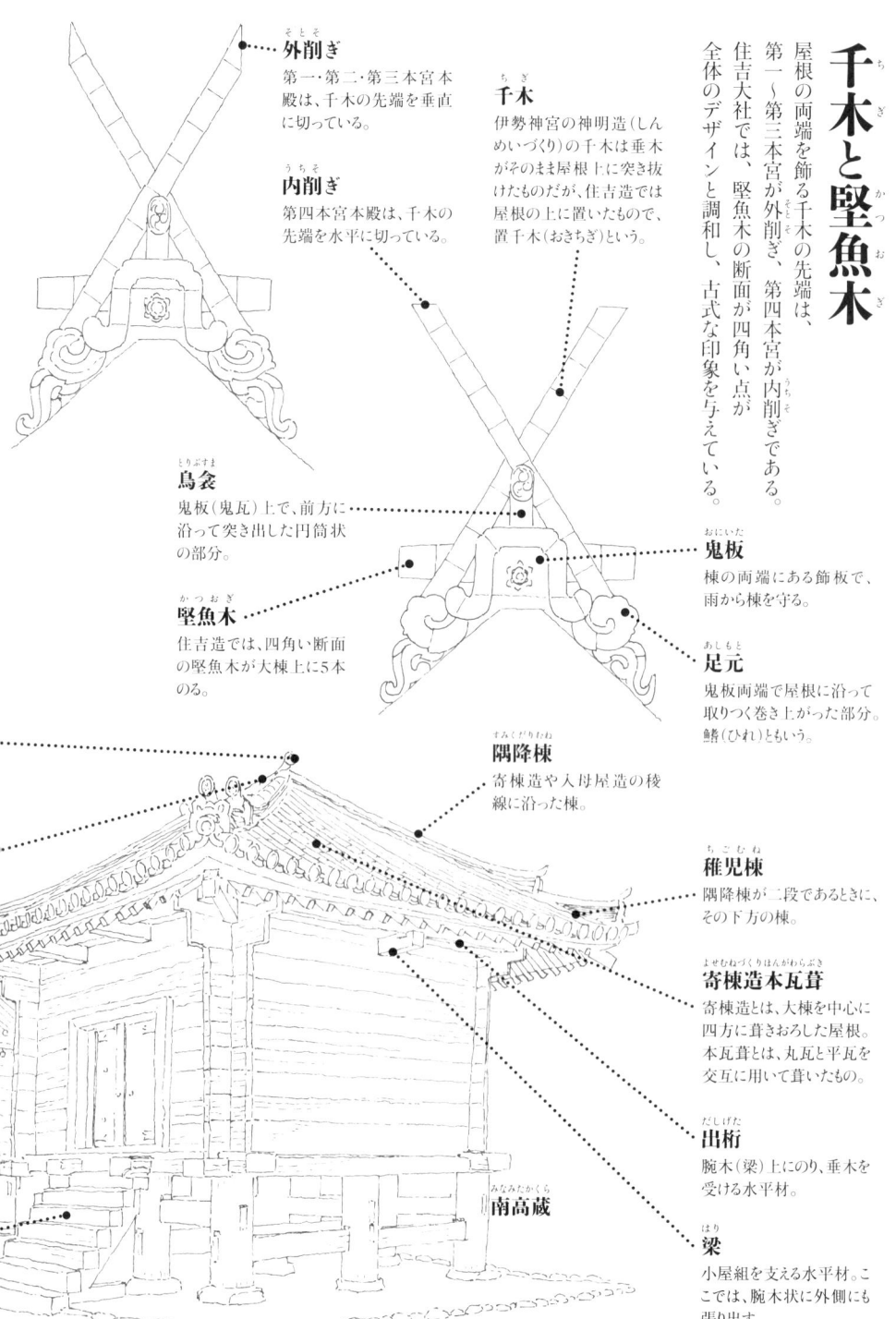

御文庫《おぶんこ》 ❻

木造二階建の土蔵で、江戸大坂京都書林中の寄付により享保一四年（一七二九）に竣工。正面に唐破風《からはふ》をもち、腰壁をなまこ壁風の左官仕上げとしている。

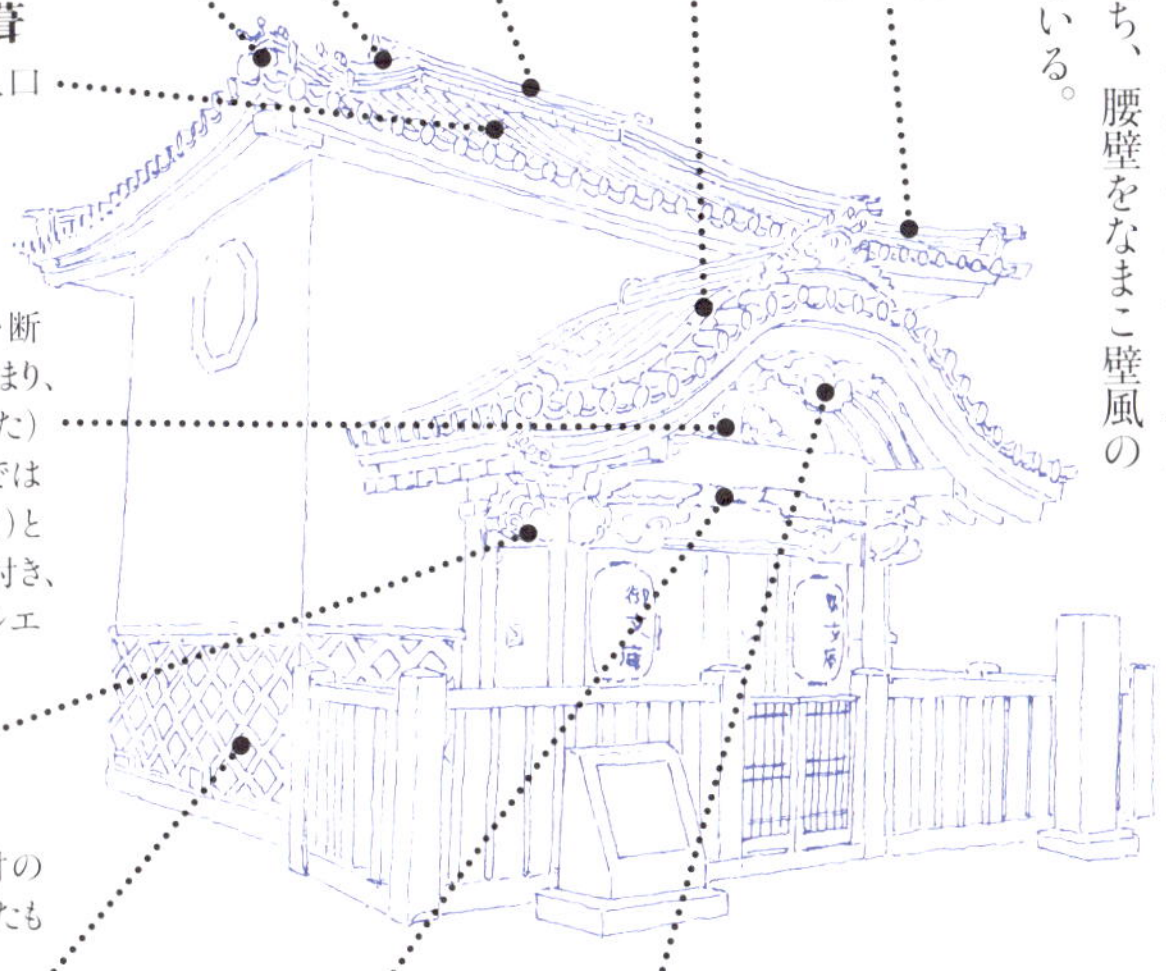

獅子口《ししぐち》
棟の端部を飾る瓦の一種。頂部に筒状の経の巻（きょうのまき）をのせる。

隅降棟《すみくだりむね》

大棟《おおむね》

唐破風《からはふ》
破風とは、中央がむくり、両端が反っている連続曲線を描く破風。

稚児棟《ちごむね》

寄棟造平入本瓦葺《よせむねづくりひらいりほんがわらぶき》
大棟と並行する側に入口があるのが平入。

大瓶束《たいへいづか》
円形またはそれに近い断面で、下に行くほどすぼまり、最下部に結綿（ゆいわた）という飾りをつける。ここでは両側に笈形（おいがた）と呼ばれるひれ状飾りが付き、全体で蟇股のようなシルエット。

木鼻《きばな》
隅柱から突き出した材の先端部分が装飾化したもの。

なまこ壁
壁に平瓦を打ちつけ、目地を漆喰でかまぼこ状に盛り上げたもの。ここでは平瓦状部分を含め左官仕事で仕上げている。

蟇股《かえるまた》
虹梁（こうりょう）など水平材の上、斗栱（ときょう）同士の中間に置かれる部材で、蛙が股を開いたような形であったことに由来する。本来は構造材だが装飾化した。

兎毛通《うのけどおし》
唐破風の中央に取り付ける懸魚の一種。通常の懸魚よりも扁平で、唐破風懸魚ともいう。

鳥衾《とりぶすま》
棟の端の鬼瓦・鬼板上で長く反って突き出した円筒状部分。ここでは寄棟屋根の大棟両端に鬼瓦を置かずに付けている。

大棟《おおむね》
屋根の頂上において水平に走る棟の総称。

高蔵《たかくら》 ❼

第一本宮の背後にある板倉。礎石上に建つ一二本の太い円柱で支えられた高床式の板倉。寄棟《よせむね》屋根最上部の大棟《おおむね》は南高蔵の方が長いが、蔵そのものの面積は北高蔵がひとまわり大きい。

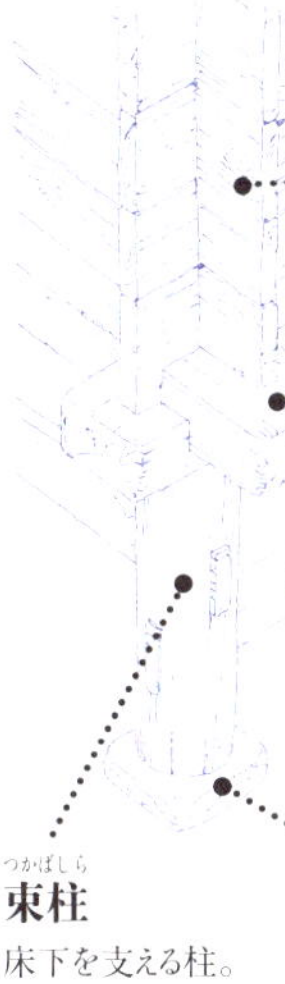

壁板《かべいた》
厚さ約9cmの厚板を組んでいる。

台輪《だいわ》
柱の上または下にある水平材。

貫《ぬき》
複数の柱を貫通し、緊結する水平材。

礎石《そせき》
柱の下にあり、建物の荷重を地面に伝える。

束柱《つかばしら》
床下を支える柱。

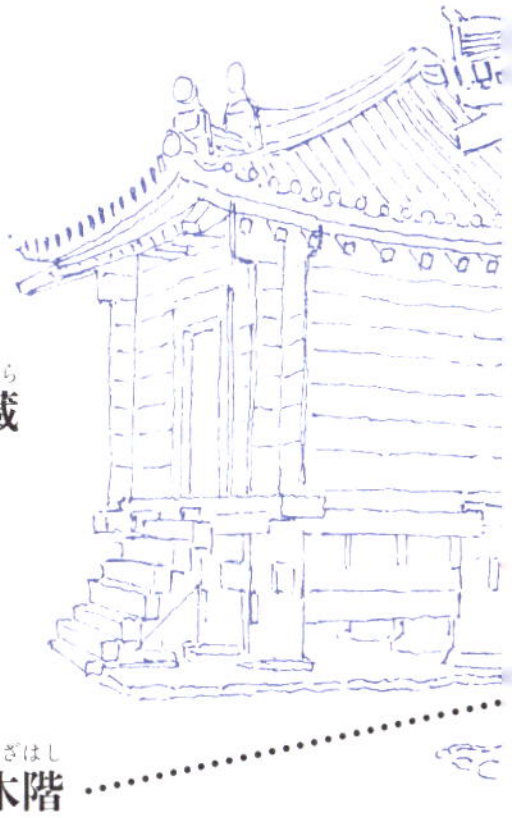

北高蔵《きたたかくら》

木階《きざはし》
高蔵の扉に上るための階段。

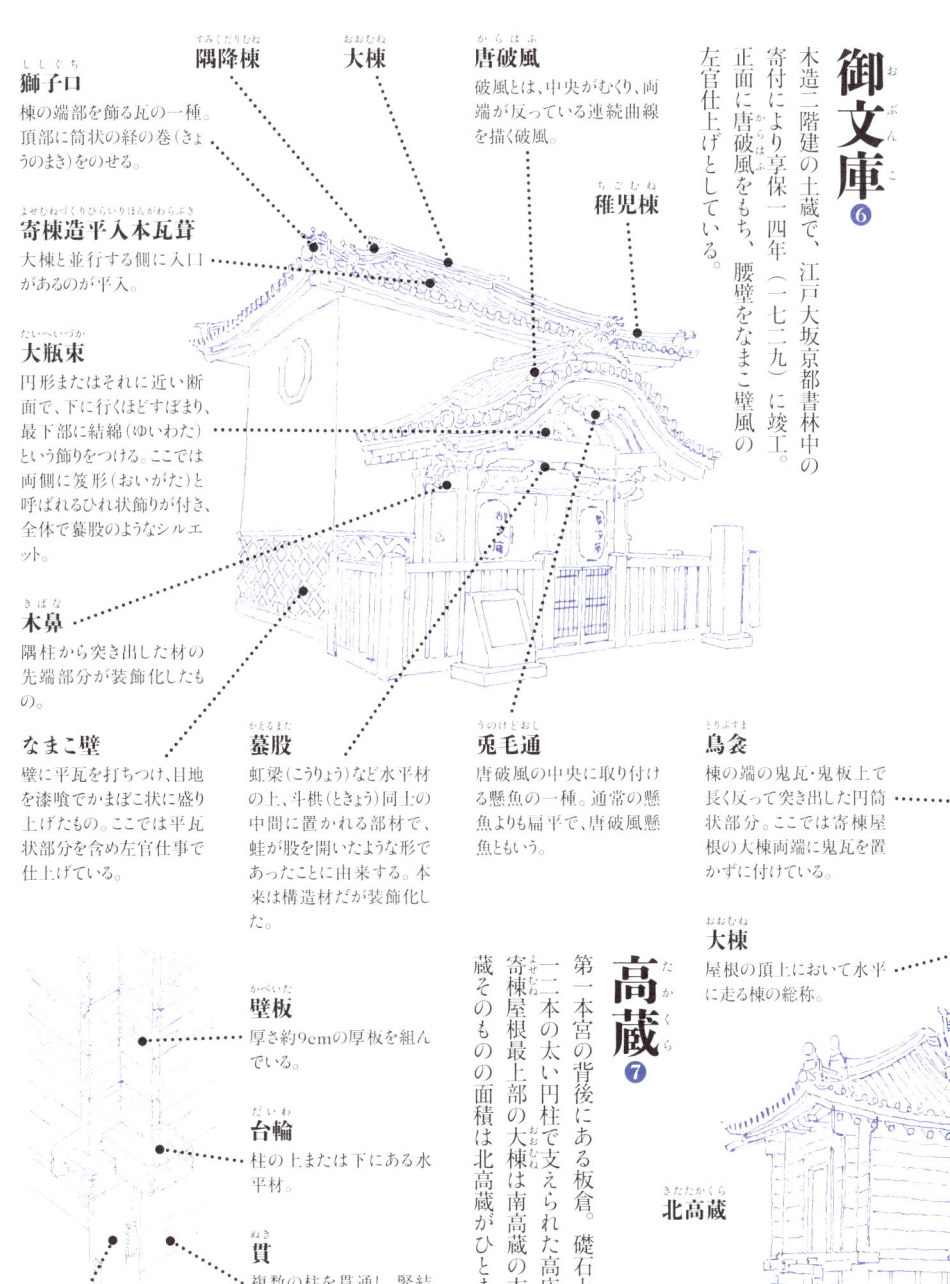

大《だい》海《かい》神《じん》社《じゃ》幣《へい》殿《でん》 ⑧

本宮の北側に西面して建つ。本殿は本宮と同じ住吉造であるが、その手前に建つ幣殿は、本宮のものよりも直線的で古式な雰囲気があり、現代の目からはモダンな印象すら感じられる。

神楽女《かぐらめ》

ここでは巫女のことを、神楽を舞うことから神楽女と呼ぶ。頭上には、鏡を中心に神木である松と、神使の白鷺が飾られている。

西楽所《にしがくしょ》

南門の西側に続く楽所。梁間(幅)2間、桁行(長さ)5間。

石造桁橋《せきぞうけたばし》

池の上に渡された石造の橋。

鳥衾《とりぶすま》

棟端部の鬼瓦(鬼板)上で、前方に沿って突き出した円筒状の部分。

輪違積《わちがいづみ》

棟の部分を、半円形断面の瓦(輪違瓦)を用いて輪違いに積む積み方。

鬼瓦《おにがわら》

棟の端部に取り付ける瓦。鬼面とは限らない。

懸魚《げぎょ》

破風の頂部や途中で、桁(水平材)を保護し装飾する部材。ここでは直線的な造形である。

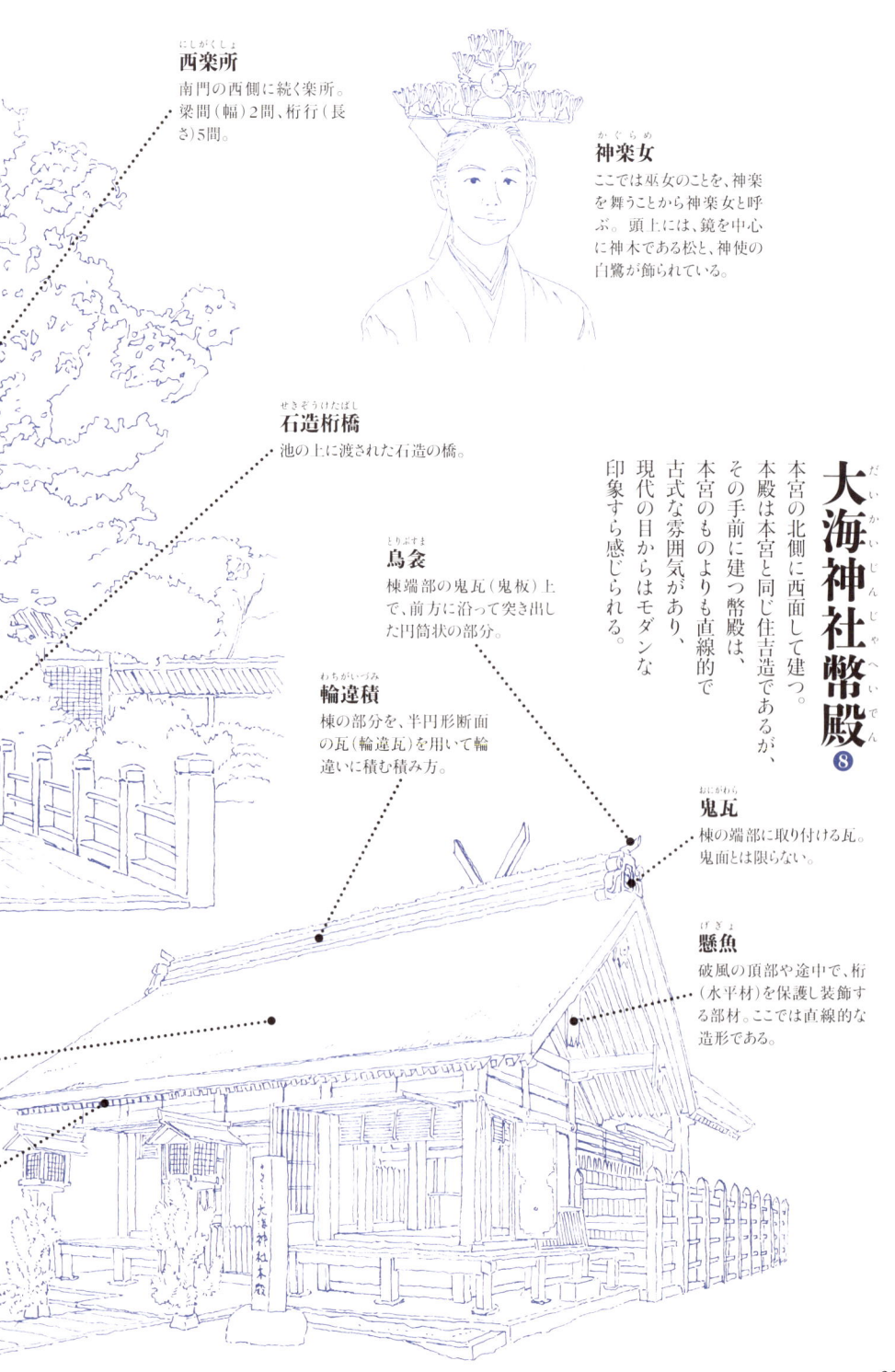

東楽所《ひがしがくしょ》

南門の東側に続く楽所。梁間（幅）2間、桁行（長さ）11間。

南門《みなみもん》

石舞台正面にたつ門。中央に2本の親柱、前後に各2本計4本の控柱を持つ四脚門（しきゃくもん）形式。

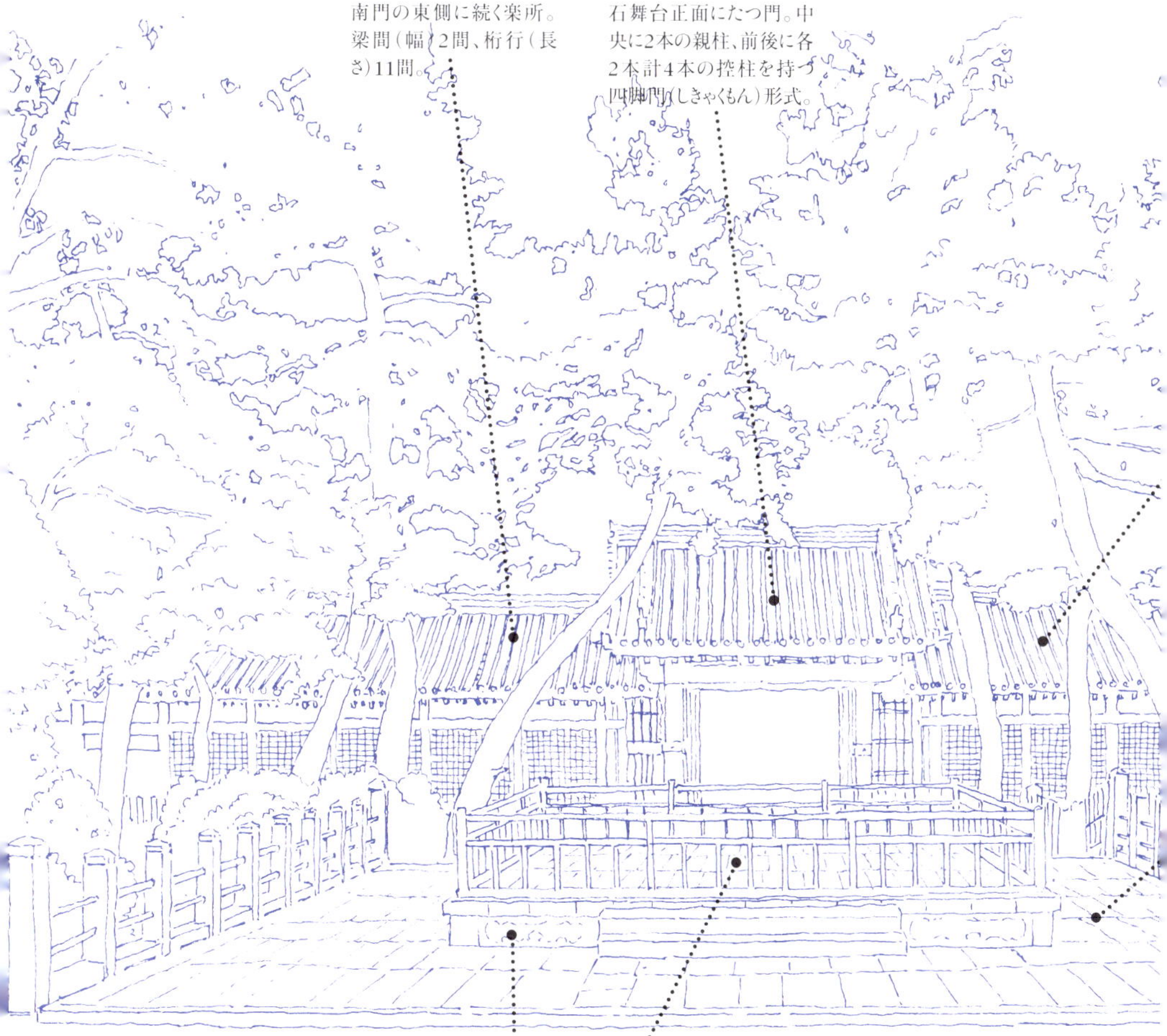

石舞台 ⑨

本宮の南側にある。
池に渡された石橋上に設けられた石舞台で、この上で五月の卯之葉《うのは》神事の際には舞楽がささげられる。
慶長一二年（一六〇七）造営時の貴重な建造物。

格挟間《こうざま》

唐戸、露盤、台、壇などの側面に施される特殊な曲線装飾で、上部を花頭曲線とする。内部は竪格子（たてごうし）や装飾を配する。

石舞台《いしぶたい》

石造桁橋の上に築かれた石造舞台。上面も全面石敷。

切妻造平入桧皮葺《きりづまづくりひらいりひわだぶき》

切妻造とは、本を開いて伏せたような形の屋根。大棟と並行する側に入口があるのが平入。桧皮葺とは、檜の皮で葺いた屋根。

繁垂木《しげだるき》

垂木を密にならべた配置。垂木のせい（高さ）または幅と垂木同士の間隔が等しいもの。

住吉大社の眺めかた

本殿は古式を伝える「住吉造」。

酒井一光

境内には第一から第四まで四つの本宮があり、それぞれ底筒男命《そこつつのをのみこと》、中筒男命《なかつつのをのみこと》、表筒男命《うわつつのをのみこと》、神功皇后《じんぐうこうごう》と息長足姫命《おきながたらしひめのみこと》が祀《まつ》られている。四つの本宮をはじめとした社殿配置にも大きな特色がある。

現在、住吉さんへは南海電車・住吉鳥居前駅や住吉大社駅、あるいは阪堺電車・住吉公園駅などから東に向かってお参りすることが多いが、住吉さんの全体像を知るためには、一度駅から反対側（西側）の**高燈籠**❶まで戻ってスタートするのがよい。高燈籠の先にはかつて住吉の浜があった。高燈籠から住吉大社境内には、住吉公園の松原の中央を貫く東西一直線の道を進む。両脇に住友家などが寄進した石燈籠をながめ、南海電車、阪堺電車の駅を超えれば、住吉さんの境内にいたる。西大鳥居をくぐり、反橋を渡り、手水舎《てみずしゃ》で清め、石段を上がると石鳥居と門があらわれる。この石鳥居が**住吉鳥居**（**角鳥居**）❷として名高いもので、直線的な造形が特徴だ。松原、**反橋**❸、石鳥居を描けば、本宮を描かずとも人はそれを住吉と思い浮かべるほど、これらは住吉さんにとって大切な要素である（これらに高燈籠が加わる場合もある）。

高台になった一帯には、大阪湾に向かって西向きに**第三本宮**❺・**第二本宮**❹・第一本宮が順にならびたち、第三本宮の南側に**第四本宮**❺がある。かつて本宮一帯からは、正面の松原の先に、海を身近に感じることができたのだろう。伊勢神宮をはじめ、春日大社、宇佐神宮など全国の主要な神社では独自の社殿配置がみられるが、ここ住吉大社でも他にはない特徴的な社殿配置をもつことに留意したい。

本宮はそれぞれ手前に参拝のための幣殿《へいでん》（一般の神社における拝殿を住吉大社では幣殿と呼ぶ）、神様を祀る本殿、両者を結ぶ渡殿から構成され、本殿の建築形式は住吉造《すみよしづくり》として知られる。住吉造は日本最古の神社本殿形式のひとつといわれ、現本殿は文化七年（一八一〇）古式にならって造営され、国宝に指定されている。住吉大社は全国の「住吉さん」の総本社であり、住吉造の建築もここが原点といえる。

第一本宮の背後には、南北二棟の**高蔵**⑦がある。慶長一一年（一六〇六）建立の珍しい板倉で、屋根はともに寄棟造本瓦葺《よせむねづくりほんがわらぶき》である。

本宮の北側には神楽殿、文華殿などが建つが、江戸時代までここには広大な神宮寺伽藍《がらん》があった。明治初年の神仏分離により、神宮寺伽藍はほぼなくなってしまったが、神宮寺の象徴であった東西の大塔のうち、西塔が徳島県の切幡寺《きりはたじ》に移築され現存する。

本宮南側は、**石舞台**⑨や御田《おんだ》がある。普段は静かな場所であるが、五月の卯之葉神事や、六月一四日の御田植神事では華やかな祭礼の場所と化す。

参考文献
山内泰明『神社建築』、神社新報社、昭和四二年
『住吉大社歴史的建造物調査報告書（本文編）』『同（図版編）』、住吉大社奉賛会、平成二一年

創建は211年、神功皇后が住吉大神を祀る。
後に皇后自身もご祭神に。
お祓い・航海安全・和歌の道・産業育成などのご利益で知られる。
●大阪市住吉区住吉2-9-89　✆06-6672-0753
4〜9月は6:00〜17:00、10〜3月は6:30〜17:00　※祈祷の受付・授与所は9:00〜16:30
拝観無料

城郭・寺社のかたちIII

四天王寺

SHITENNOJI

中門、五重塔、金堂、講堂が南北軸線上にならぶ伽藍《がらん》配置で知られる四天王寺。これらは昭和三八年（一九六三）再建の鉄骨鉄筋コンクリート造《ぞう》で、建築史家・藤島亥治郎《がいじろう》により創建当時の様式で再建された。境内には石鳥居をはじめ、六時堂《ろくじどう》、元三大師堂《がんざんだいしどう》など多数の重要文化財建造物があるほか、英霊堂《えいれいどう》、八角亭、宝蔵などユニークな建造物もみのがせない。

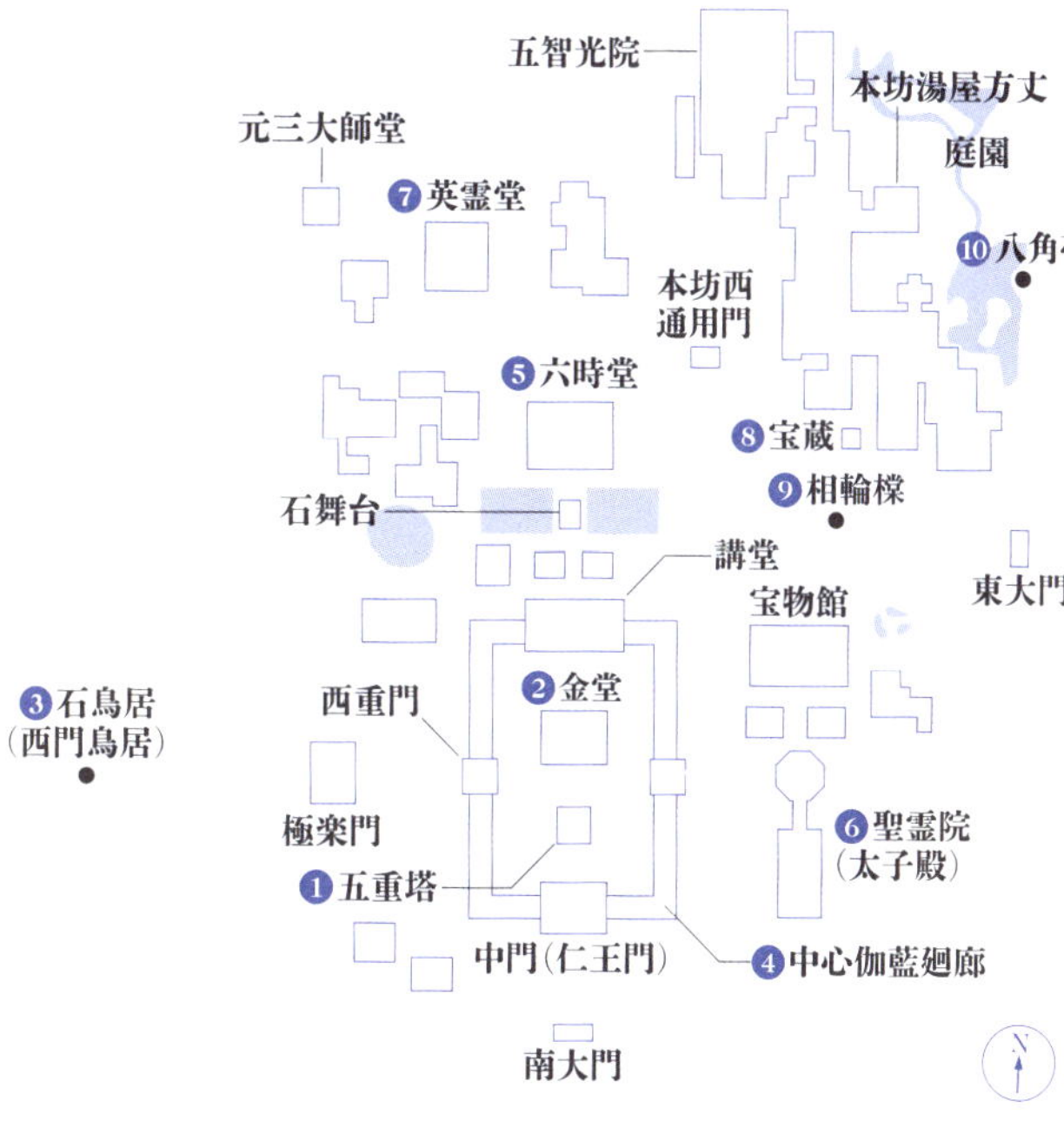

五智光院
本坊湯屋方丈
元三大師堂
庭園
7 英霊堂
10 八角亭
本坊西
通用門
5 六時堂
8 宝蔵
9 相輪橖
石舞台
講堂
東大門
宝物館
3 石鳥居
（西門鳥居）
2 金堂
西重門
極楽門
6 聖霊院
（太子殿）
1 五重塔
中門（仁王門）
4 中心伽藍廻廊
南大門
N

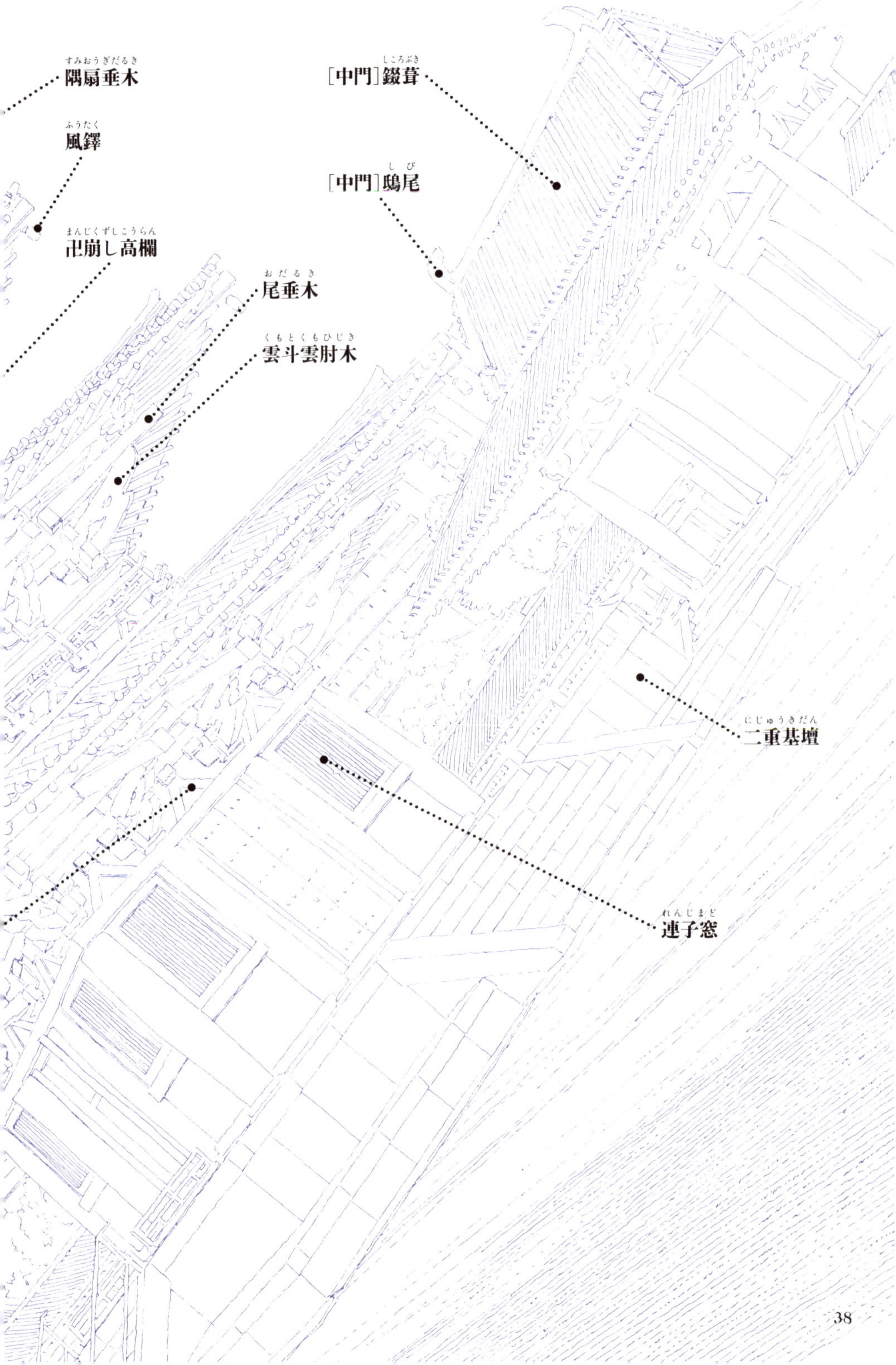
隅扇垂木《すみおうぎだるき》
風鐸《ふうたく》
卍崩し高欄《まんじくずしこうらん》
尾垂木《おだるき》
雲斗雲肘木《くもとくもひじき》
[中門]錣葺《しころぶき》
[中門]鴟尾《しび》
二重基壇《にじゅうきだん》
連子窓《れんじまど》

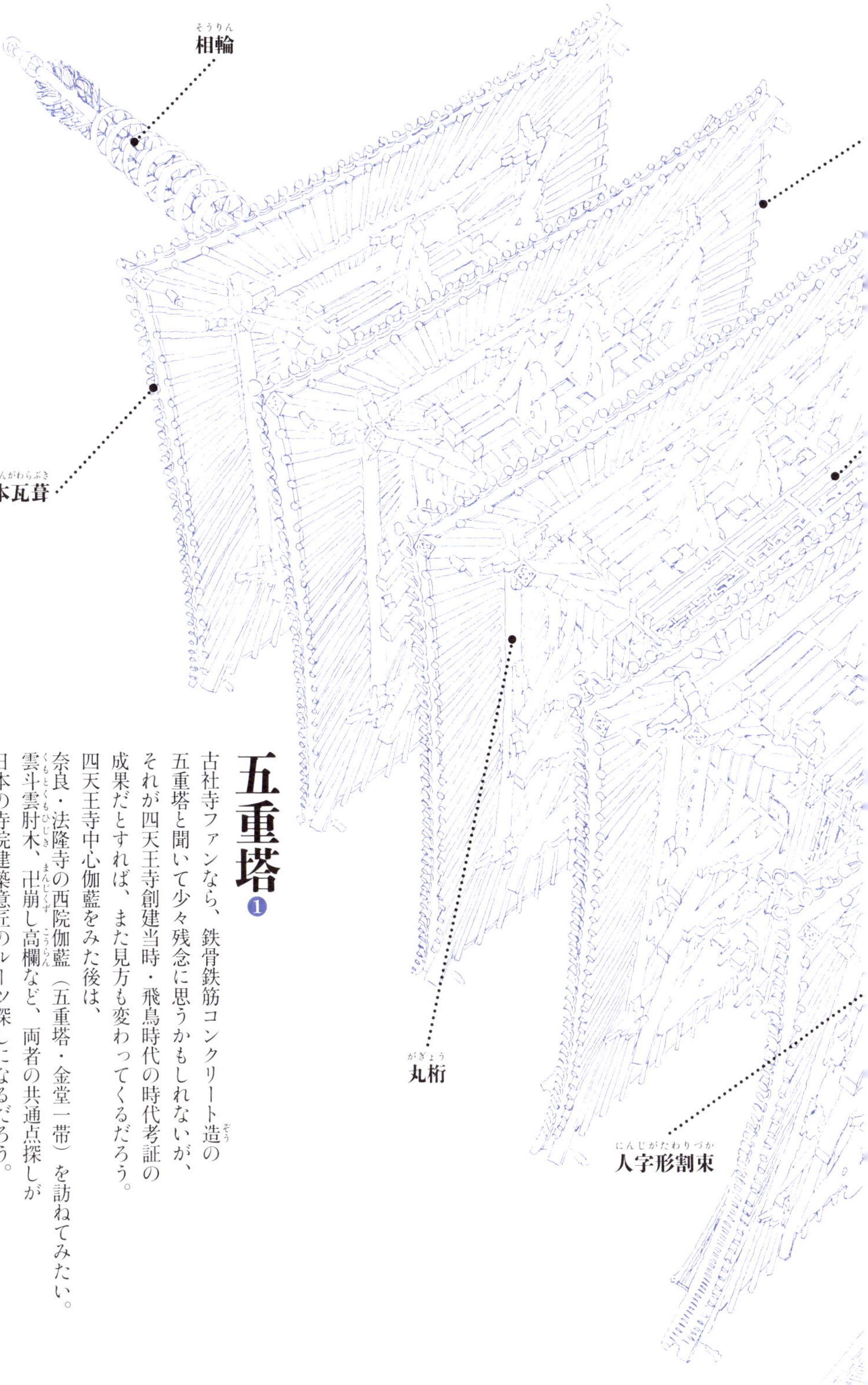

五重塔 ❶

古社寺ファンなら、鉄骨鉄筋コンクリート造《ぞう》の五重塔と聞いて少々残念に思うかもしれないが、それが四天王寺創建当時・飛鳥時代の時代考証の成果だとすれば、また見方も変わってくるだろう。

四天王寺中心伽藍をみた後は、奈良・法隆寺の西院伽藍（五重塔・金堂一帯）を訪ねてみたい。雲斗雲肘木《くもとくもひじき》、卍崩《まんじくず》し高欄《こうらん》など、両者の共通点探しが日本の寺院建築意匠のルーツ探しになるだろう。

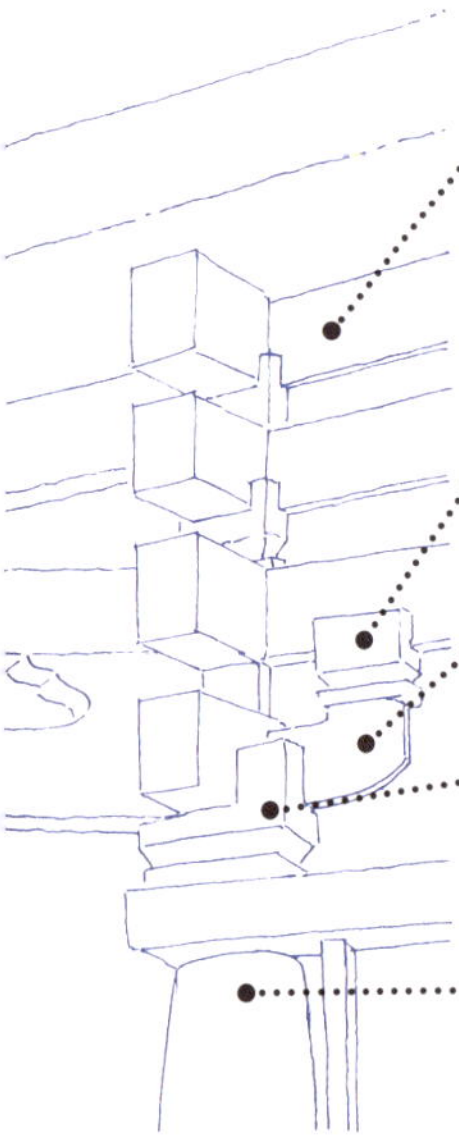

通肘木《とおしひじき》

建物の端から端まで続く長い肘木。

巻斗《まきと》

肘木の上にのる斗(ます)。古代建築では斗の下に皿板(さらいた)がつく。

肘木《ひじき》

斗栱において斗や桁を受ける水平材。

大斗《だいと》

柱の上に直接のる斗。古代のものは皿板(さらいた)がつく。

柱《はしら》

強い胴張(エンタシス)のある円柱。

五重塔斗栱《ときょう》

斗栱とは、柱の上で斗《ます》と肘木《ひじき》をもちいた組物のことで、寺社建築最大のみどころのひとつ。ここでは法隆寺にならい、雲斗雲肘木《くもとくもひじき》と呼ばれる最も古い形の斗栱がみられる。

金堂尾垂木鼻《こんどうおだるきばな》の飾金具《かざりかなもの》

五重塔尾垂木鼻《ごじゅうのとうおだるきばな》の飾金具《かざりかなもの》

尾垂木の先端部の装飾としてそれぞれ文様の違う飾金具がみられる。

宝珠《ほうしゅ》

相輪の最上部にある珠飾り。

竜車《りゅうしゃ》

相輪において宝珠と水煙の間にある飾り。

水煙《すいえん》

水煙は四方に広がるが、四天王寺五重塔では各面とも3体の飛天が配されている。

相輪《そうりん》

五重塔のシンボルとして、最上部に位置する。総高三九・二メートルのうち、相輪が一二・三メートルを占める。

九輪《くりん》

本来は法輪とよび、相輪で最も目立つ部分。

請花《うけはな》

相輪において九輪の下にある上向きの蓮弁を持つ蓮座。

金堂初重軒裏《こんどうしょじゅうのきうら》❷

五重塔や金堂の軒裏をみあげると、たくさんの円形断面の垂木《たるき》がある。

垂木は通常、建物の壁から垂直にのびる（並行垂木）が、ここでは屋根の四隅の部分だけ放射状に配されている。

これを隅扇垂木《すみおうぎだるき》とよぶ。

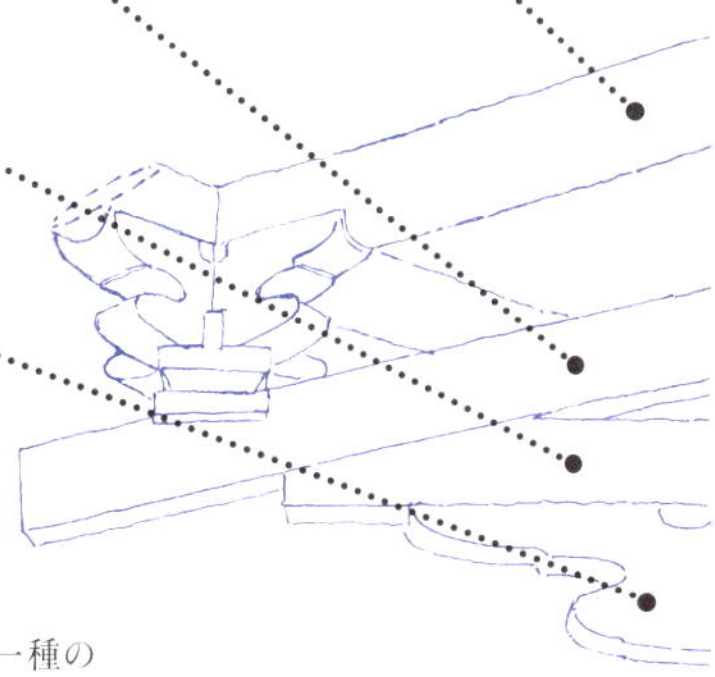
尾垂木《おだるき》
軒下で丸桁を受ける斗栱の部材。
丸桁《がぎょう》
軒下で垂木の荷重を支える水平材。通常は四角い断面だが、ここでは古式な円形断面。
力肘木《ちからひじき》
尾垂木を支える部材。
雲斗雲肘木《くもとくもひじき》
飛鳥時代の法隆寺五重塔・金堂にみられる斗栱で、輪郭を雲型にしたもの。

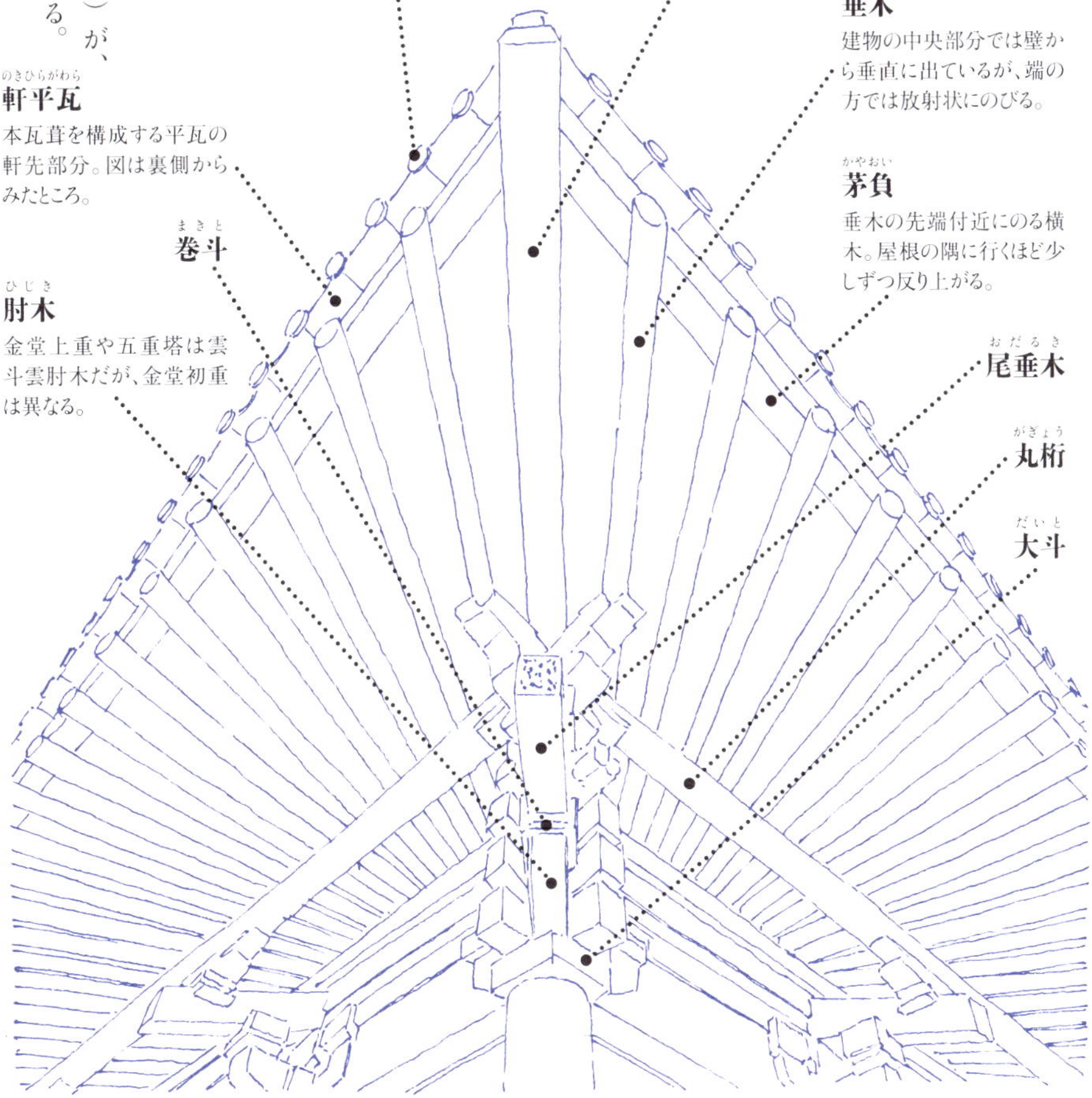
軒丸瓦《のきまるがわら》
本瓦葺を構成する丸瓦の軒先部分。
隅木《すみぎ》
隅棟を支えている一種の棟木(むなぎ)。
垂木
建物の中央部分では壁から垂直に出ているが、端の方では放射状にのびる。
軒平瓦《のきひらがわら》
本瓦葺を構成する平瓦の軒先部分。図は裏側からみたところ。
巻斗《まきと》
肘木《ひじき》
金堂上重や五重塔は雲斗雲肘木だが、金堂初重は異なる。
茅負《かやおい》
垂木の先端付近にのる横木。屋根の隅に行くほど少しずつ反り上がる。
尾垂木《おだるき》
丸桁《がぎょう》
大斗《だいと》

笠木《かさぎ》
鳥居の最上部の水平材。両端が反り上がった部分を反増（そりまし）とよぶ。

扁額《へんがく》
鳥居上部や建物入口上などに掲げられる額。扁額の背面には、額束（貫と島木を結ぶ水平材）がある。

貫《ぬき》
複数の柱を貫通し、緊結する水平材。ここでは柱の両端に貫が出ている。

島木《しまぎ》
笠木の下で柱の上にのる水平材。ここでは石材の上を銅板で覆う。銅板上に文字が彫られた部分がある。

柱《はしら》
ここでは他の構成材にくらべて太い円柱で古風な雰囲気。内転び（内側への傾斜）は少ない。

石鳥居（西門鳥居）③

四天王寺の西側入口にたつ境内最古の建造物。水平材（笠木、島木、貫）に対して、太い石の円柱が垂直に近くそびえ、どっしりとした印象を与えている。

扁額

「釈迦如来転法輪所当極楽土東門中心」と書かれている。釈迦如来が仏法を説くところで、四天王寺西門が極楽浄土の東門の中心にあたる、という意味。

中心伽藍廻廊 4

連子窓《れんじまど》の緑、柱や長押《なげし》など構造材の赤、壁の白、瓦のグレーの対比がシンプルで美しい。

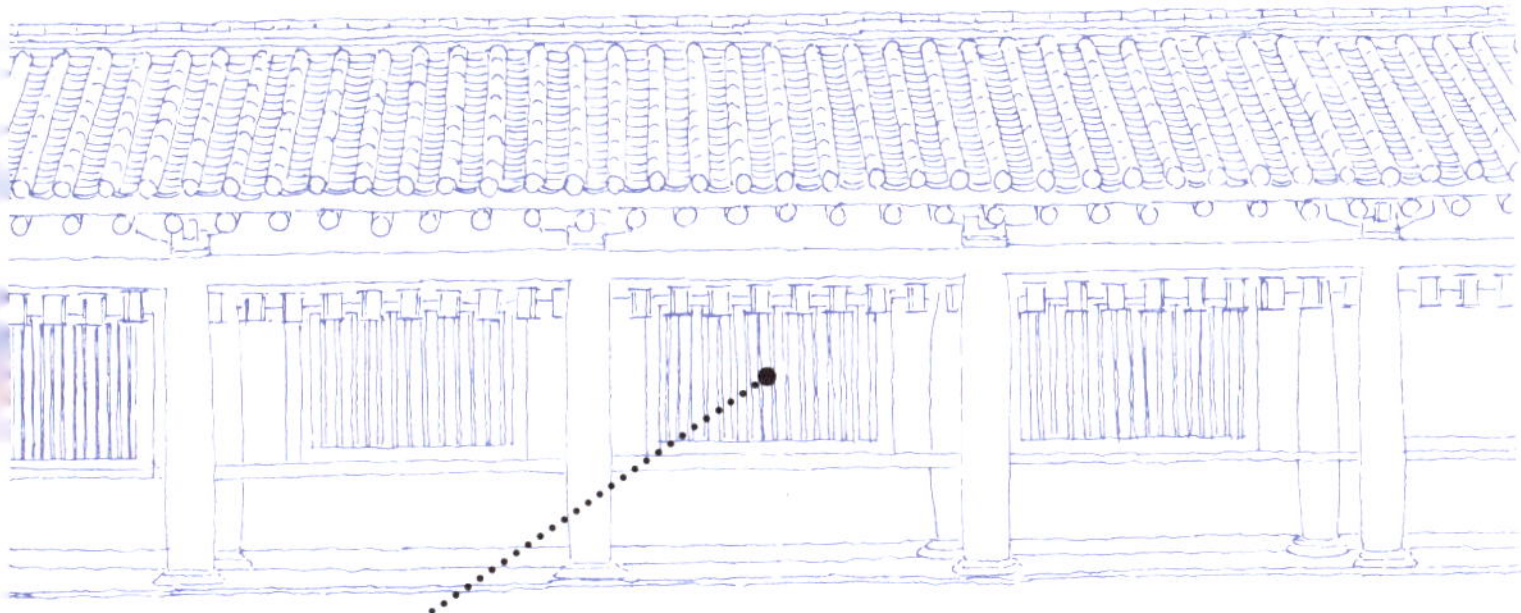

連子窓《れんじまど》
寺社建築において、細い角材を竪(または横)にならべた窓。

雁振瓦《がんぶりがわら》
瓦棟(かわらむね)の最上部を覆う瓦。

熨斗瓦《のしがわら》
瓦棟を積むのに用いる平瓦。

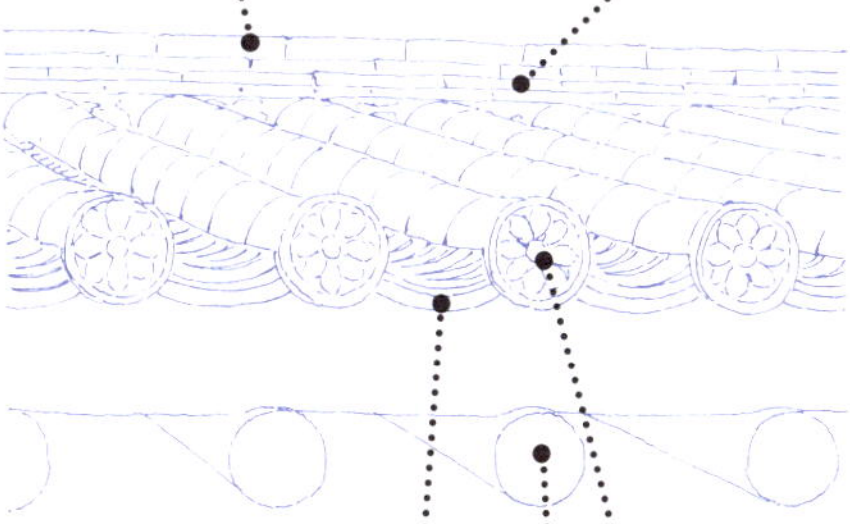

垂木《たるき》

軒丸瓦《のきまるがわら》
本瓦葺を構成する丸瓦で軒先に用いられるもの。ここでは先端が単弁八葉蓮華文。

軒平瓦《のきひらがわら》
本瓦葺を構成する平瓦で軒先に用いられるもの。

屋根まわり

瓦の先端は瓦当《がとう》といい、時代色をあらわした文様がみられる。ここでの丸瓦は単弁八葉蓮華文《たんべんはちようれんげもん》。

中心伽藍廻廊の吊燈籠
火袋(ひぶくろ)の四面に四天王をあらわす梵字をあしらっている。

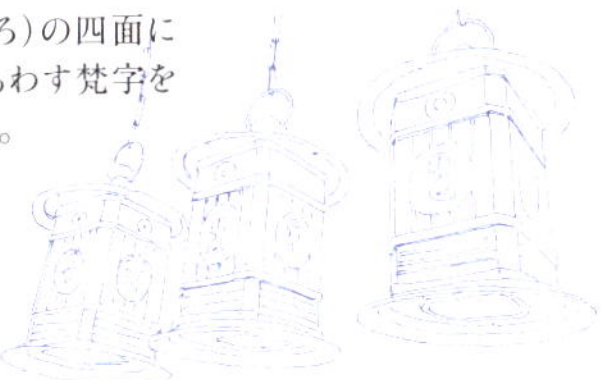

柱まわり

法隆寺とくらべても、著しく大きい柱の胴張（エンタシス）が「日本仏法最初」を造形で表現しているかのようだ。

巻斗《まきと》
肘木の上にのる斗。古代建築では斗の下に皿板(さらいた)がつく。

笹繰《ささぐり》
肘木の上面を曲面的に削ること。飛鳥建築の特色。

肘木《ひじき》

大斗《だいと》

頭貫《かしらぬき》
柱頂部に渡した貫(複数の柱を貫通して固定・緊結する水平材)。

窓上長押《まどうえなげし》
長押とは、柱を両側から挟み、固定する水平材の総称。

柱《はしら》
強い胴張(エンタシス)のある太い円柱。

礎石《そせき》
柱や土台の下にすえ、建物の重量を地面に伝える。

窓下長押《まどしたなげし》

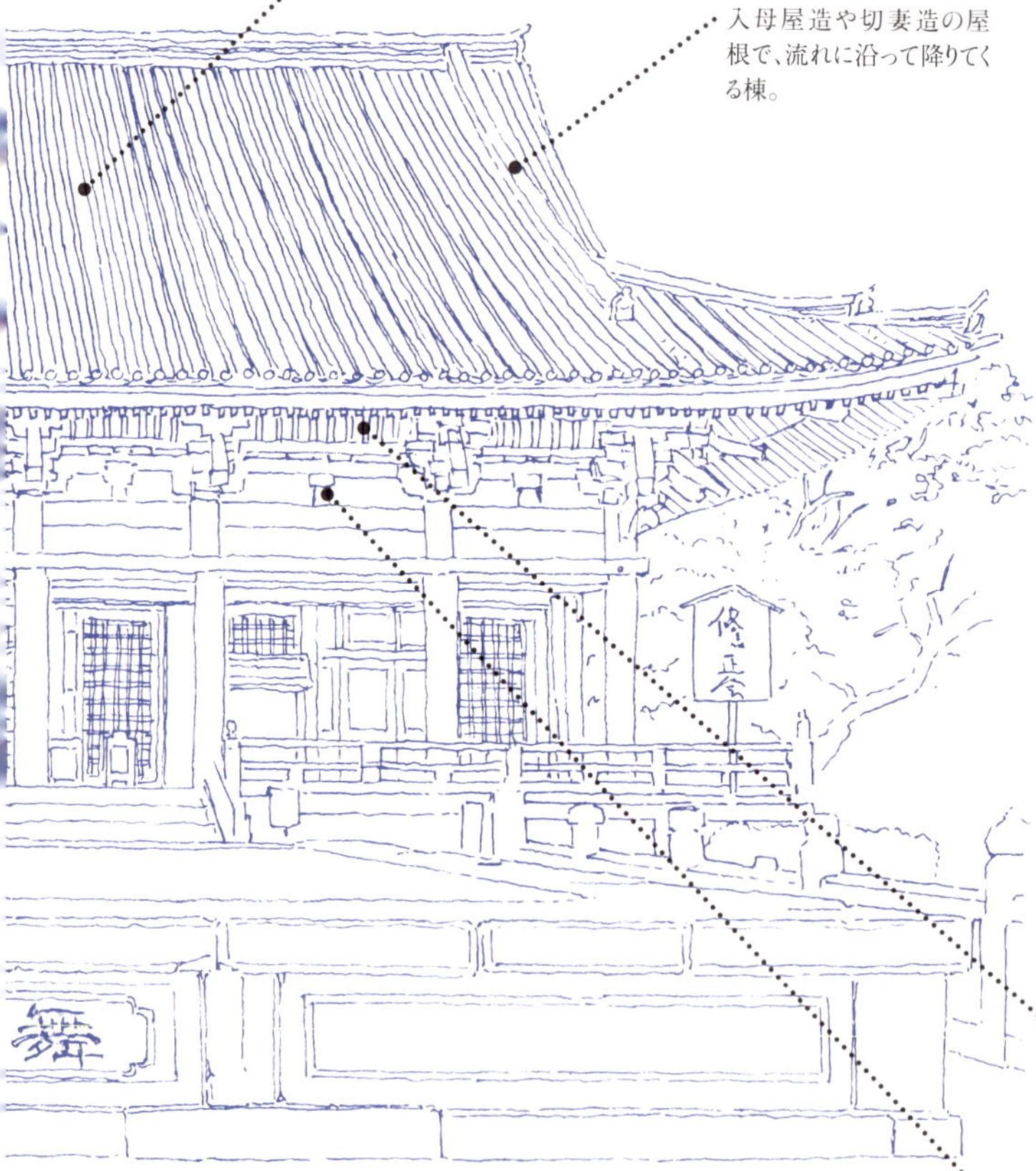

入母屋造平入本瓦葺《いりもやづくりひらいりほんがわらぶき》
降棟《くだりむね》
入母屋造や切妻造の屋根で、流れに沿って降りてくる棟。
軒支輪《のきしりん》
軒下で丸桁と貫や通肘木の間を埋める細い曲線の部材。繁垂木と同じような間隔で密に入る。
撥束《ばちづか》
斗栱の間に用いられる垂直材を束といい、下方が開いた撥型の束をいう。

六時堂 ❺

四天王寺中心伽藍から石舞台を挟んで北側にたつ。

六時堂は享和元年（一八〇一）の火災で中心伽藍とともに焼失したが、元和九年（一六二三）に建てられた境内奥の椎寺《しいでら》薬師堂を移築・改造して六時堂にした。

日本の木造建築はこのように、移築して大切に使い続けることも多かった。

聖霊院《しょうりょういん》（太子殿）❻

四天王寺における聖徳太子信仰の中心。

中心伽藍と同じく戦災で焼失し、手前の前殿は昭和二九年（一九五四）、奥殿は昭和五四年（一九七九）に復興された。

奥殿は平面が円形、屋根が宝形造《ほうぎょうづくり》の珍しいスタイル。

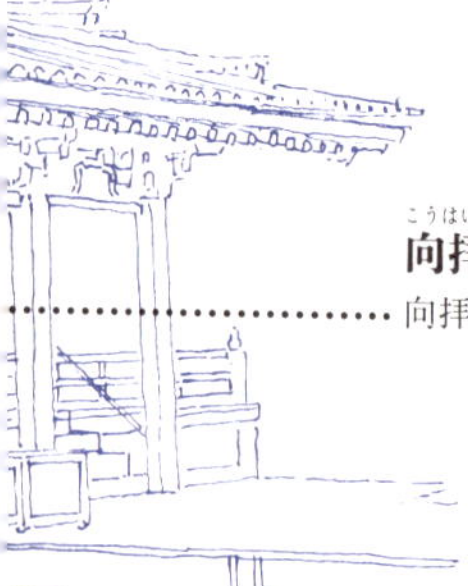

向拝《こうはい》
参詣者のために、前方に張り出された部分。
向拝柱《こうはいばしら》
向拝部分を支える柱。角柱。

隅降棟《すみくだりむね》

入母屋造や寄棟造の稜線に沿った棟。

大棟《おおむね》

稚児棟《ちごむね》

隅降棟が二段であるときに、その下方の棟。

二軒繁垂木《ふたのきしげだるき》

垂木同士の間隔が垂木のせい（高さ）または巾と等しいものを繁垂木といい、それが二段になったもの。

斗栱《ときょう》

柱上にあって軒を支える部分。

石舞台《いしぶたい》

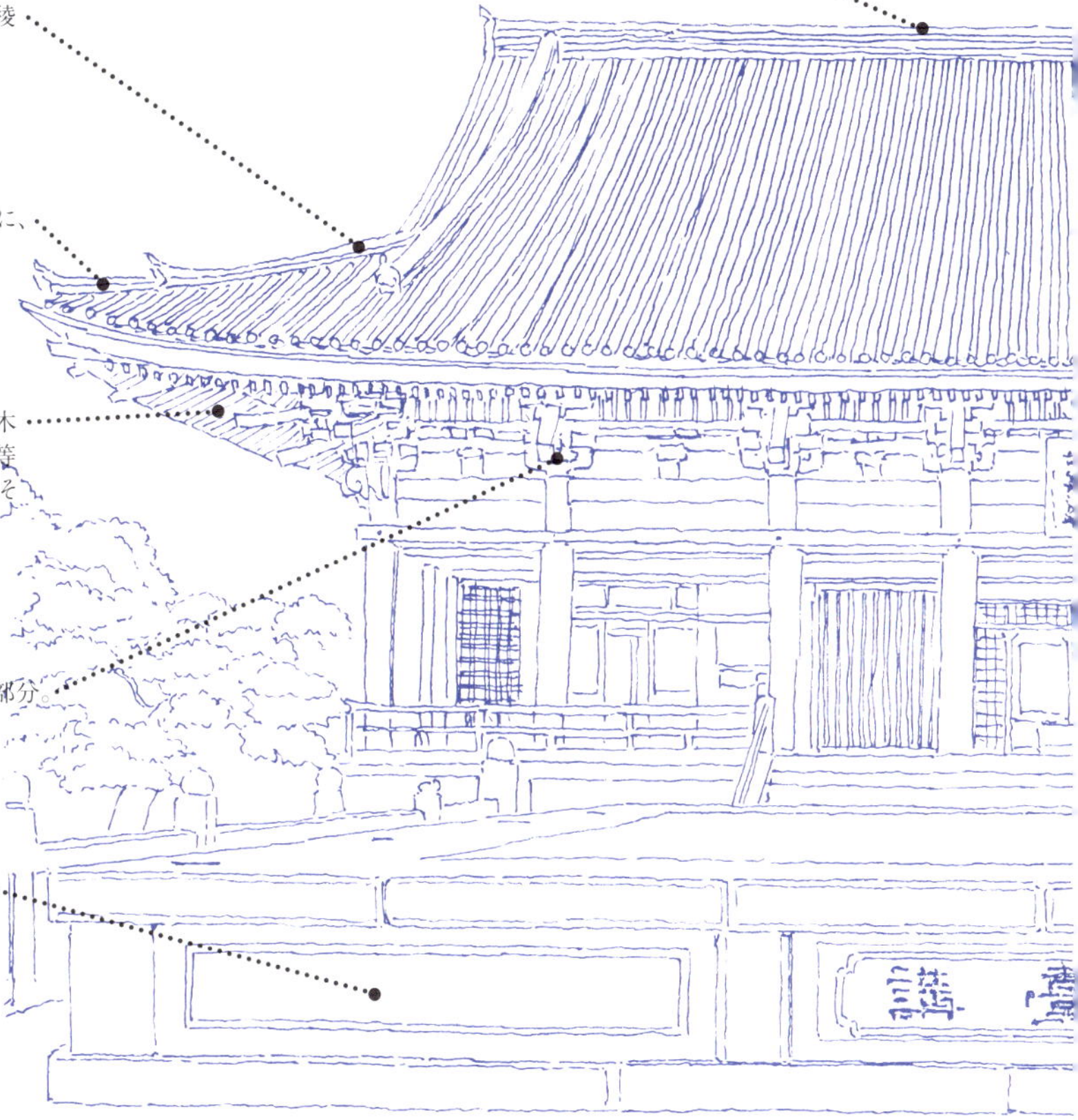

宝珠《ほうしゅ》

宝形造屋根の最上部を飾る球状のもの。

入母屋造妻入本瓦葺《いりもやづくりつまいりほんがわらぶき》

宝形造本瓦葺《ほうきょうづくりほんがわらぶき》

宝形造とは、八つの屋根面が一点に集まるつくり。

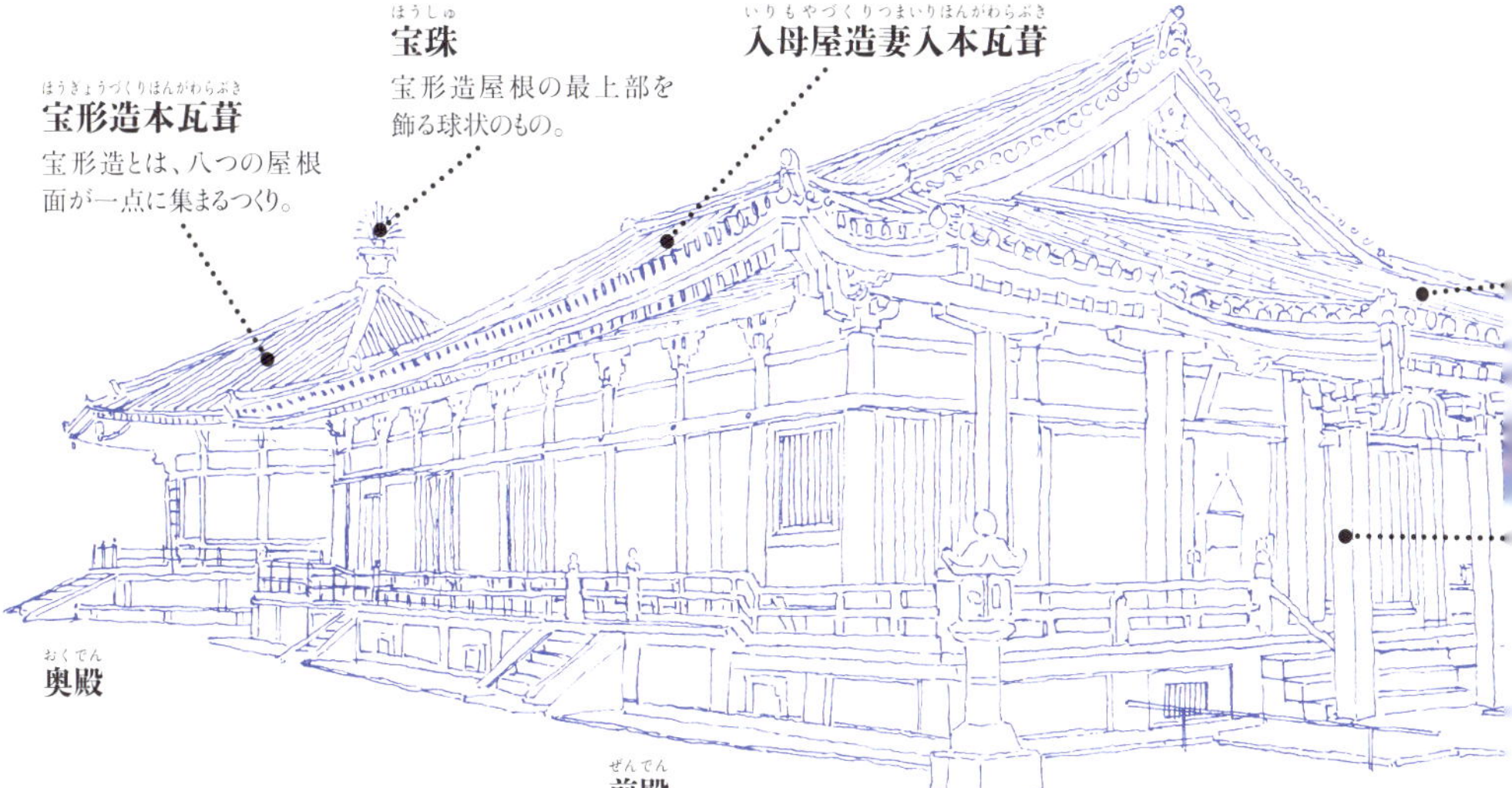

奥殿《おくでん》

前殿《ぜんでん》

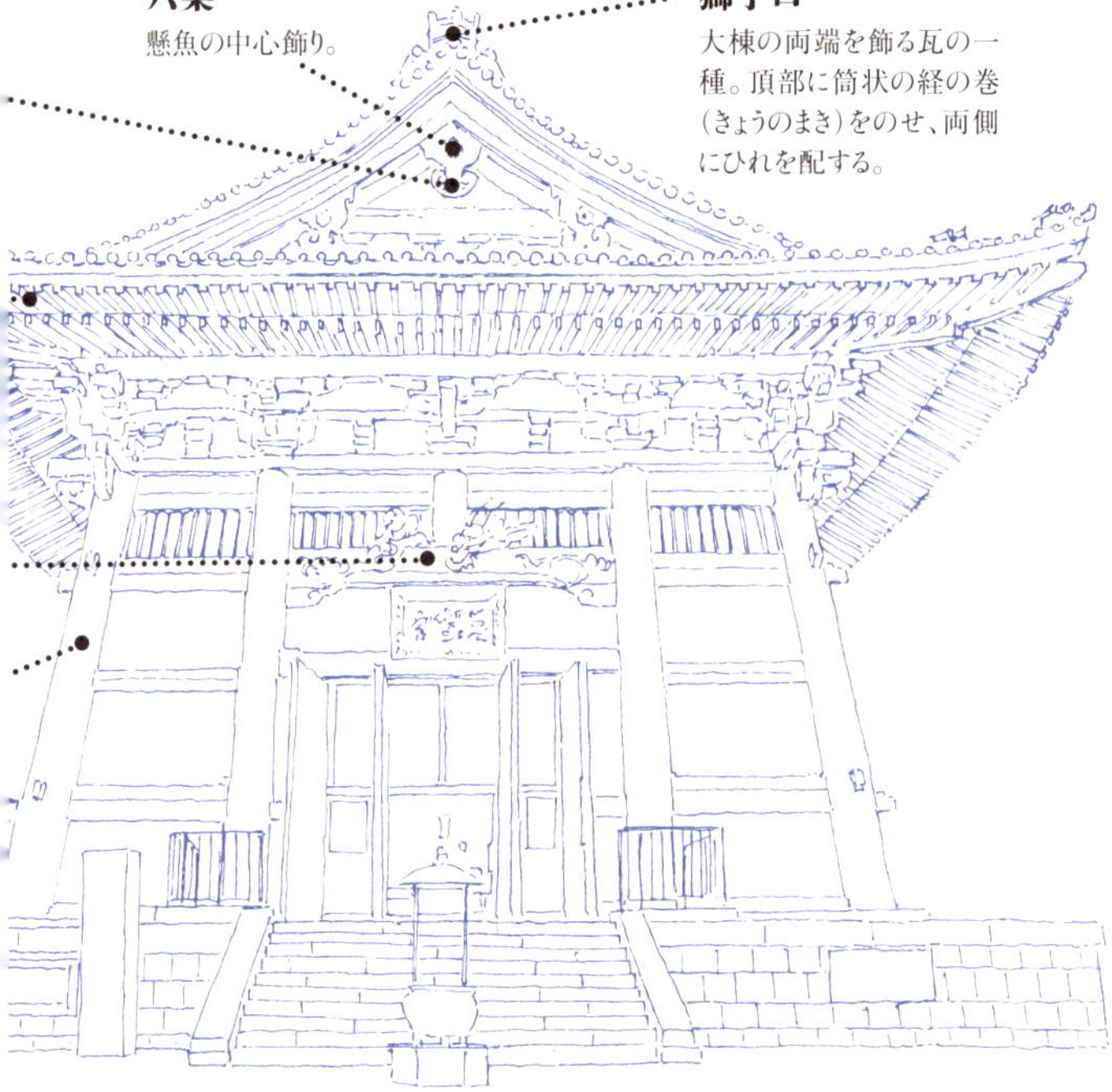

六葉《ろくよう》

懸魚の中心飾り。

獅子口《ししぐち》

大棟の両端を飾る瓦の一種。頂部に筒状の経の巻（きょうのまき）をのせ、両側にひれを配する。

英霊堂《えいれいどう》 7

もともとは、聖徳太子一三〇〇年御遠忌《ごおんき》事業として作られた世界最大の釣鐘を設置する頌徳鐘楼《しょうとくしょうろう》。しかし、釣鐘は戦時中の金属供出で失われたため、いまは建物を改造して戦没者を祀る。古きコンバージョン建築の一例。ちなみに大阪銘菓・釣鐘饅頭は、ここの釣鐘をモチーフにしたもの。

宝蔵《ほうぞう》 8

享和元年（一八〇一）火災後の文化九年（一八一二）竣工で築二〇〇年。普段は人目につきにくい本坊内にある校倉《あぜくら》建築で、古刹としての風格を感じさせる。

隅降棟《すみくだりむね》

大棟《おおむね》

寄棟造本瓦葺《よせむねづくりほんがわらぶき》

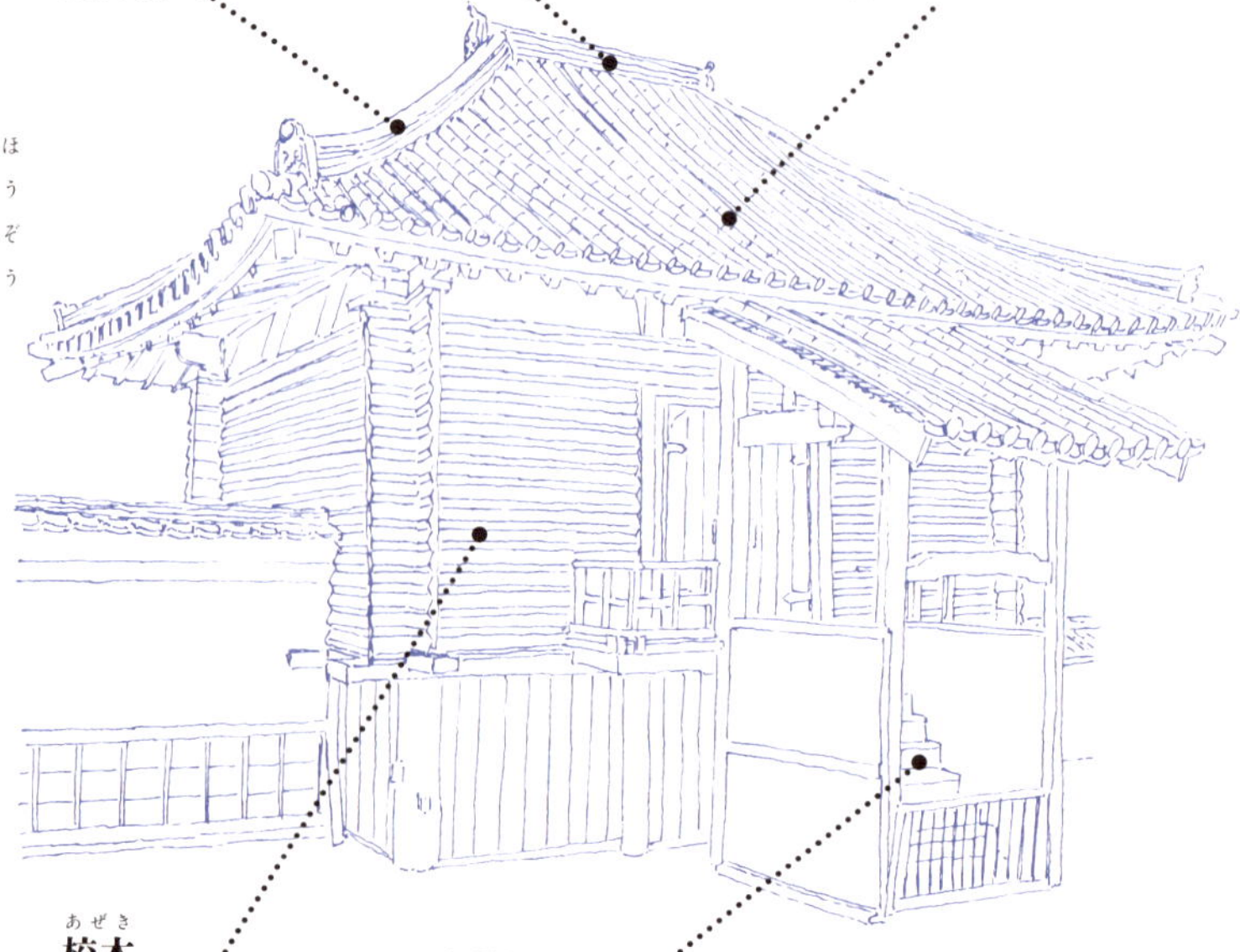

校木《あぜき》

校倉を構成する水平材。断面は五角形。

木階《きざはし》

宝蔵の扉にのぼる階段。

猪《い》の目懸魚《めげぎょ》
心臓型（ハート型）またはこれが二つずれて重なった瓢箪型のくり抜きがある懸魚。

二軒繁垂木《ふたのきしげだるき》
垂木同士の間隔が垂木のせい（高さ）または巾と等しいものを繁垂木といい、それが二段になったもの。

虹梁《こうりょう》
化粧を兼ねた梁で、上方がやや弓型にむくんでいる。左右に渦巻や若葉の絵様（彫物）を施す。

柱《はしら》
元鐘楼だったため太く、内側に傾斜した円柱。

相輪橖《そうりんとう》 ⑨

五重塔や三重塔の相輪部分だけを塔にしたような、珍しい建築。四天王寺は現在、和宗総本山であるが、かつては天台宗だった。相輪橖は天台宗の比叡山延暦寺や日光山輪王寺などにわずかにみられる。

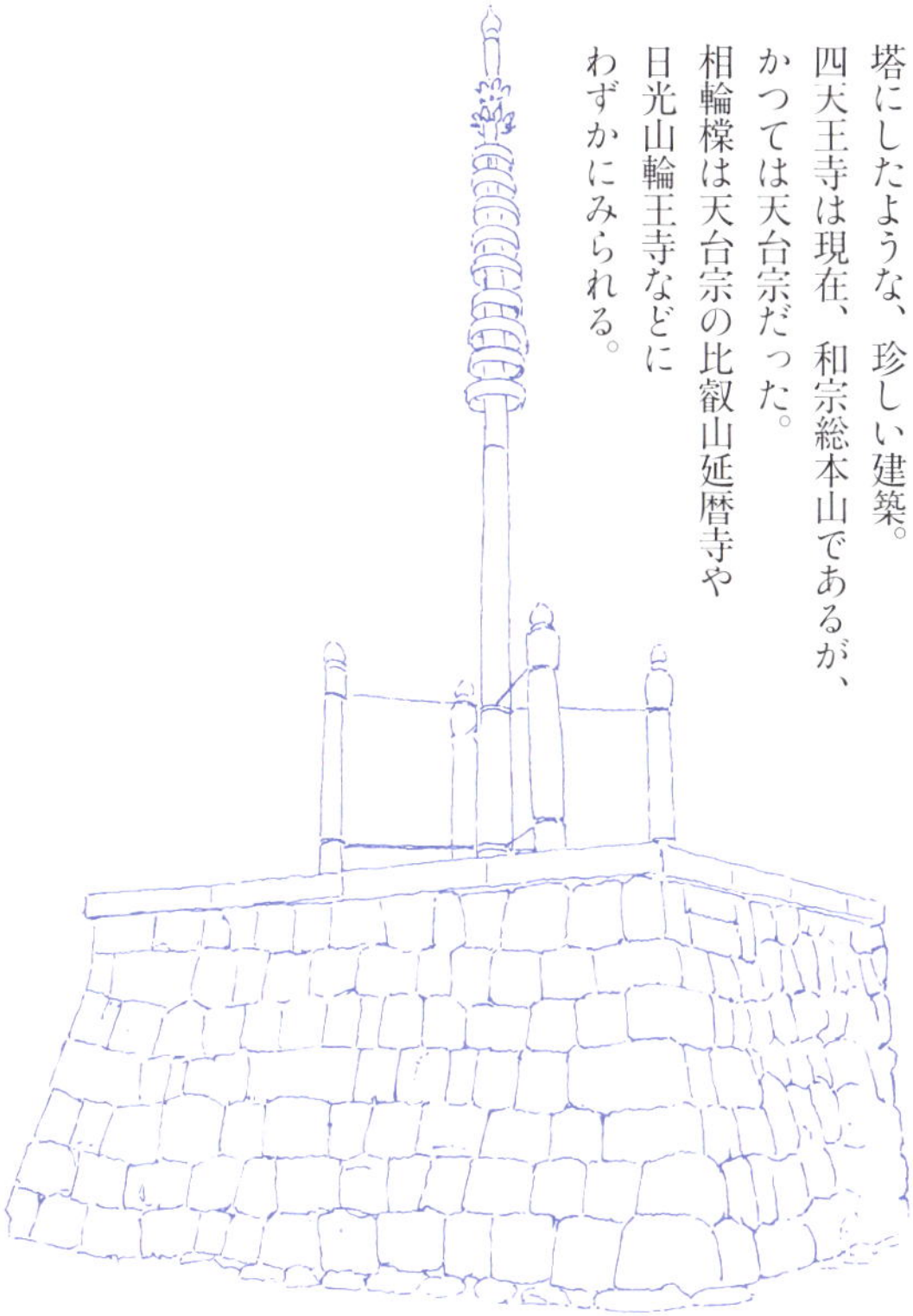

八角亭《はっかくてい》 ⑩

もともとは明治三六年（一九〇三）に現在の天王寺公園付近一帯で開催された第五回内国勧業博覧会の建物のひとつで、それを庭園内に移築したもの。明治も半ばを過ぎた建物にもかかわらず、文明開化の雰囲気を漂わせる。

宝形造桟瓦葺《ほうぎょうづくりさんがわらぶき》
宝形造とは、八つの屋根面が一点に集まるつくり。桟瓦とは、本瓦と平瓦を一枚にまとめ、断面を波形の瓦にしたもの。

飾瓦《かざりがわら》
宝形造仏堂にのせる露盤（ろばん）と宝珠（ほうしゅ）に相当する飾瓦。

バージボード
洋風建築における軒先の飾り板。

コリント式柱頭《ちゅうとう》
洋風建築における柱上部の飾で、アカンサスの葉をモチーフにしたもの。

窓《まど》
上段より青・黄・緑の色ガラスがはまる。

扉《とびら》

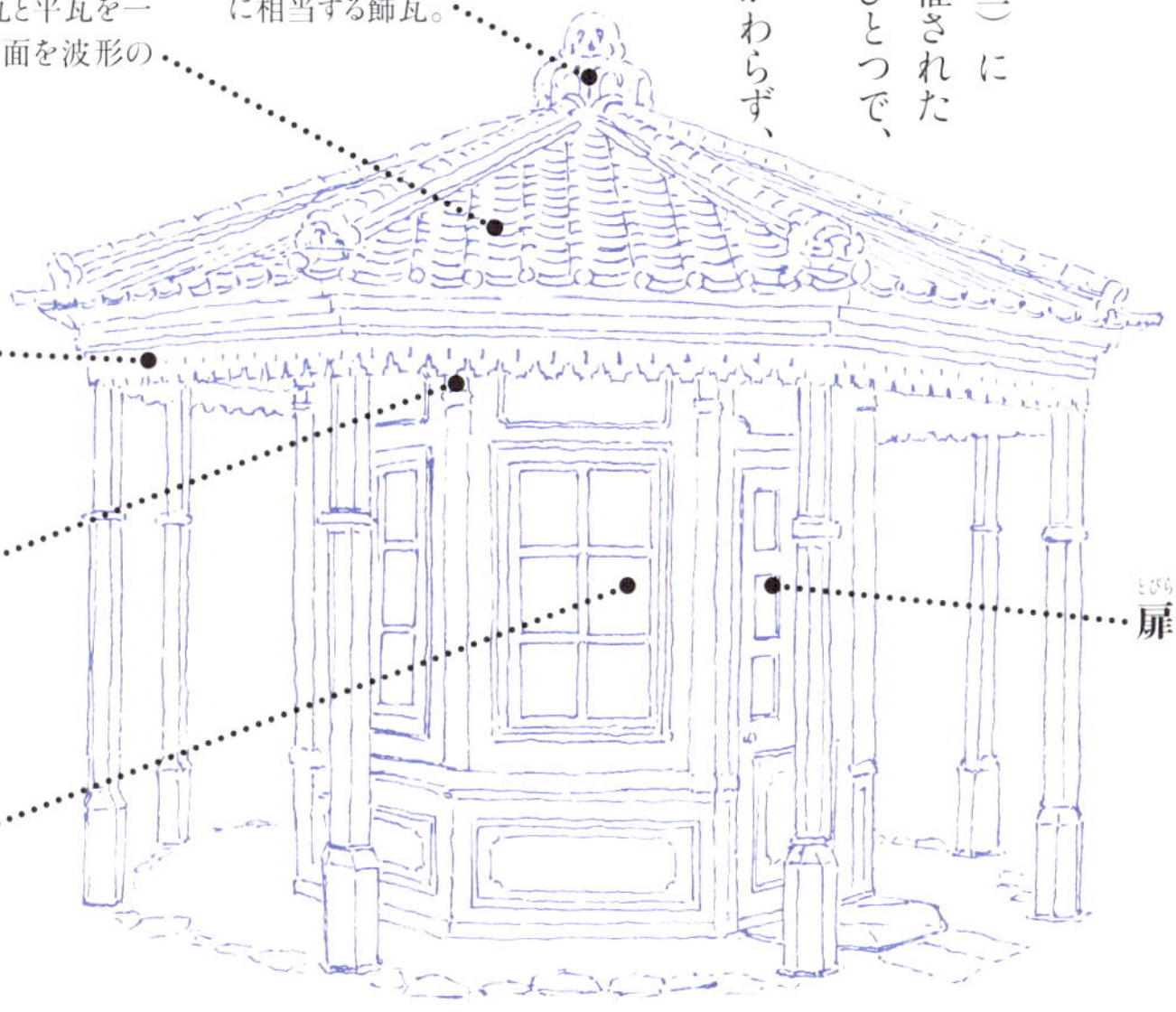

四天王寺の眺めかた

寺院建築の原点が凝縮された五重塔。

酒井一光

四天王寺の中心伽藍《がらん》は、中門、**五重塔**❶、**金堂**❷、講堂が南北線上にならび、中門からのびた**廻廊**❹が五重塔、金堂を取り囲み、講堂にいたる。さらに、中心伽藍の西側に開いた西重門《さいじゅうもん》から西には、西大門、**石鳥居**（**西門**《さいもん》**鳥居**）❸とつづき、西門信仰の軸となっている。この南北軸、東西軸のまわりにたくさんの堂宇《どうう》が集まっている。

中心伽藍の配置は古代以来連綿と続くものだが、四天王寺は天災や人災によりたびたび焼失や復興を繰りかえしているため、それぞれの建築は各時代の特色をあらわしている。現在の中心伽藍は、昭和二〇年（一九四五）の空襲による焼失後の再建で、その全体は昭和三八年（一九六三）に竣工した。構造は木造ではなく、大阪城天守閣と同じ鉄骨鉄筋コンクリート造《ぞう》。四天王寺創建当時の建築を研究し、建築史家・藤島亥治郎《がいじろう》が設計した。たび重なる焼失が、不燃建築である鉄骨鉄筋コンクリート造を選択させたのだろう。

日本建築では、柱と柱の間を一間《いっけん》という。五重塔の初重から四重までは三間四方（方三間《ほうさんげん》）であるのに対し、五重は二間四方である。これは、古い時代の塔ほど上に行くにつれ幅が狭くなる率が大きいためで、奈良の法隆寺五重塔や法起寺三重塔でも最上層のみ二間四方となっている。法隆寺五重塔にくらべると、円柱のふくらみ（エンタシス）が強調されている。また、古い時代をしのばせる点として、丸桁《がぎょう》や垂木《たるき》の断面が円形である点に注目したい。これはその後の寺院建築ではあまりみられない。建設時期こそ新しいが、寺院建築の原点がここに凝縮されている。

中門、金堂、講堂の細部もおおむね五重塔に準ずるが、屋根はいずれも本瓦錣葺《ほんがわらしころぶき》である。錣葺は、段差のある屋根で、法隆寺の玉虫厨子などにみられる。屋根の最上部、両端には鴟尾《しび》をのせる。四天王寺には、中心伽藍の南北軸と直行する東西軸がある。境内の西端に、有名な石鳥居がたつ。四天王寺では、この鳥居を通して夕日が沈みゆくさまを観想する信仰が盛んとなった。鳥居は境内の入口でもあり、逆に境内からみたとき、海を隔てた先にある西方浄土の東門にあたる場所と考えられていた。

戦災を免れた古建築も多数ある。さきの石鳥居は境内最古の建造物で、永仁二年（一二九四）の竣工。さらに中心伽藍のすぐ北側の六時堂と石舞台、本坊の西通用門、五智光院《ごちこういん》、方丈、それに境内北西にある元三大師堂《がんざんだいしどう》が重要文化財に指定されている。このほか、近世にさかのぼる建造物が多数あり、寺院建築のデザインを知るには格好の名所である。あまり知られていないが、他の寺院ではなかなか見られないユニークな存在として、**英霊堂**❼、**宝蔵**❽、**相輪橖**《そうりんとう》❾、**八角亭**❿などは一見の価値がある。

参考文献
奥田慈應『四天王寺誌』（8版）、四天王寺、昭和三八年
『復興四天王寺』、総本山四天王寺、昭和五六年

593年、聖徳太子の建立と伝わる。毎月21日（大師会・弘法大師の命日）と22日（太子会・聖徳太子の命日）に縁日を開催。
●大阪市天王寺区四天王寺1-11-18　☎06-6771-0066
4〜9月は8:30〜16:30（毎月21日・会中は8:00〜17:00）
10〜3月は8:30〜16:00（毎月21日・会中は8:00〜16:30、※10月21日・会中は8:00〜17:00）
庭園の最終受付は拝観終了時刻の30分前　六時堂8:30〜18:00（毎月21日・会中は8:00〜）
拝観料＝中心伽藍300円（毎月21、22日、3月の春季彼岸会、9月の秋季彼岸会は無料）、庭園300円

城郭・寺社のかたちⅣ

大阪天満宮

OSAKA TENMANGU

「天満の天神さん」、「天満宮さん」として親しまれている大阪天満宮。そこには、拝殿《はいでん》、幣殿《へいでん》、本殿《ほんでん》が一体となった権現造《ごんげんづくり》と呼ばれる大きな社殿がある。この社殿は、弘化二年（一八四五）の再建。いつもお参りする正面からみただけでは分からない複雑な屋根と、随所に配された細やかな装飾が天満宮の魅力だ。

川崎東照宮
鳳輦庫
星合池
N
白米稲荷
6 鳳輦庫
天満天神繁昌亭
6 神輿庫
大将軍社
3 本殿
2 登龍門
2 登龍門
4 幣殿
1 拝殿
随神舎
5 表門（大門）

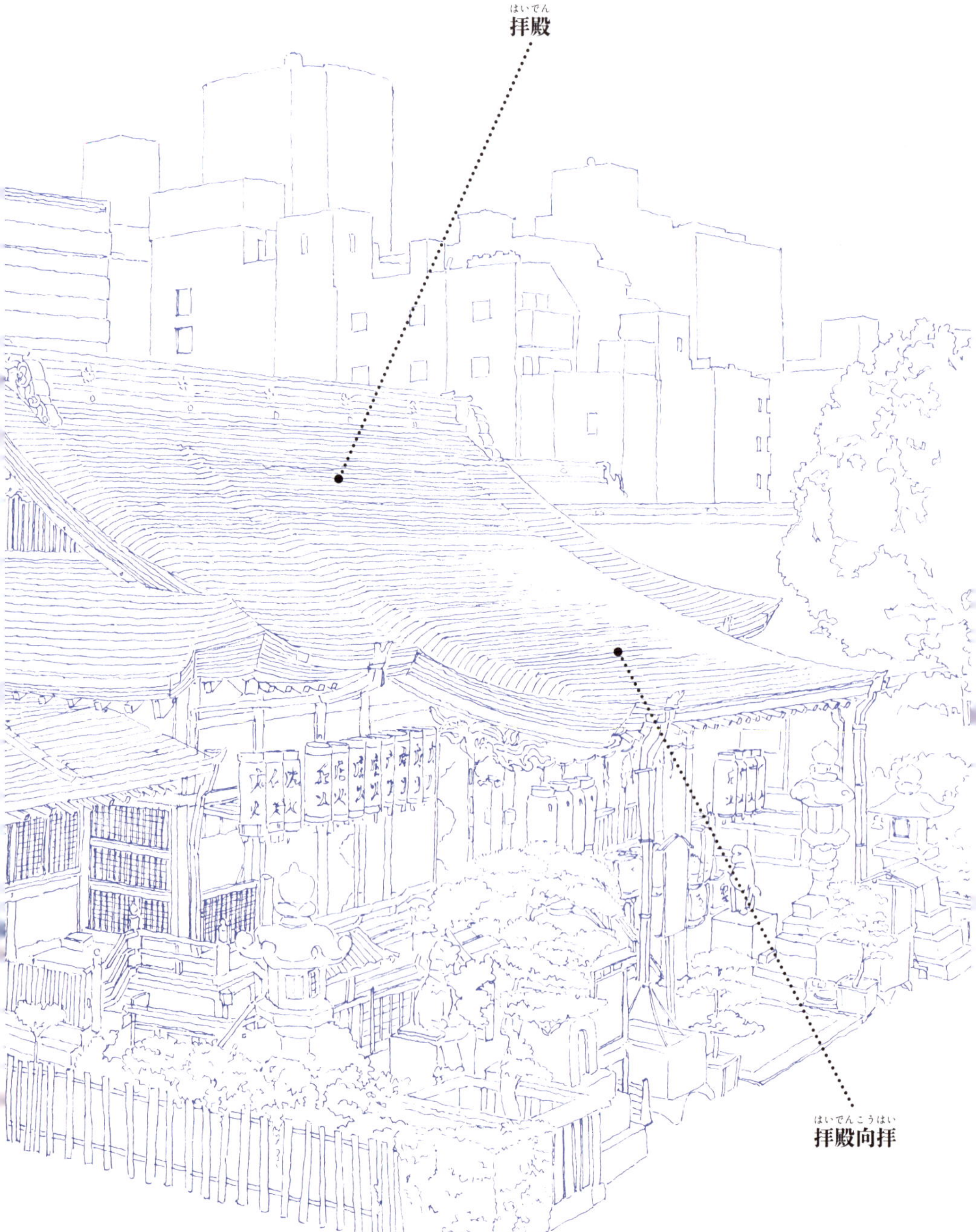
拝殿《はいでん》
拝殿向拝《はいでんこうはい》

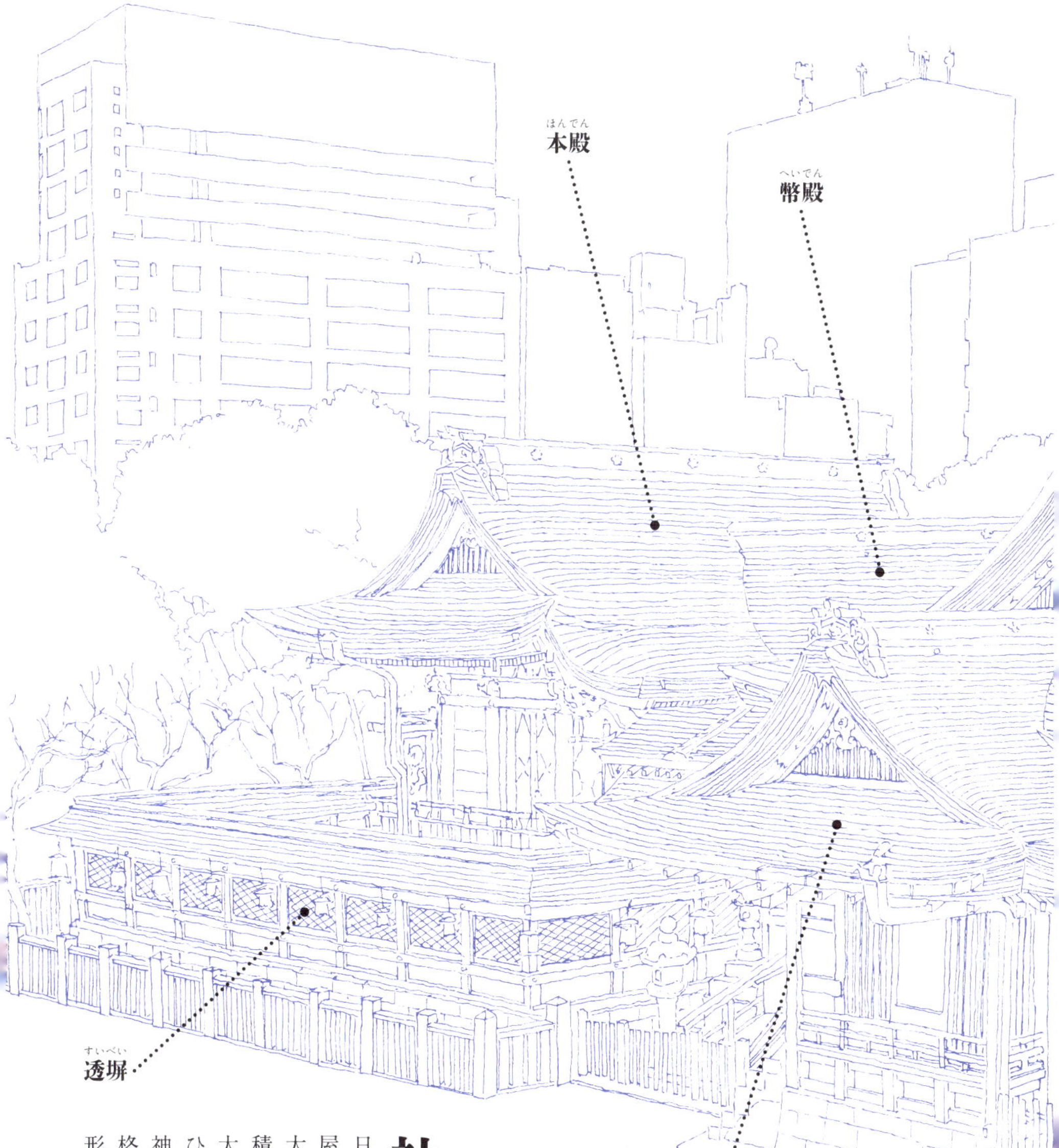
本殿《ほんでん》
幣殿《へいでん》
透塀《すいべい》
楽所《がくしょ》

社殿全景

日本建築の美が
屋根に負うところが大きいとすれば、
大阪城天守閣の垂直に
積み重なる屋根とともに、
大阪天満宮の水平に連なる屋根は、
ひとつの極致といえよう。
神社建築では、それぞれの空間の
格式に応じて屋根の高さや
形が異なる点にも注意したい。

拝殿 ❶

普段参拝するのが、正面の拝殿。大阪を代表する神社だけあり、非常に幅広く、巨大だ。しかし一歩側面にまわりこめば、複雑な屋根の表情に驚かされる。

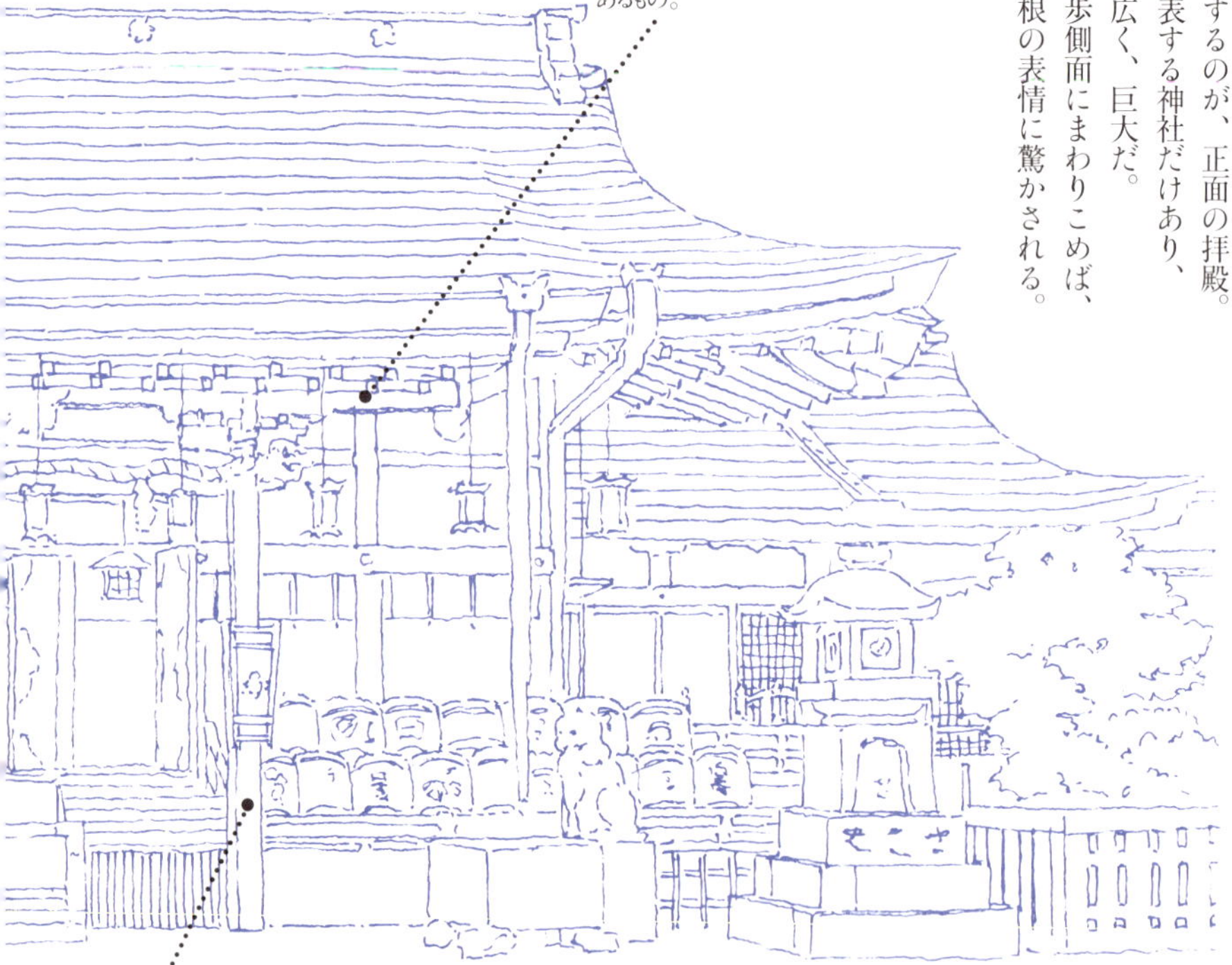

二軒疎垂木《ふたのきまばらだるき》

軒裏と垂木が二段になっており、垂木の間隔が疎であるもの。

向拝柱《こうはいばしら》

向拝を支えるための柱で、通常は角柱。

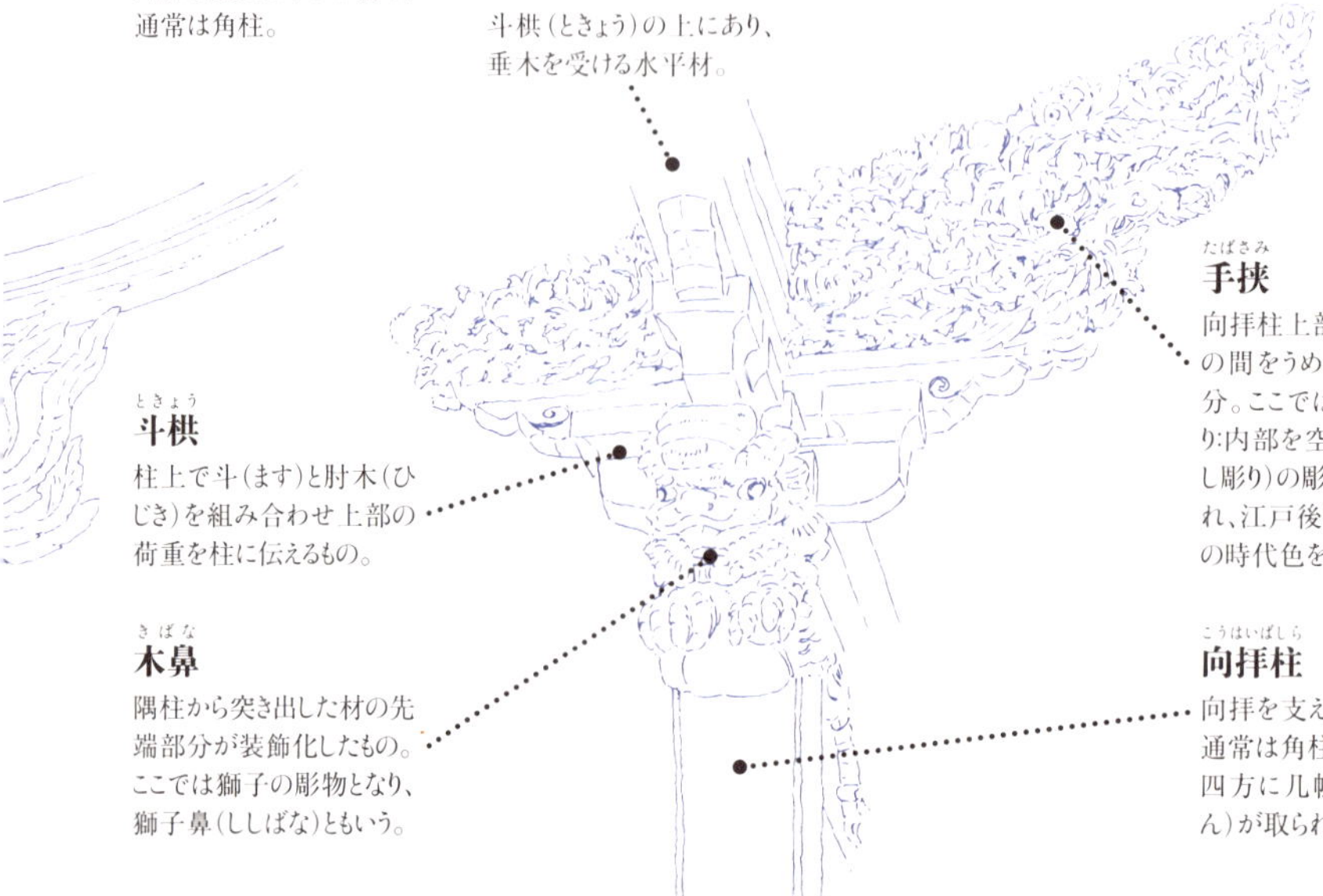

桁《けた》

斗栱（ときょう）の上にあり、垂木を受ける水平材。

手挟《たばさみ》

向拝柱上部の肘木と垂木の間をうめる三角状の部分。ここでは籠彫（かごぼり:内部を空洞化した透かし彫り）の彫刻で埋め尽くされ、江戸後期〜明治初期の時代色をあらわしている。

斗栱《ときょう》

柱上で斗（ます）と肘木（ひじき）を組み合わせ上部の荷重を柱に伝えるもの。

木鼻《きばな》

隅柱から突き出した材の先端部分が装飾化したもの。ここでは獅子の彫物となり、獅子鼻（ししばな）ともいう。

向拝柱《こうはいばしら》

向拝を支えるための柱で、通常は角柱。ここでは柱の四方に几帳面（きちょうめん）が取られている。

入母屋造平入銅板葺《いりもやづくりひらいりどうばんぶき》
入母屋造とは、寄棟造の上に切妻造の屋根をのせた形。妻（破風）のない側（大棟と並行する側）を正面とするものを平入という。銅板葺とは、銅の薄板で葺いた屋根。

大棟《おおむね》
屋根の頂上において水平に走る棟の総称。

向拝《こうはい》
参詣者のために、前方に張り出された部分。

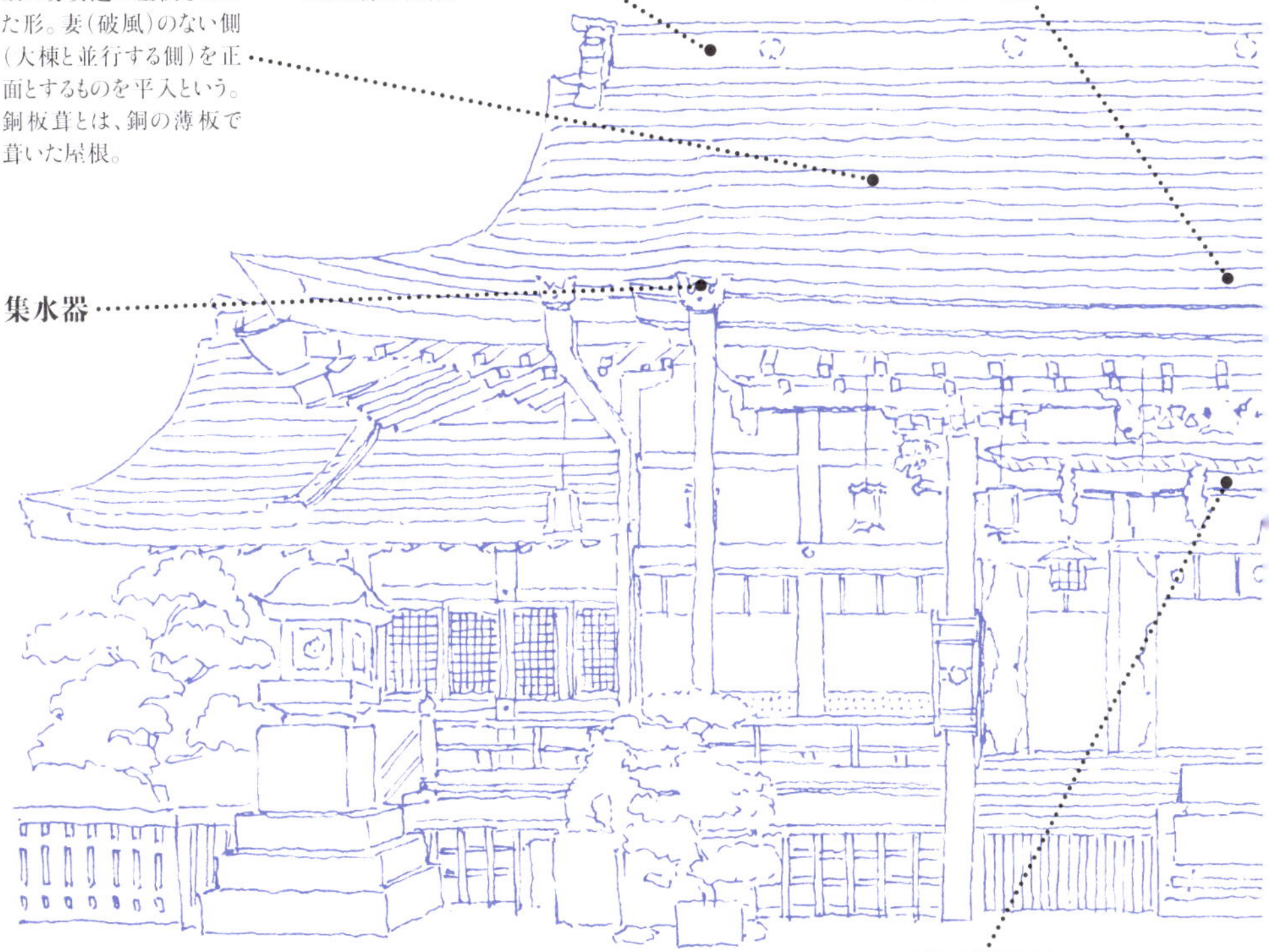

集水器

虹梁型頭貫《こうりょうがたかしらぬき》
頭貫とは、柱の頂部同士を結ぶ貫。虹梁とは、化粧を兼ねた梁で、上方がやや弓型にむくんでいる。

向拝柱まわり

通常、寺社建築は深い軒の出を持ち、注意してみなければ細部の装飾が目に入りにくい。参拝者が必ず訪れる拝殿の向拝《こうはい》を横にまわって眺めてみれば、柱上や軒下がさまざまな彫物で飾られていることが分かる。

集水器《しゅうすいき》
屋根をつたう雨水を軒樋に集め、この集水器から縦樋へと伝える。

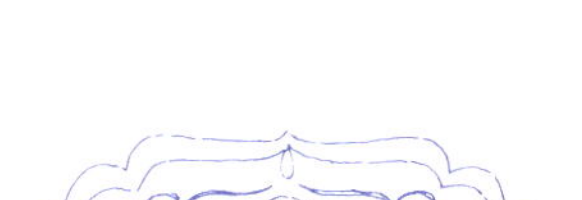

軒樋《のきどい》の飾板《かざりいた》

破風板《はふいた》
屋根の端部に取り付けられた板。

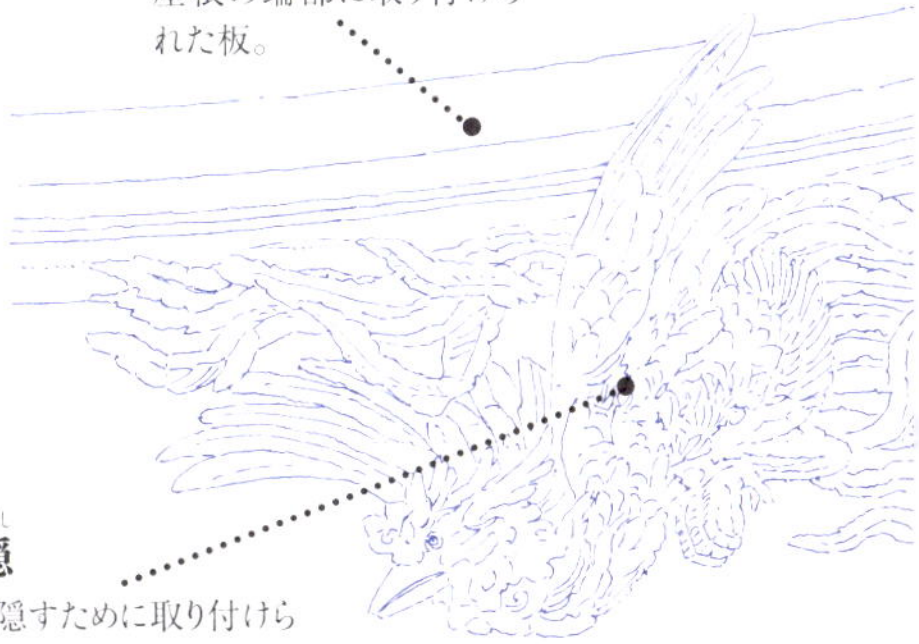

桁隠《けたかくし》
桁を隠すために取り付けられる装飾板。降り懸魚ともいう。ここでは全体が装飾化している。

登龍門 ②

幣殿側面の東西に開かれた登龍門。その上部は唐破風の立派な屋根、その下には白木の華やかで繊細な装飾があり、江戸後期から明治期の好みをよくあらわしている。

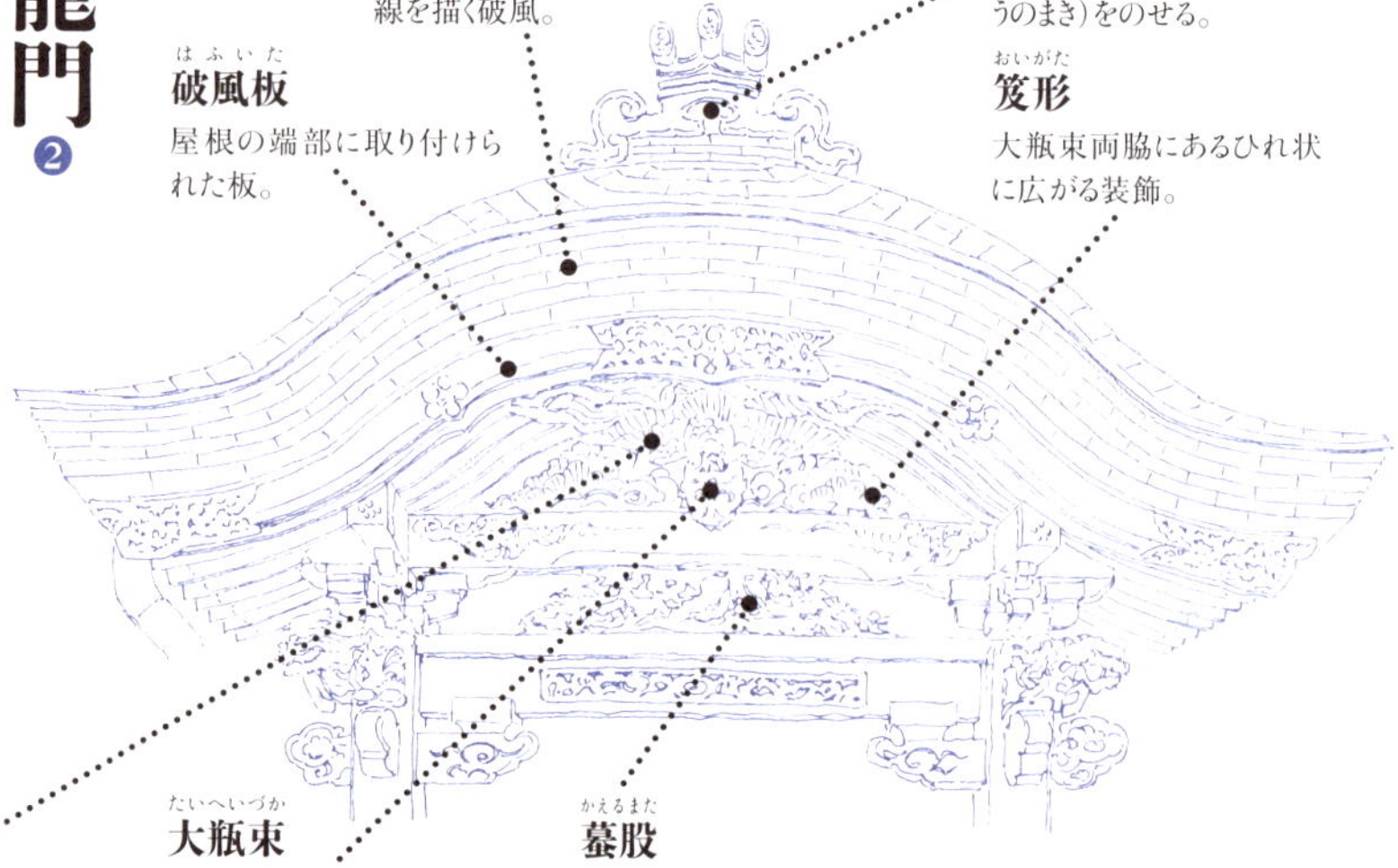

唐破風《からはふ》
唐破風とは、中央がむくり、両端が反っている連続曲線を描く破風。

獅子口《ししぐち》
棟の端部を飾る瓦の一種。頂部に筒状の経の巻（きょうのまき）をのせる。

破風板《はふいた》
屋根の端部に取り付けられた板。

笈形《おいがた》
大瓶束両脇にあるひれ状に広がる装飾。

兎毛通《うのけどおし》
唐破風の中央に取り付ける懸魚の一種。通常の懸魚よりも扁平で、唐破風懸魚ともいう。

大瓶束《たいへいづか》
円形またはそれに近い断面で、下に行くほどすぼまり、最下部に結綿（ゆいわた）という飾りをつける。

蟇股《かえるまた》
虹梁（こうりょう）など水平材の上、斗栱（ときょう）同士の中間に置かれる部材で、蛙が股を開いたような形であったことに由来する。ここでは原型をとどめず、時代の好みを反映して華麗な彫物となる。

本殿屋根 ③

本殿の屋根を真横からみたところ。本来は桧皮葺《ひわだぶき》（檜の皮で葺いた屋根）であったが、大正時代に銅板葺に改められた。

箕甲《みのこう》
入母屋造や切妻造の反りのある屋根で、妻側端部に生ずる曲面的な部分。屋根仕上げの最も重要な箇所。

蕪懸魚《かぶらげぎょ》
懸魚の下端が蕪のような形で、人字型を重ねた様な意匠。

木連格子《きづれごうし》
入母屋造の妻飾（つまかざり：妻面を飾る架構法）のひとつで、竪桟（たてさん）と横桟を組んだもの。

獅子口《ししぐち》

入母屋造平入銅板葺《いりもやづくりひらいりどうばんぶき》
入母屋造とは、寄棟造の上に切妻造の屋根をのせた形。妻（破風）のない側を正面とするものを平入という。銅板葺とは、銅の薄板で葺いた屋根。

二軒繁垂木《ふたのきしげだるき》
軒裏の垂木が二段になっており、垂木同士の間隔が垂木のせい（高さ）または幅と等しいもの。

縋破風《すがるはふ》
本屋根の軒先からさらに付け出された片流れの破風。

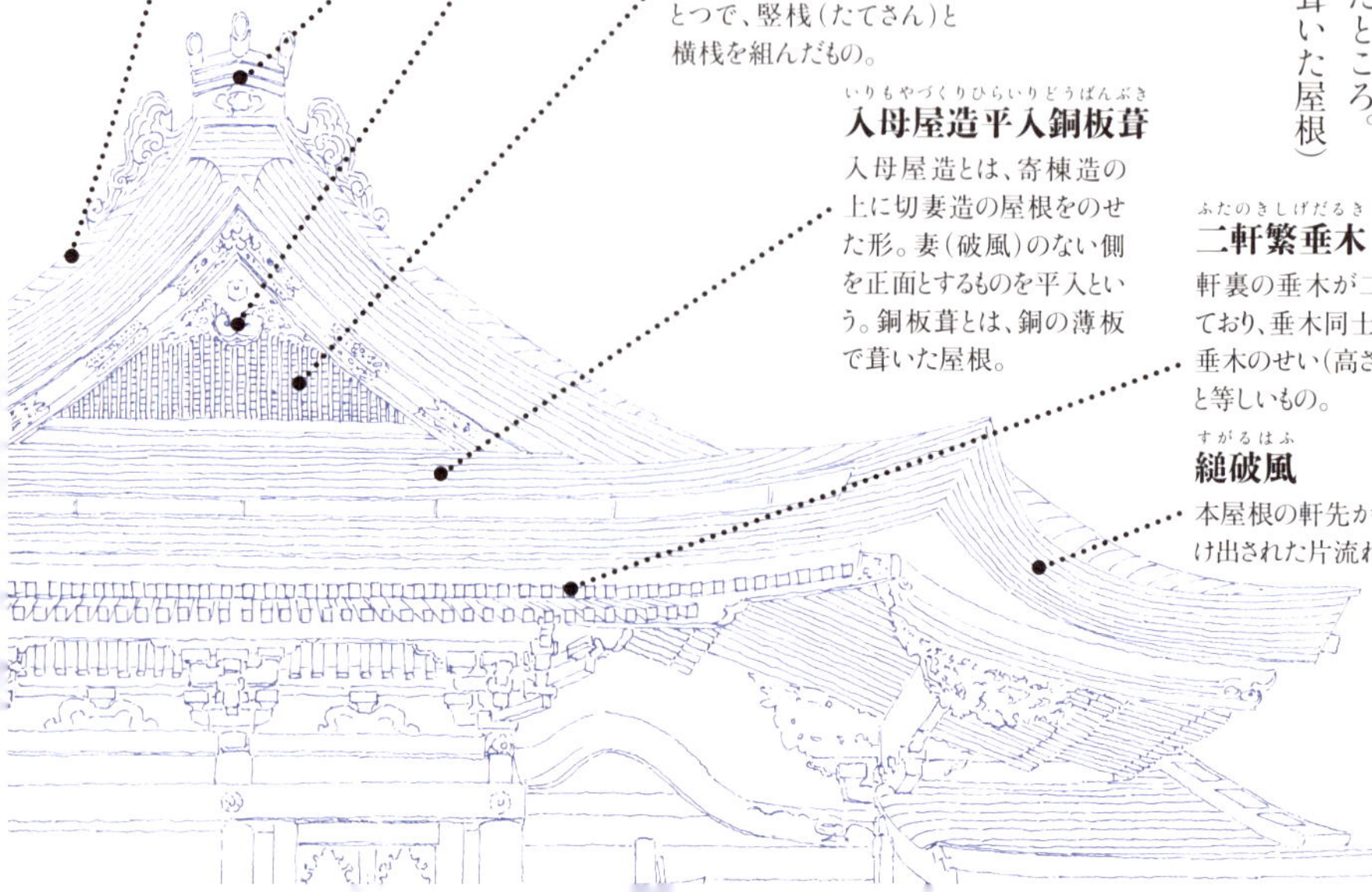

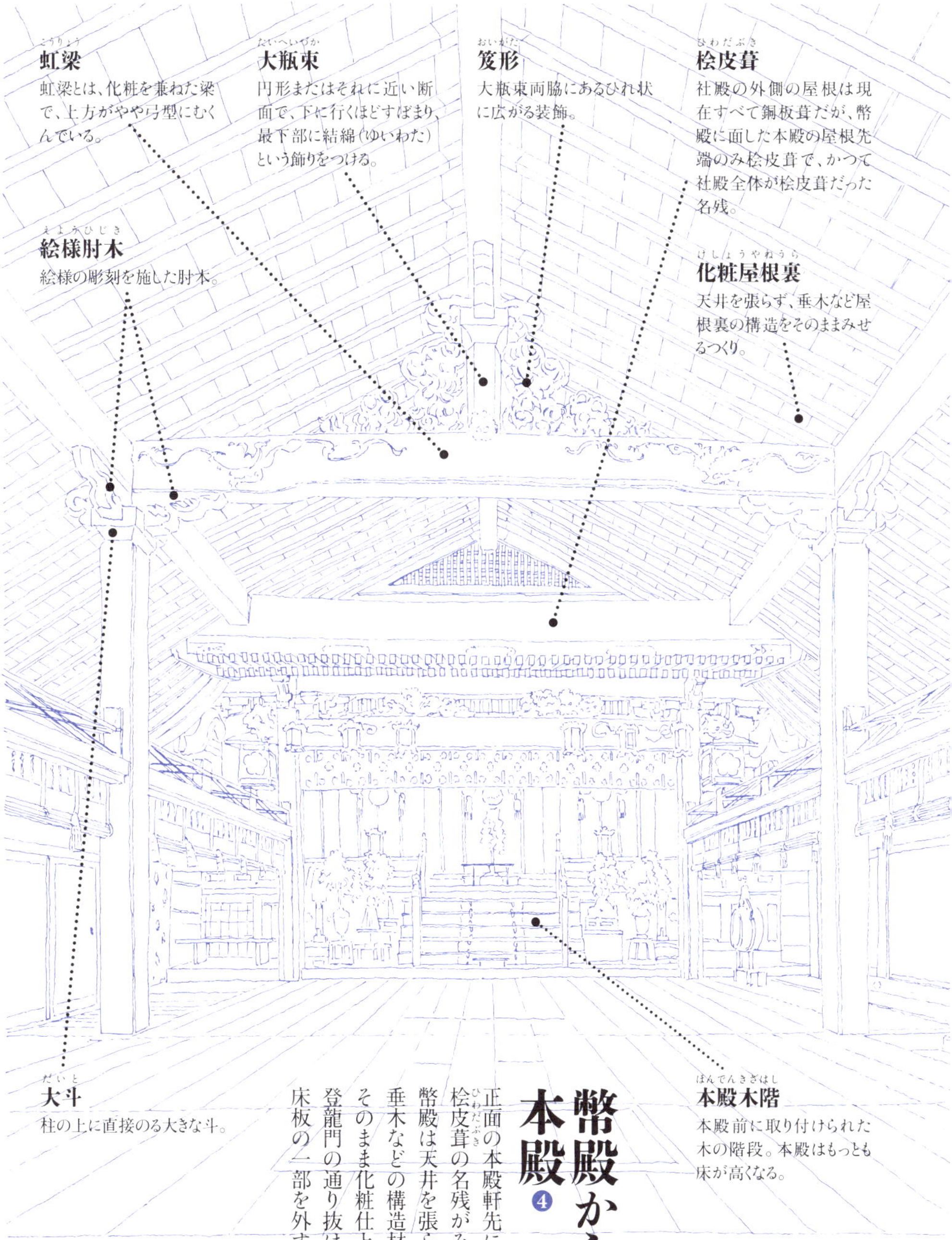

虹梁《こうりょう》
虹梁とは、化粧を兼ねた梁で、上方がやや弓型にむくんでいる。
大瓶束《たいへいづか》
円形またはそれに近い断面で、下に行くほどすぼまり、最下部に結綿(ゆいわた)という飾りをつける。
笈形《おいがた》
大瓶束両脇にあるひれ状に広がる装飾。
桧皮葺《ひわだぶき》
社殿の外側の屋根は現在すべて銅板葺だが、幣殿に面した本殿の屋根先端のみ桧皮葺で、かつて社殿全体が桧皮葺だった名残。
絵様肘木《えようひじき》
絵様の彫刻を施した肘木。
化粧屋根裏《けしょうやねうら》
天井を張らず、垂木など屋根裏の構造をそのままみせるつくり。
大斗《だいと》
柱の上に直接のる大きな斗。
本殿木階《ほんでんきざはし》
本殿前に取り付けられた木の階段。本殿はもっとも床が高くなる。

幣殿からみる本殿 ❹

正面の本殿軒先に桧皮葺《ひわだぶき》の名残がみえる。幣殿は天井を張らずに、垂木などの構造材をそのまま化粧仕上げとしている。登龍門の通り抜け参拝の折には、床板の一部を外す。

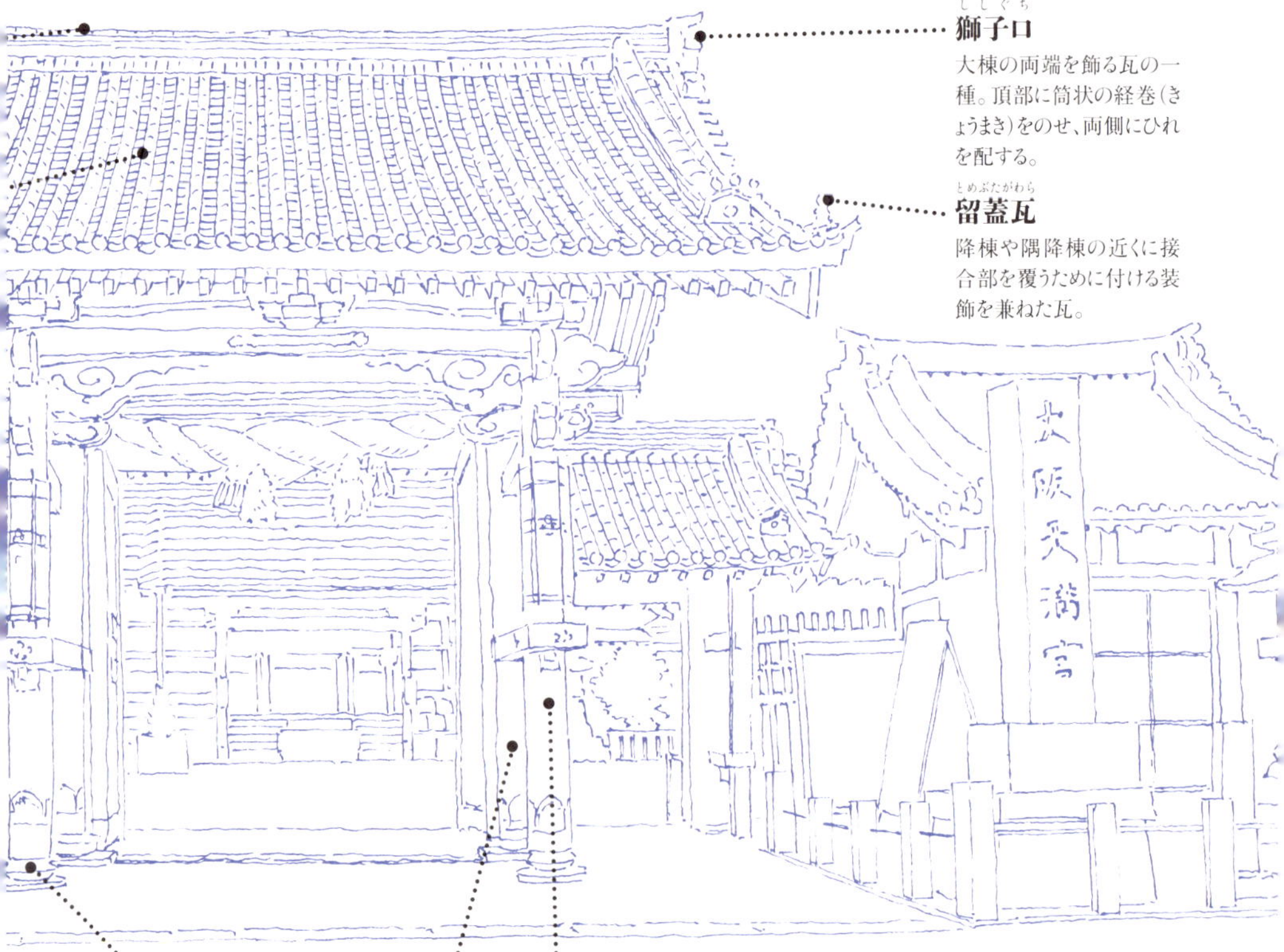

獅子口《ししぐち》

大棟の両端を飾る瓦の一種。頂部に筒状の経巻（きょうまき）をのせ、両側にひれを配する。

留蓋瓦《とめぶたがわら》

降棟や隅降棟の近くに接合部を覆うために付ける装飾を兼ねた瓦。

表門（大門）❺

正面に鳥居ではなく門を構える。天神祭では、神輿《しんよ》や地車が出入りするため、高さが際立つ。中央には二本の柱、その前後に各二本（計四本）の控柱を持つ四脚門《しきゃくもん》形式。

礎盤《そばん》

柱と礎石の間に置かれる材。礎石と一体のものもある。

控柱《ひかえばしら》

本柱の前後にたつ各2本（計4本）の柱。本来は角柱であるが、ここでは円柱が使われている。

本柱《はんばしら》

中央にたつ2本の柱で円柱。控柱より太い。

鯱《しゃち》

大棟の両端に取り付ける装飾のひとつ。火防（ひぶせ）の意味を兼ねる。

寄棟造平入本瓦葺《よせむねづくりひらいりほんがわらぶき》

大棟と並行した側に入口を持つものが平入。

木鼻《きばな》

頭貫が隅柱の端部から飛びだした部分。装飾を兼ねる。

梅鉢紋

天満宮の神紋である梅鉢紋は、五つの丸を梅の花弁に見立てたもの。建築細部の随所に散りばめられている。

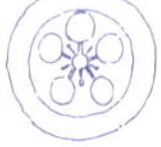

軒丸瓦瓦当《のきまるがわらがとう》

軒先の丸瓦の先端部分。

経の巻

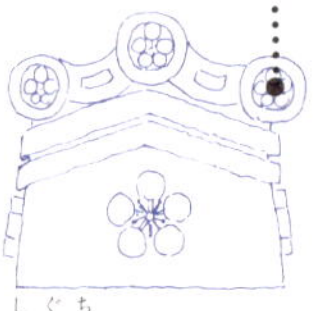

獅子口《ししぐち》

降棟の先端にとりつく。

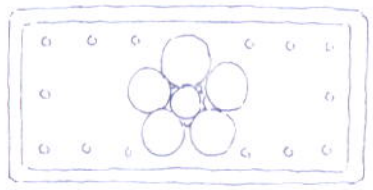

飾金具《かざりかなもの》

控柱（ひかえばしら）の長押（なげし）先端を飾る。

大棟《おおむね》
屋根の頂上において水平に走る棟の総称。

降棟《くだりむね》
切妻造や入母屋造の屋根で、流れに沿って降りてくる棟。

切妻造平入本瓦葺《きりづまづくりひらいりほんがわらぶき》
切妻造とは、本を開いて伏せたような形の屋根。平側(屋根の水平部分)に入口があるのが平入。本瓦葺とは、丸瓦と平瓦を交互に用いて葺いたもの。

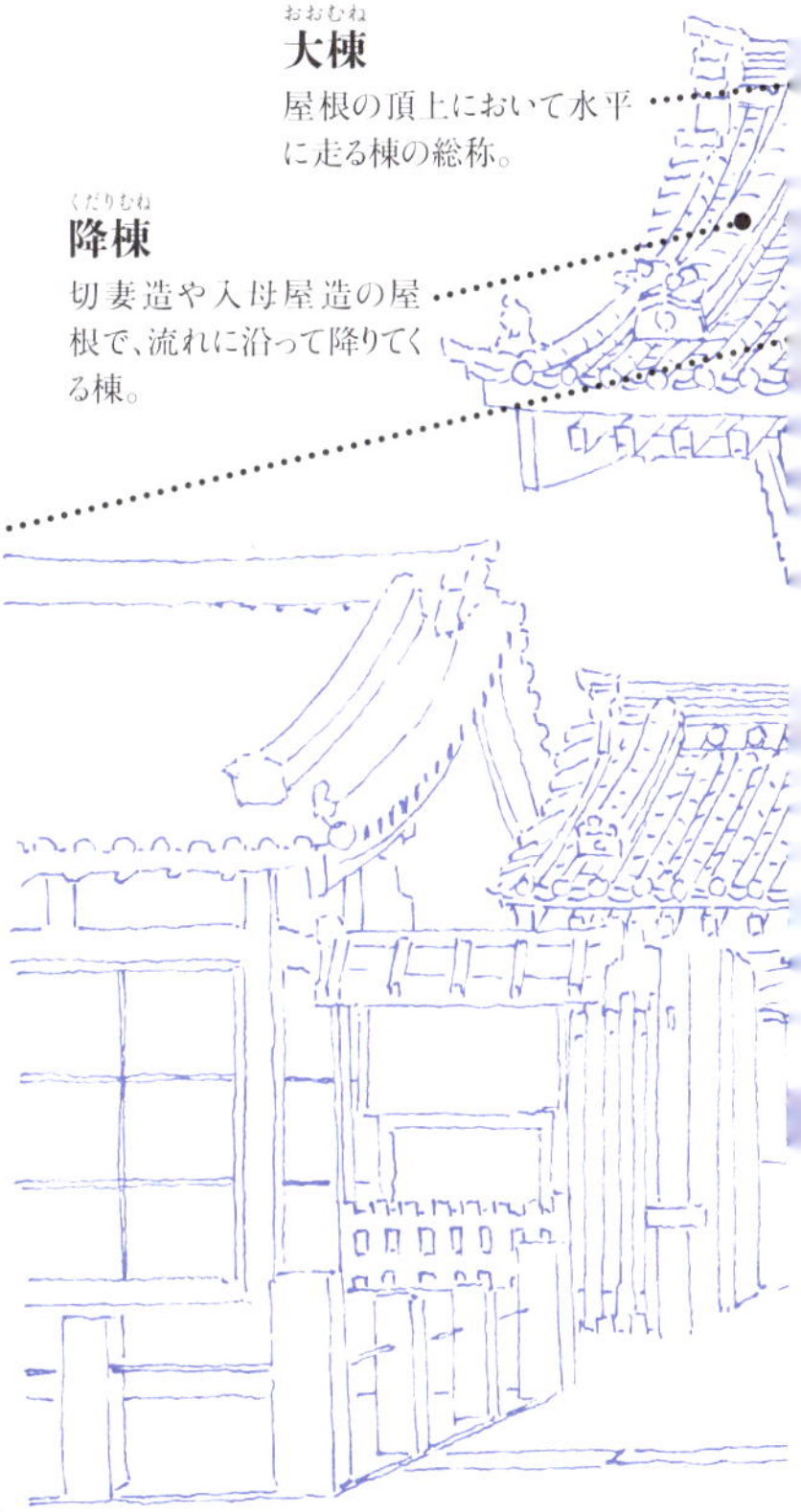

神輿庫《しんよこ》と鳳輦庫《ほうれんこ》 6

本殿背後にならぶ二棟の土蔵造《どぞうづくり》。一見すると双子のようだが、棟はそれぞれ東西方向と南北方向。鳳輦庫の方が正面の装飾密度が濃いが、神輿庫は屋根に鯱がのるなど、凝った点もある。

鬼瓦《おにがわら》
棟の端部に取り付ける瓦。鬼面とは限らない。

隅降棟《すみくだりむね》
入母屋造や寄棟造の稜線に沿った棟。

寄棟造妻入本瓦葺《よせむねづくりつまいりほんがわらぶき》
寄棟造とは、大棟を中心に四方に葺きおろした屋根。大棟と直行した側に入口を持つものが妻入。

大棟《おおむね》

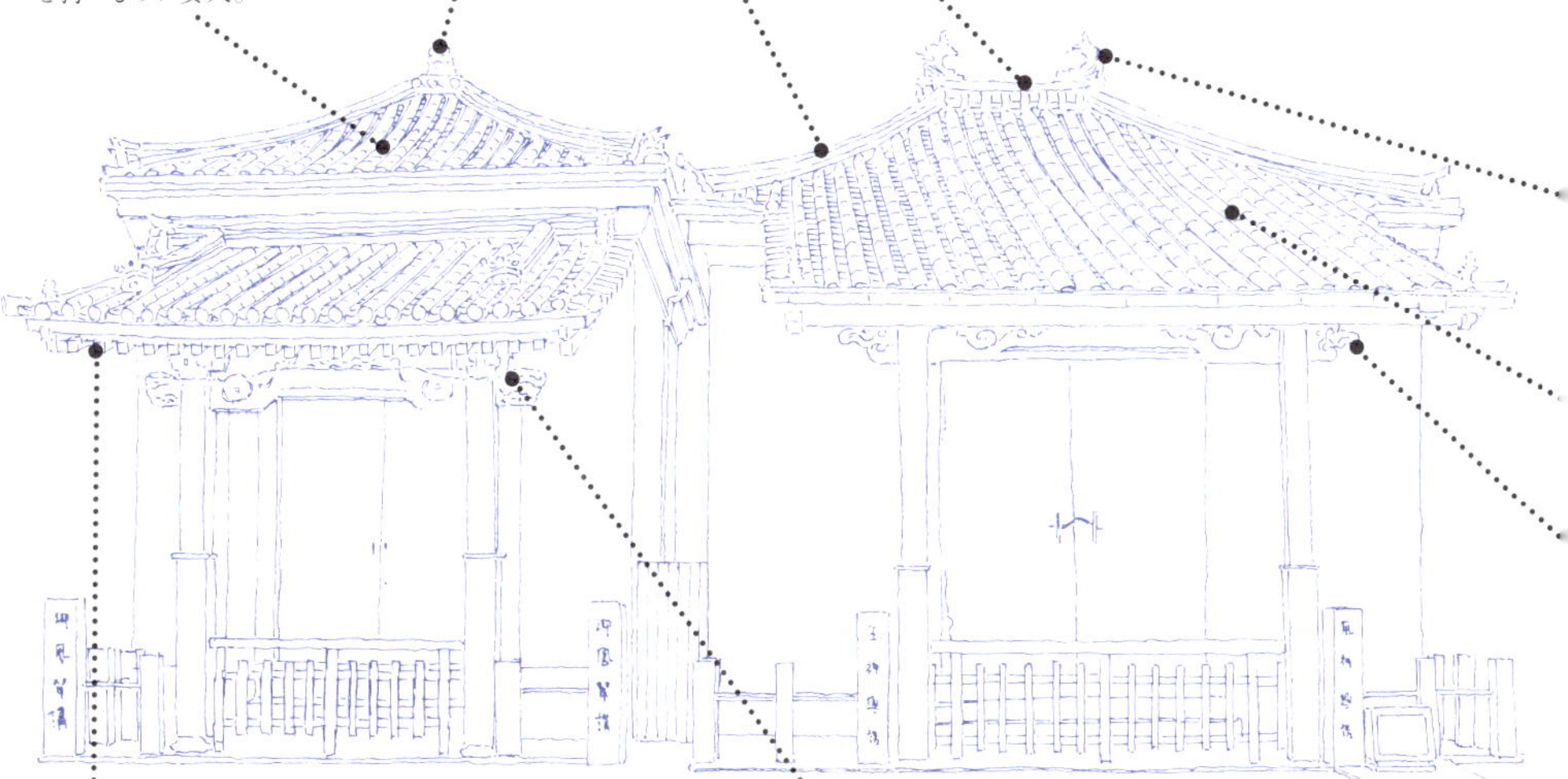

繁垂木《しげだるき》
垂木同士の間隔が垂木のせい(高さ)または幅と等しいもの。

鳳輦庫《ほうれんこ》

木鼻《きばな》
ここでは獅子の形となり、獅子鼻(ししばな)ともいう。

神輿庫《しんよこ》

大阪天満宮の眺めかた

複合社殿の美しい屋根形。

酒井一光

天神祭をはじめ大阪人にとってなじみの深い大阪天満宮は、他の大きな神社同様、境内にいくつもの入口がある。鉄道が発達した今日では、地下鉄南森町駅やJR大阪天満宮駅で降り、天満天神繁昌亭のある後ろ側（北側）から境内に入ることも多いが、今回は表側、すなわち大川のある南側からアプローチしたい。

天神橋から一筋東に寄った道を南から北へ一直線に進むと、天満宮の**表門**（**大門**）❺がみえる。神社では正面に鳥居が建つことが多いが、ここでは神門があり、両脇に随神が祀《まつ》られている。天神祭の際にこの門から神輿《しんよ》や地車が宮入りするため、大変高いつくりになっている。

境内に足を踏み入れると、緩やかに羽を広げたような本社の建築がみえ、背後にはすっきりと大きな空が広がる。通常、**拝殿**《はいでん》❶（正面の建物）で参拝を済ませるが、ぜひとも少し離れた位置から屋根の形に注意して、本社をぐるりと一周してほしい。その複雑優美な造形を理解することが、建築デザインをみる第一歩となる。

本社は、拝殿《はいでん》、**幣殿**《へいでん》❹、**本殿**《ほんでん》❸の三つが一体になった複合社殿で、大塩平八郎の乱（大塩焼）の後、弘化二年（一八四五）に一旦竣工し、最終的に明治三四年（一九〇一）に現在の形となった。天保から弘化にかけては、飢餓や幕府の倹約令により華やかな造作が実現しづらかった。明治に入り、徐々に透塀《すいべい》欄間の繊細な装飾などを加え、今日の姿にいたった。

ところで、複合社殿は一般に桃山・江戸時代から発達し、なかでも入母屋造平入の拝殿と本殿を切妻造の幣殿で結び、屋根を一体化したものを権現造《ごんげんづくり》という。ここでも基本形は権現造で、二つの入母屋造を一段低い切妻屋根が直行するように結ぶ。しかし、拝殿両脇からは楽所や詰所が一段低い入母屋屋根で張り出し、幣殿の両脇には唐破風付の入口（登龍門）が付くなど、その形態は複雑を極めるものとなった。結果、どの角度からみても変化に富んだ美しい屋根形となり、容姿に破綻がない。

天満宮は、学問の神様・菅原道真（菅公）を祀り、受験生にも人気が高い。幣殿の左右には**登龍門**❷と呼ばれる唐破風の門があり、特定の紋日にはここを通りぬけて参拝することができる。

本社をみた後は、たくさんの境内社を巡りたい。なかでも境内北西の大将軍社は菅原道真が太宰府に向かう途中に参詣したところで、本社より古い由緒を持つ。大将軍社のならび、本殿北側に二棟の土蔵造《どぞうづくり》がある。左手が**鳳輦庫**《ほうれんこ》❻、右手が**神輿庫**《しんよこ》❻だ。天満宮内にある土蔵の中でも、この二つが並びたつ様は特に美しい。

鳥居を抜け、一旦境内を北に出ると、天満天神繁昌亭の先に星合の池がある。ここは隠れた文化財の宝庫で、敷地奥にはかつて桜宮橋西詰あたりにあった川崎東照宮の鳳輦庫のほか、明治時代の鉄橋天神橋と天満橋の額まである。神社境内というのは、建造物の美しさばかりでなく、地域史の宝箱でもあるのだ。

参考文献
『大阪天満宮史の研究』、思文閣出版、平成三年
『天神さま壱千百年大祭 ―大阪天満宮では―』、大阪天満宮・同文化研究所、平成一五年

949年、村上天皇の勅命により創建。
太宰府に左遷され、失意のうちに亡くなった菅原道真公を祀る。
学問の神様として有名。
●大阪市北区天神橋2-1-8　✆06-6353-0025
4〜9月は5:30〜日没、10〜3月は6:00〜日没　拝観無料

街のランドマーク。

街のランドマークI

「カド丸」建築

［レトロ建築編］

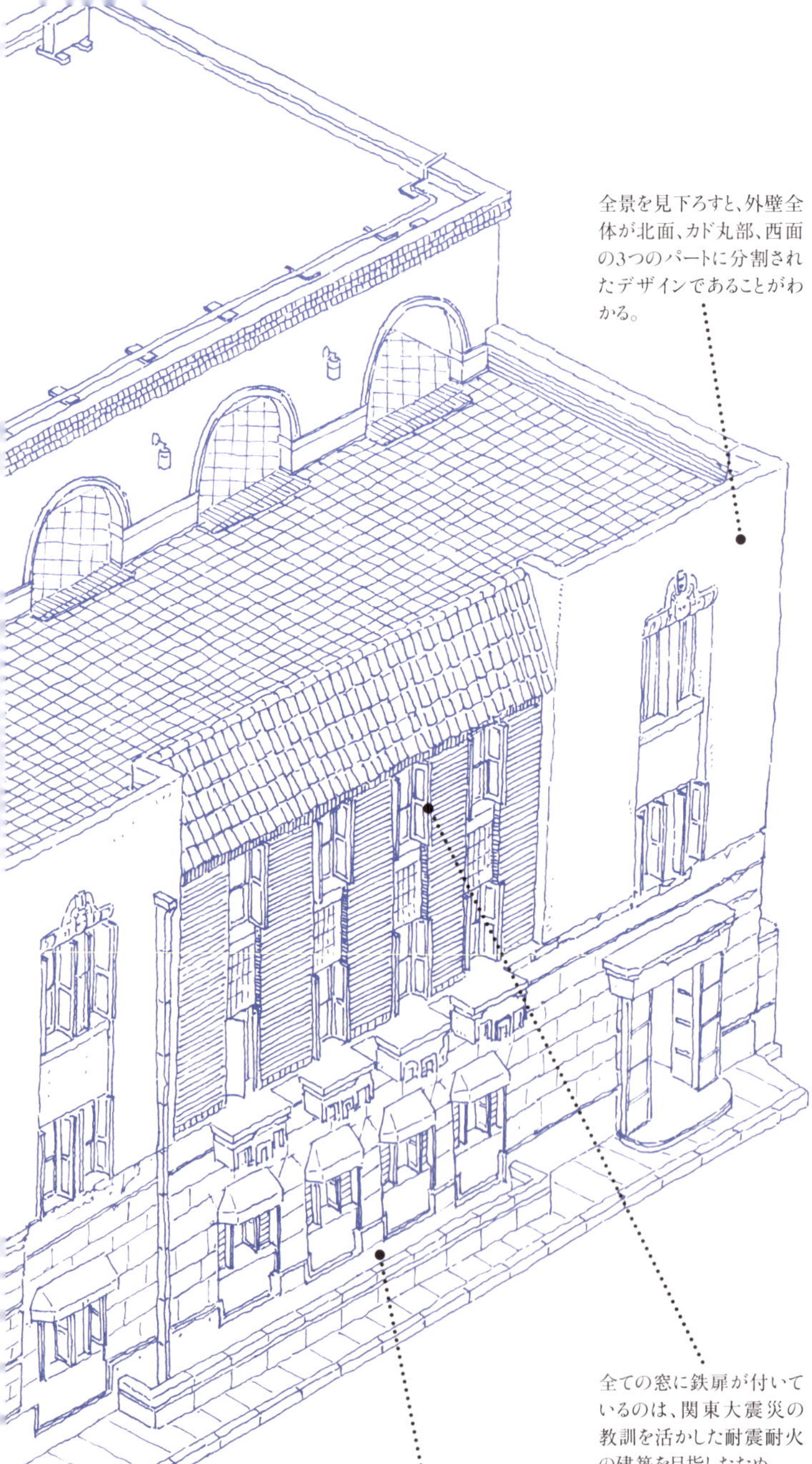

全景を見下ろすと、外壁全体が北面、カド丸部、西面の3つのパートに分割されたデザインであることがわかる。

全ての窓に鉄扉が付いているのは、関東大震災の教訓を活かした耐震耐火の建築を目指したため。

地下室に光と空気を送るドライエリア。

芝川ビル ❶

SHIBAKAWA BUILDING

カド丸の部分がそのままビルの
顔になっているのが芝川ビルの特徴。
全体に装飾豊かなビルだが、玄関廻りは一段と濃密。

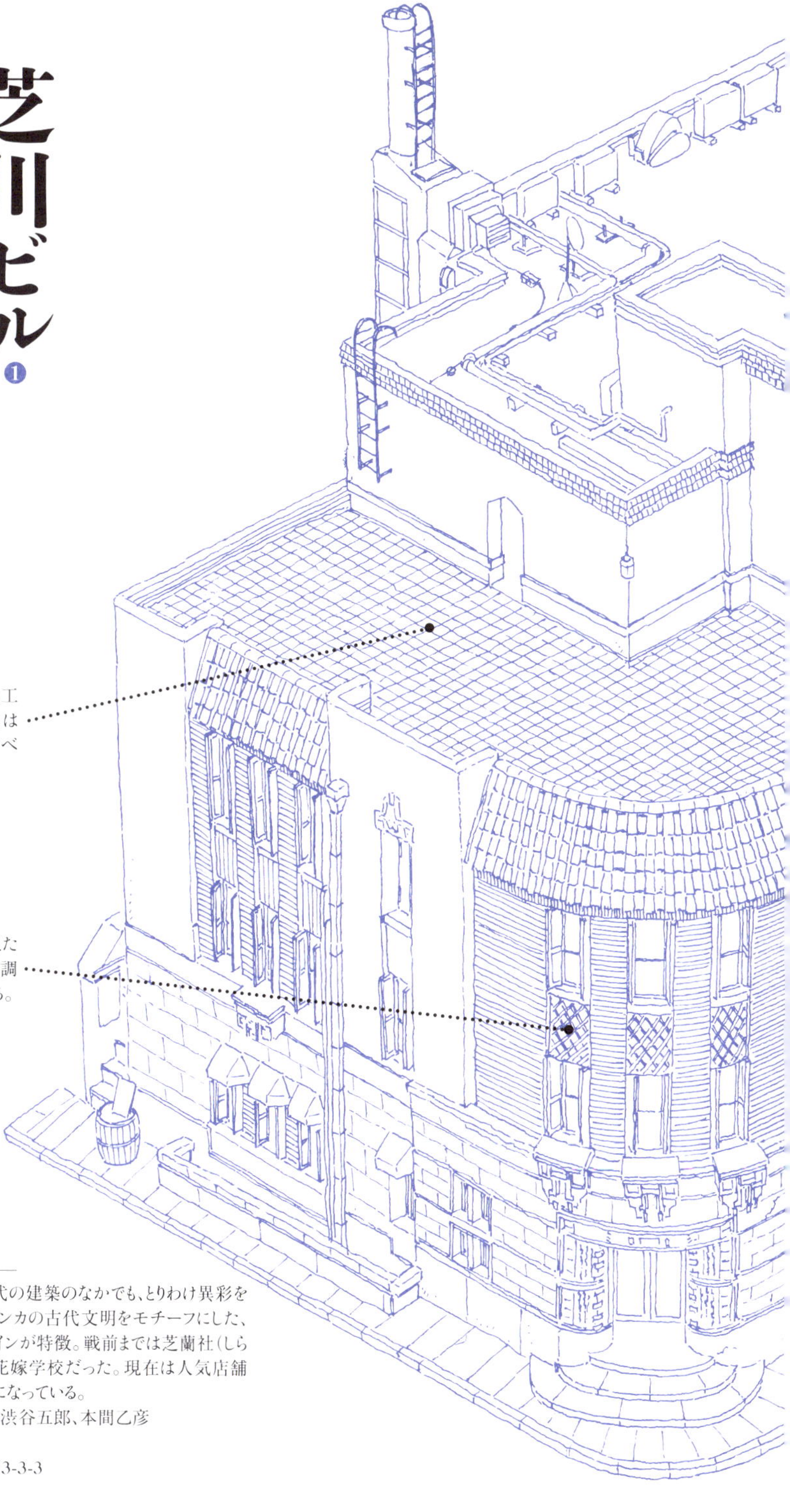

屋上は2007年に復元工事が行われた。現在は「モダンテラス」としてイベントスペースに。

段を付けたり模様を変えたりして、窓は垂直線を強調したデザインになっている。

個性豊かな大大阪時代の建築のなかでも、とりわけ異彩を放つ芝川ビル。マヤ・インカの古代文明をモチーフにした、彫りの深い濃密なデザインが特徴。戦前までは芝蘭社(しらんしゃ)家政学園という花嫁学校だった。現在は人気店舗の集結する注目スポットになっている。

建設年:1927年　設計:渋谷五郎、本間乙彦

国登録有形文化財

●大阪市中央区伏見町3-3-3

正面玄関

マヤインカの古代遺跡を
思わせる圧巻の装飾。

玄関上部の巨大なレリーフは、劣化が激しかったために2009年に復元された。

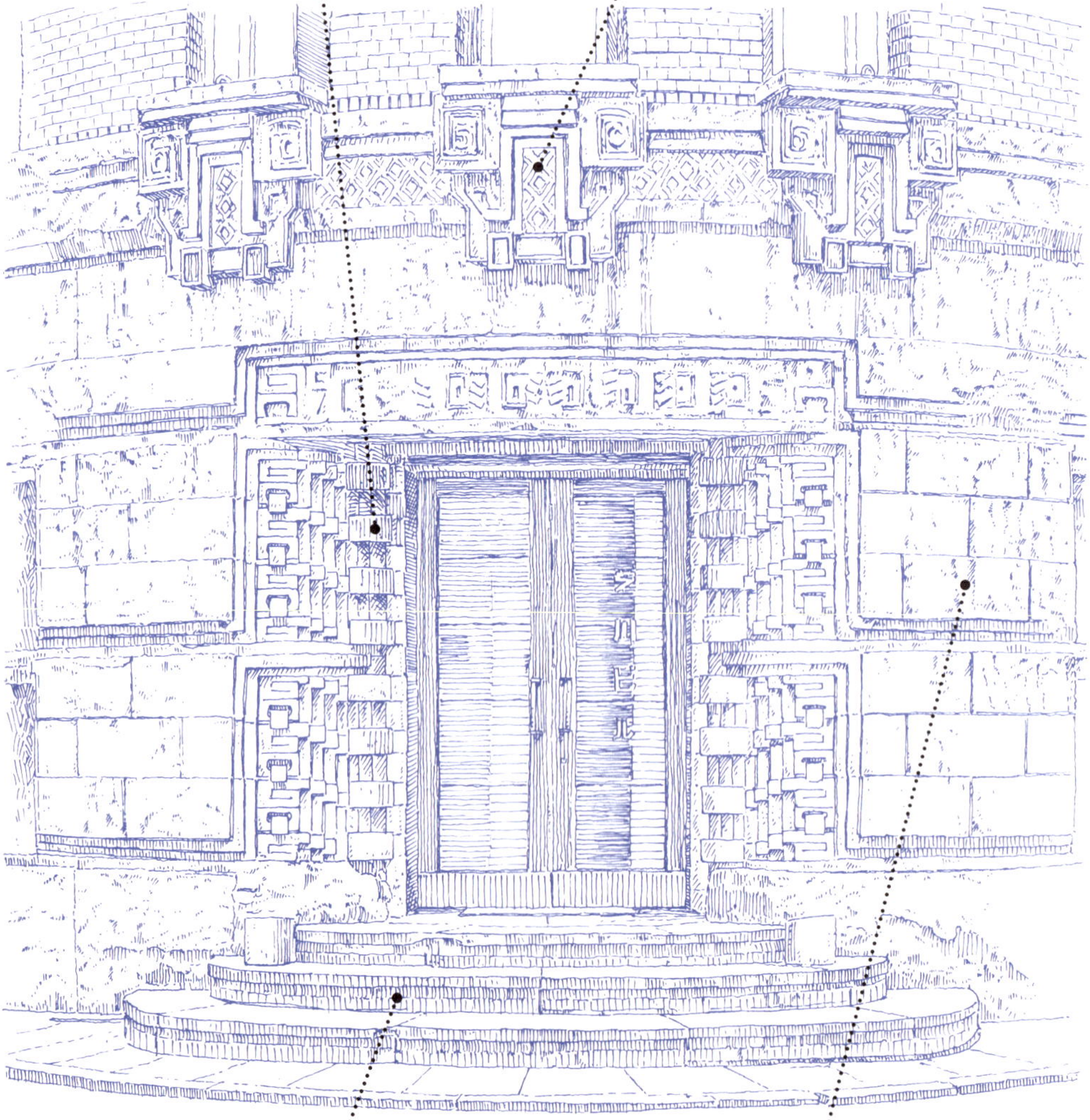

放射状に拡がる階段のステップは、訪れる人の気持ちを高揚させる。

外壁には兵庫県の高砂市で取れる竜山石（たつやまいし）が用いられている。柔らかいので細かな彫刻が施しやすい。

階段

手すり

メインの階段も個性的なデザイン。分厚い木の手すりと支柱の彫刻に対して、アンモナイトのような鋳物の飾りが対比的。これが4階までずっと連続する。

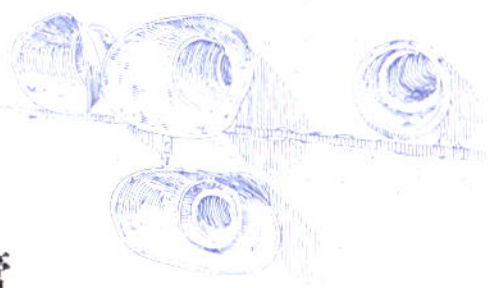

伝声管

各階の階段横の壁に設けられたパイプの口。階毎につながっていて、かつてはこれを使って会話をしたと考えられる。

客だまり

玄関入ってすぐに設けられた小部屋は、かつて客だまりとして使われていた。芝川ビルの中で最も濃密な装飾の施された部屋。梁の持ち送りには謎の怪獣が鎮座する。現在は人気のチョコレート店が入居。

チョコレート店の彫刻。

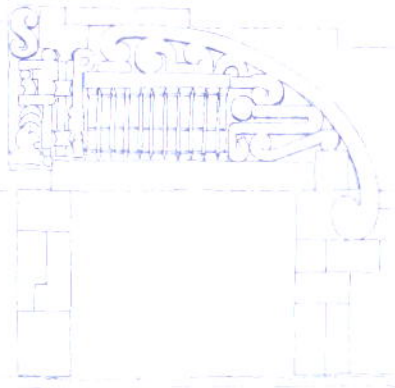

チョコレート店の装飾（南側）。

チョコレート店の装飾（北側）。

建築内外の装飾

内外の至る所にみられる個性的な装飾の数々。１９１１年にアメリカの探検家がマチュ・ピチュの遺跡を発見して後、アメリカでは中南米風の装飾が流行するが、芝川ビルもその影響を受けてデザインされたのかもしれない。

正面玄関上部の装飾。

玄関ホール内、郵便受け横の石柱。

玄関ホール内、ドア付近の石柱。

正面玄関ホールの天井に設けられた小さな照明のカバー。こんな細かなところまでデザインされている。現在は点灯していない。

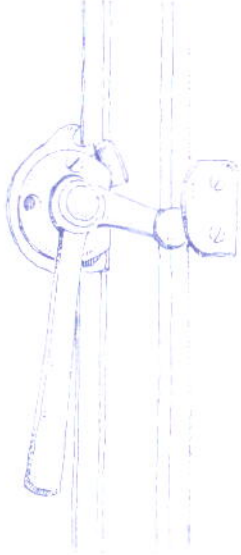

エントランスホールの窓の金具。昔の窓はスチール製。小さな金物はまさに工芸品のような美しさだ。もちろん現在は入手不可能。

3階窓の上の装飾。

オペラ・ドメーヌ高麗橋 ②

OPERA DOMAINE KORAIBASHI

現在のカド丸は完成時の形状と大きく異なっていて、昔は大きなとんがり帽子の屋根が載っていた。これは大正時代の道路拡幅によって、カド丸部分が大きく削り取られて外壁を建て直したため。

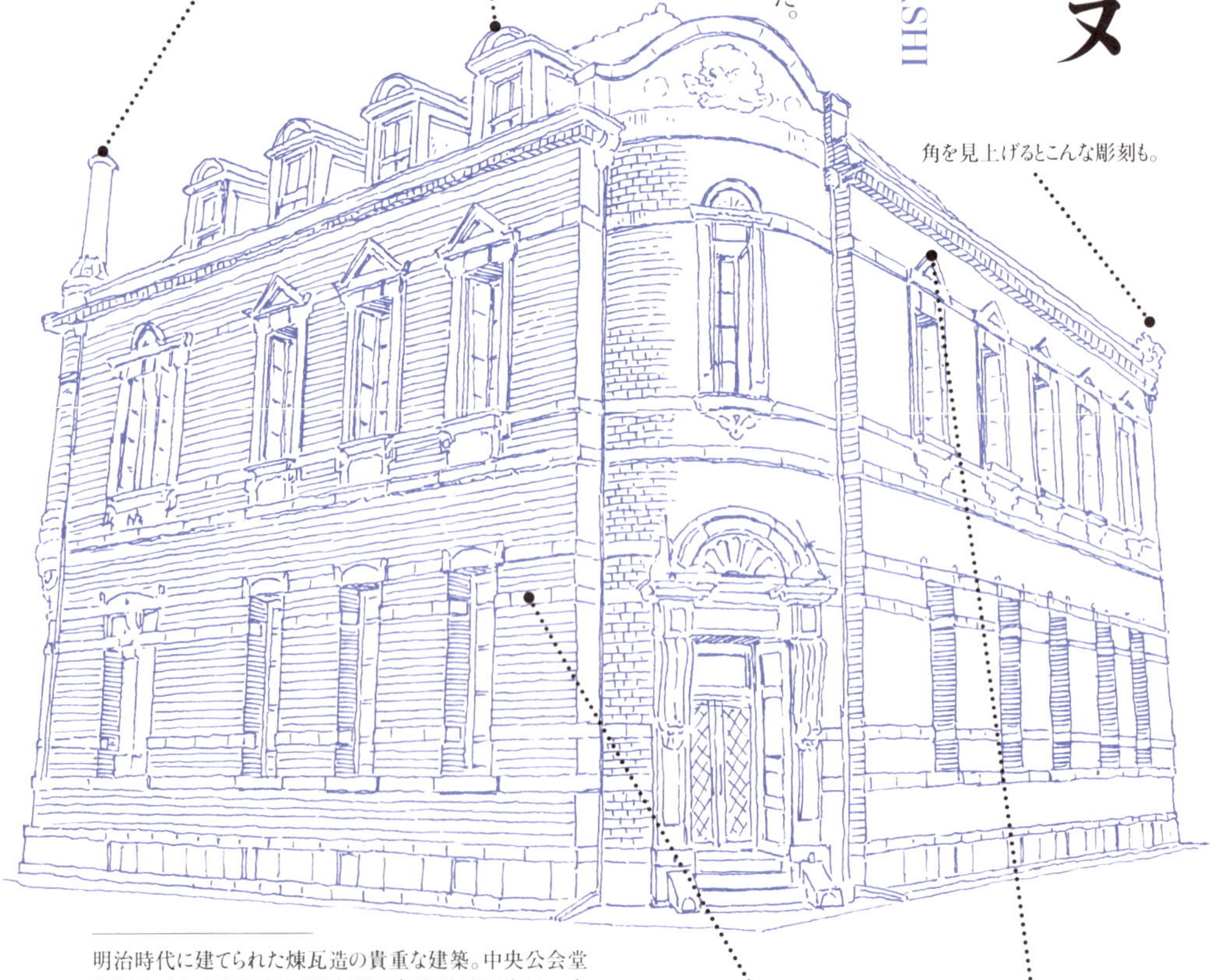

水平の帯に垂直の壁を対比させるデザインがとてもモダン。
現在の入口は実は2階。この階段は後から設けられた。
饒舌な屋根のデザインも辰野建築の特徴。
暖房用のボイラーのために設けられた煙突。
角を見上げるとこんな彫刻も。
赤煉瓦に御影石の白いストライプは「辰野式」と呼ばれたデザイン。
窓の上の飾りをペディメントという。場所によってデザインが異なって楽しい。

明治時代に建てられた煉瓦造の貴重な建築。中央公会堂などで知られる建築家・辰野金吾の事務所が設計した。赤煉瓦に白い帯を張り巡らせる「辰野式」デザインが特徴。ずっとオフィスとして使われていたが、フレンチの名店が本店を構えたことで注目の存在に。現在はウェディング会場などとして使われている。

建設年:1912年　設計:辰野片岡建築事務所

●大阪市中央区高麗橋2-6-4

天満屋ビル ③

TENMAYA BUILDING

カド丸に設けられた大きなガラス窓が天満屋ビルの特徴。構造的な理由から、近代建築は窓が小さく部屋が暗くなりがちだが、まったりとした時間の流れるここのカフェには、港の光が燦々とふりそそぐ。

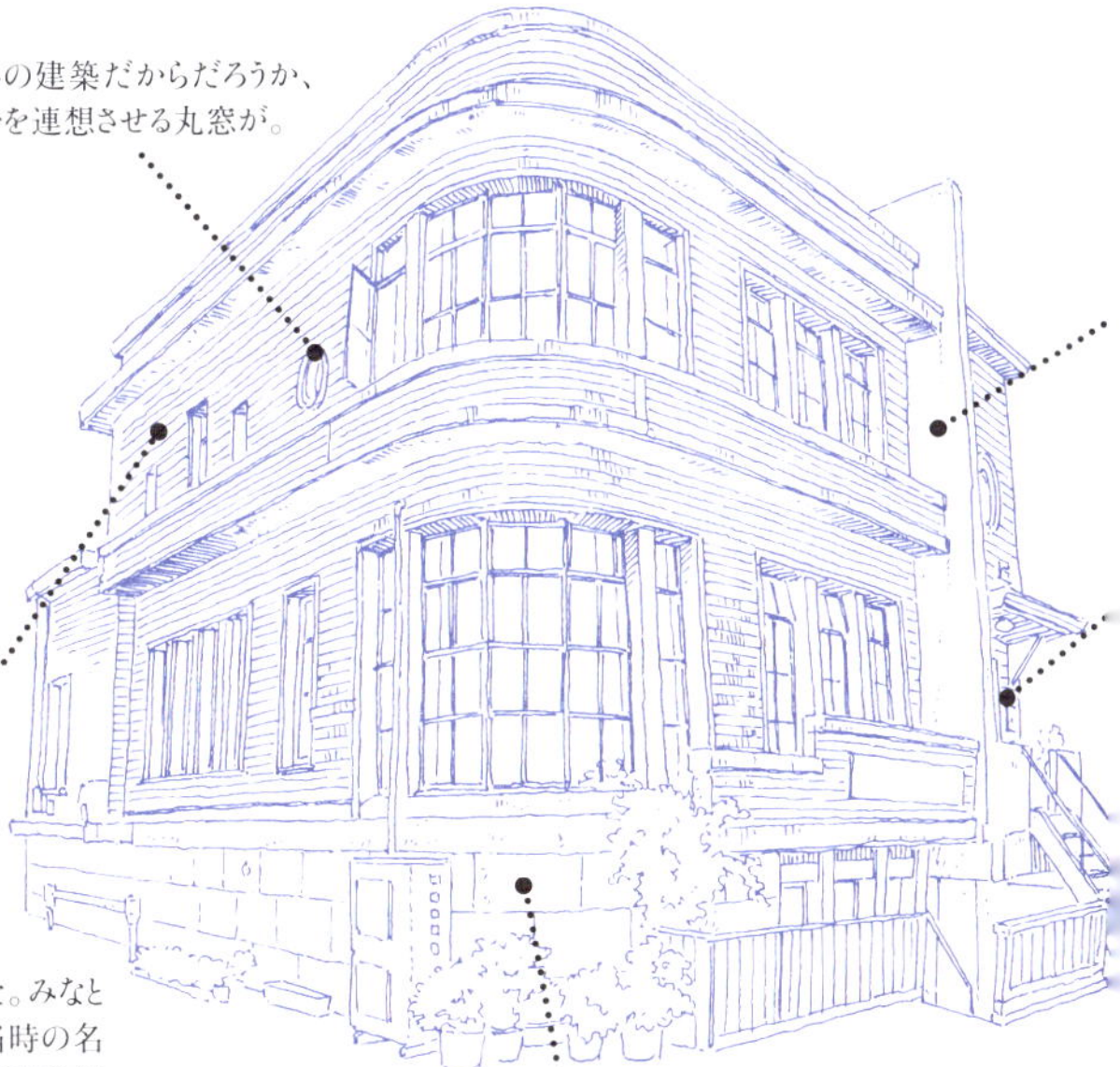
港の建築だからだろうか、船を連想させる丸窓が。
外壁は当時流行したスクラッチタイル。爪で引っ掻いたような模様が特徴。
道路に埋もれた1階のカド丸部に、かつてはたばこ屋があったという。

かつて築港は、世界に開けた大阪の玄関口だった。みなと通に面して、立派な近代建築が軒を並べていた当時の名残を今に伝えるビル。大きなアールに水平・垂直の直線を組み合わせたモダンなデザイン。2階建のように見えるが、実はかつては3階建。水害対策の大規模な盛土工事で道路に土が盛られ、何と街全体が2mほど高くなって埋まってしまった。
建設年:1935年　設計:村上工務店
●大阪市港区海岸通1-5-28

明治屋ビル ④

MEIJIYA BUILDING

全体にシンプルなカド丸だが、段差を付けてカド丸の部分を強調している。

遠くから離れて見ないと見えないが、屋上の塔屋（エレベーター機械などを納める）は建設当時のデザイン。

屋上に設けられた甕のような装飾。

最上階の窓だけ枠に飾りが付いていた。

よく見ると、うっすらと「MEIJI YA」の文字跡が。

玄関廻りにも当時の面影が残る。

高級食料品で知られる明治屋が、当時ショッピングストリートとして賑わった堺筋に建てたビル。曾禰中條建築事務所を率いた曾禰（そね）達蔵は、辰野金吾らと明治の新時代を切り開いた第一世代の建築家。建設当時はもっと装飾の豊かな外観だったが、残念ながら改修されてシンプルに。しかし、屋上の塔屋はオリジナルのままだ。シックな佇まいに不釣り合いなコンビニの看板が残念。
建設年:1924年　設計:曾禰中條建築事務所
●大阪市中央区南本町2-2-2

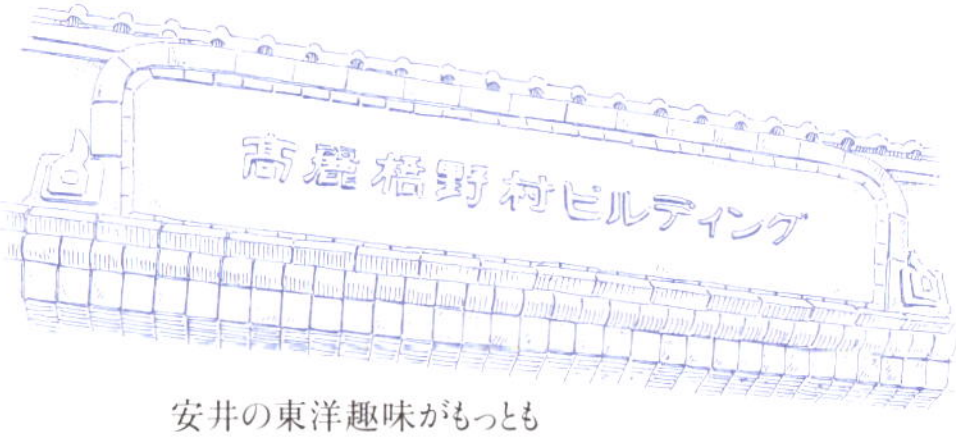
高麗橋野村ビルディング

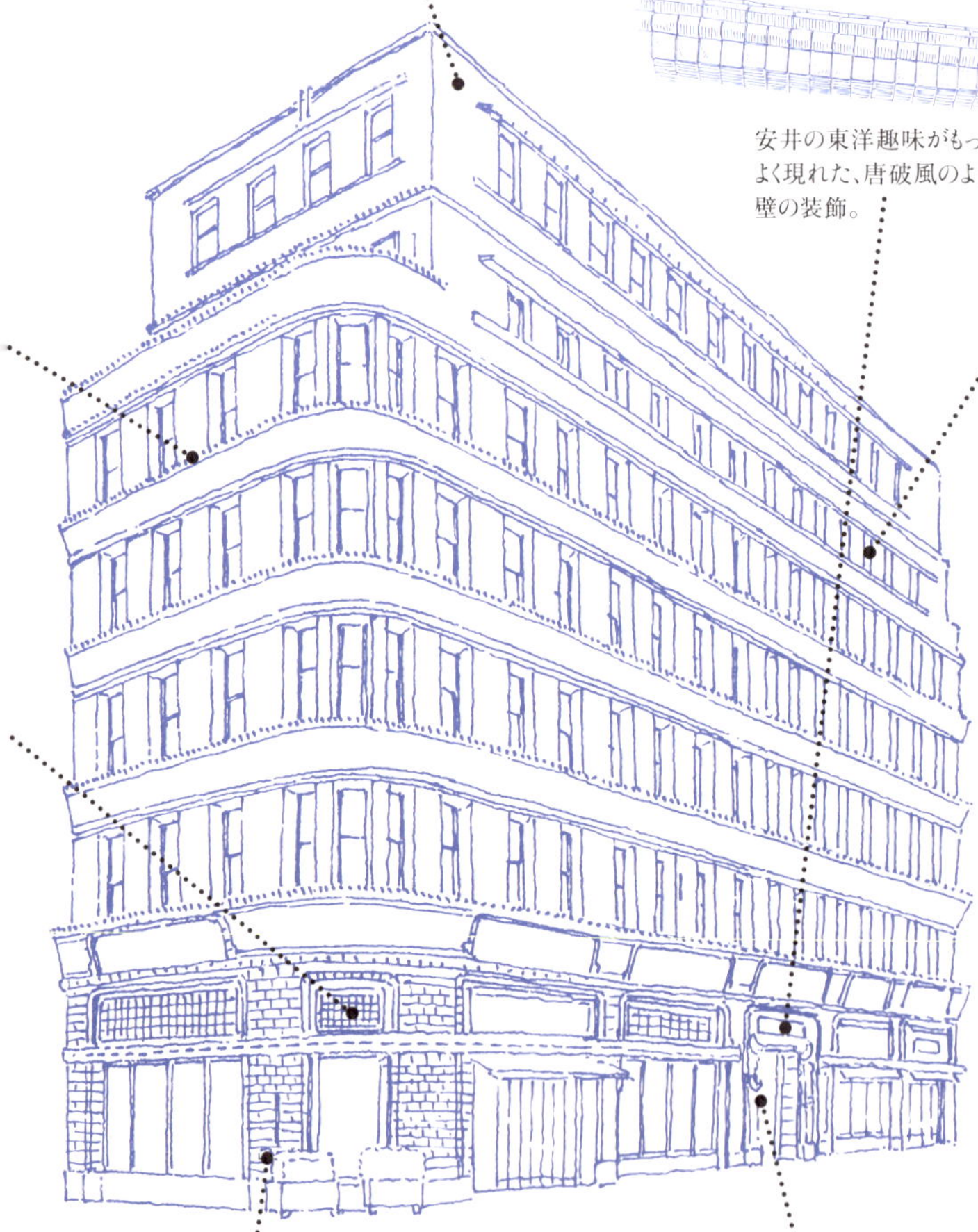
最上階は後年の増築。

安井の東洋趣味がもっともよく現れた、唐破風のような壁の装飾。

オリジナルの最上階だけ、窓のデザインを変えている。

ピカピカに磨き上げられた真鍮製の消防送水管。こういった設備もレトロ建築の魅力のひとつ。

正面玄関の両脇に設けられた、門松のような彫刻。竹の上に三日月が載る謎のデザイン。

高麗橋野村ビルディング ⑤

KORAIBASHI NOMURA BUILDING

上にせり上がった壁のアールが、独特の造形を生みだしている。カド丸部だけ窓を密に集めているのは、角部屋から眺める景色を楽しむためだろうか。このビルが建った頃は、きっと遠くまで大阪を見渡せただろう。

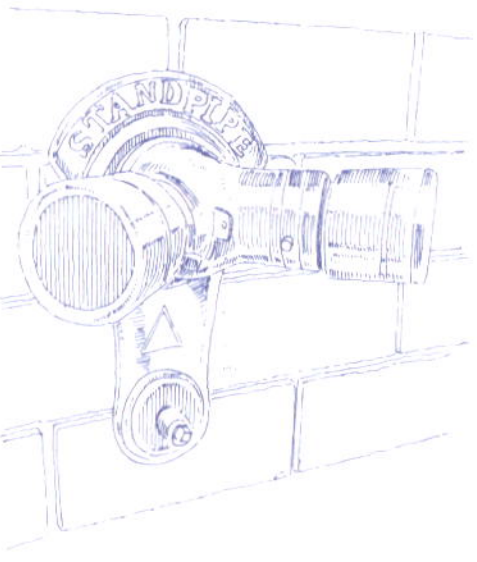
STANDPIPE

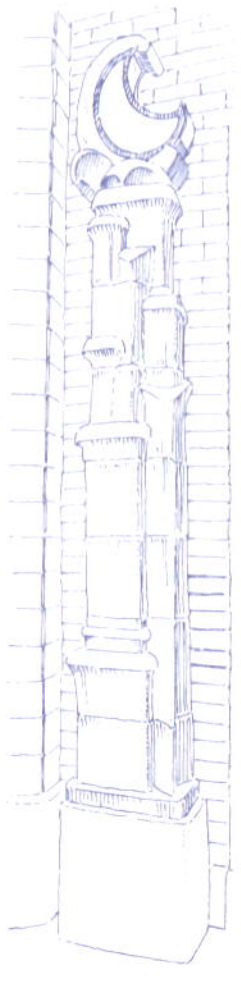

近代大阪を代表する建築家・安井武雄の作品。クラシカルな近代建築が多く集まる堺筋沿いにあって、様式や時流に倣うことを嫌った、安井の奔放なデザインセンスが異彩を放つ。大学を卒業した後、中国の大連で仕事をした影響だろうか、全体の印象はどこか東洋的。現在、1階にはカフェと和菓子店が入っている。

建設年:1927年　設計:安井武雄建築事務所

●大阪市中央区高麗橋2-1-2

大阪証券取引所ビル ⑥

OSAKA EXCHANGE BUILDING

厳密には外壁の角を丸くしたカド丸ではなく、巨大な円柱を建物に埋め込んだようなデザイン。ここが金融の中心であることを、かたちで表現している。

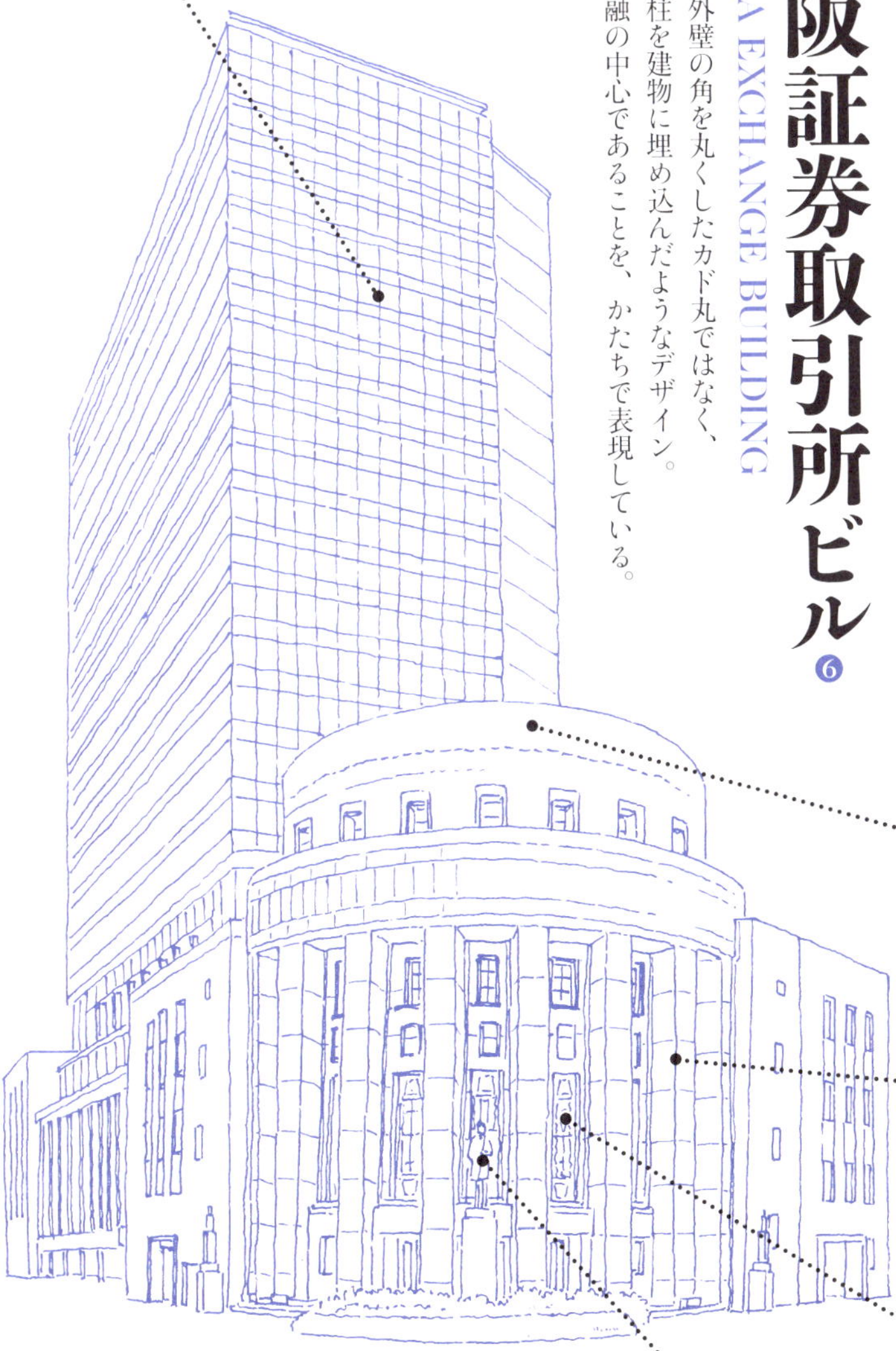

低層部の重厚な石張りと対比的に、高層棟はガラスの箱としてデザインされた。

水平の帯には瓦が用いられていて、独特の雰囲気を醸し出す。

1階は天井高が高く、上部に格子状の明かり取りが設けられている。

戦前のレトロ建築もこの頃になると、装飾的な要素は少なくなる。長谷部・竹腰のコンビの設計はその代表格。よく見るとささやかな波形が円柱を飾る。

オリジナルの部分の外壁をよく見ると、一枚の石の大きさが非常に大きいことがわかる。現在では再現困難だ。

窓の金属格子は昔の写真から推測して復元されたもの。ステンドグラスはオリジナル。

前に屹然と立つのは大阪経済の立役者・五代友厚の像。


大阪の金融センターとして栄えた北浜のシンボル的存在。交差点に面した三角の頂点に設けられた巨大な円柱は、大阪の栄枯盛衰をずっと見守ってきた。装飾の殆どない幾何学的なデザインながらも、全体に古典様式のような重厚さを漂わせるあたり、さすが実力者の長谷部鋭吉と竹腰建造の設計である。2004年に円柱部の外壁のみを保存して、高層ビルへと建て替えられた。

建設年:1935年　設計:長谷部竹腰建築事務所

●大阪市中央区北浜1-8-16

「カド丸」建築［レトロ建築編］

大阪の魅力的な「カド丸」たち。

高岡伸一

ちゃんと調べたわけではないが、大阪の都市にはカド丸建築が多い気がする。カド丸建築とは、外壁の角が丸い建築のこと。特段そのような用語があるわけではなく、勝手にそう名づけてみた。一般的な建築の外観は、角が90度に尖っている。だから御堂筋のような大通りでは、建ち並ぶビルがビシッと揃って綺麗に外壁が連続するし、船場の古い市街地では、交差点の角が四隅からギュッと絞り込まれて、密集度が強調される。そんな中にカド丸建築が現れると、ふっと緊張から開放されるというか、空間に動きとゆとりが生まれるような気がする。

カド丸建築の歴史は明治時代に遡る。木の建築を伝統にもつ日本では、それ以前にカド丸建築はほとんど現れない。技術的に木を丸く加工するのは難しいからだろう。明治になって西洋の建築が導入されてから、カド丸建築は現れる。今回紹介する中で最も古い**オペラ・ドメーヌ高麗橋**❷は、1912年に建てられた煉瓦造の建築。煉瓦を積んで外壁を造っていくため、壁を曲面にすることは難しくない。実はこの建築は竣工当時と今とでは外観が少し違っていて、カド丸はもっと独立した円柱のようなデザインだった。大正時代、この辺りの船場は狭い道路を拡幅するため、沿道建物の一部を取り壊すいわゆる軒切りが行われた。この煉瓦造の建築も道路が拡がった分だけ削り取られて、カド丸が大きく損なわれてしまったのだ。しかし削り取られた跡を修復する際に、またカド丸を復活させている。よほどカド丸にこだわりがあったのだろう。

その後、建築は煉瓦からコンクリートへと構造が変わり、より自由にデザインできるようになる。

大正時代から昭和のはじめにかけて、いわゆる大大阪時代には、個性的な魅力をもつ多くのカド丸建築が建てられた。その代表的な存在が、1927年に建てられた**芝川ビル**❶だ。

角に向かって大きな円弧を取り、勾配を持たせたスパニッシュ瓦の屋根がそれを強調する。円弧の中央に設けられた正面玄関には、同心円状に拡がっていく階段を上ってアプローチする。そこに加えて玄関廻りをこれでもかと飾る、マヤ・インカの古代文明をモチーフにした濃密な装飾。規模は小さいが、訪れる人の気持ちをいやがうえにも高揚させる建築だ。

大大阪時代のレトロ建築にカド丸建築が多い理由は、何となく想像できる。例えば中之島に建つ中央公会堂や中之島図書館をイメージするとわかるように、日本がヨーロッパから学び取った古典的な様式建築は、左右対称、専門用語でいうシンメトリーが基本だ。中心軸に玄関を設けて左右に展開していく正面性の強いデザインは、建築に威厳を与えてくれる。

しかし大大阪時代に建てられたレトロ建築の多くは、中之島の公共建築のように広々とした敷地に建つのではなく、江戸時代に遡る碁盤目状の、敷地の小さな密集地に建てられた。左右対称で正面性を強調したいと思っても、町家から引き継いだ間口の狭い敷地では、うまく効果が発揮できない。かろうじて角地に建つ建築だけが、その敷地を活かしてうまく正面性を獲得することができた。そう、角を丸くすることで、連続する長い正面を獲得することを考えたのだ。

天満屋ビル❸はかつての1階角にビルの顔であるたばこ屋があったし、**明治屋ビル**❹も店舗の玄関がカド丸部に設けられている。ここで紹介する近代建築を見れば、敷地が極端に細長い**高麗橋野村ビル**❺を除けば、他は全てカド丸部に玄関が設けられ、そこから左右対称のデザインが展開していることがわかる。角を中心軸にして玄関を設け、左右の壁をシンメトリーにデザインすることで、密集市街地ならではの正面性を生み出したのだ。

街のランドマークII

「カド丸」建築

「モダン建築編」

最上階の大きなガラス面にはレストラン「アラスカ」があり、眼下に広がる大阪の景色を眺めながら、当時まだ珍しかった洋風料理を楽しんだ。

水平線に対する垂直の要素として、上下動の階段をガラス張りにして強調している。非常にモダンなデザイン。

朝日ビル ⑦

ASAHI BUILDING

堂島川に架かる渡辺橋と四つ橋筋に面して、非常に大きく取られたアールが特徴。最上階の連続する大きなガラスの曲面は、当時としては画期的だった。

屋上にはかつてアイススケート場があり、地上まで行列が並ぶほどの人気だった。

水平線の強調をベースにしながら、要所に垂直線を入れて対比させている。この縦のラインにはかつて照明が仕込まれていて、夜になると光の抽象画が浮かび上がった。

カドマルの部分はバルコニーのような壁で水平線を強調しているが、全体が重たくならないよう、途中で細い線に切り替えている。

ステンレスの表面には、よくみると渦巻状の模様が付いている。これだけ多くの金属素材を外観に使った建築は、当時大変に珍しかった。

昭和初期の日本を代表するモダニズム建築。あまりに斬新なデザインは、「日本で最もセンセーショナルなデザイン」と評された。全く装飾を排したシャープで幾何学的なデザイン、ステンレスやアルミなど、当時まだ珍しかった金属素材の多用など、その新しさは、21世紀も全く褪せることがない。
建設年:1931年　設計:竹中工務店(石川純一郎)
●大阪市北区中之島3(※現存せず)

大阪ガスビル 8

OSAKAGAS BUILDING

水平線を強調したカド丸。庇の先端に丸みをもたせ、外壁の白に対する黒のラインが効いている。

水平線を強調する黒い小庇には、かつて間接照明が仕込まれていた。夜になると純白の外壁を照らし出し、まさに白亜の殿堂のような輝きを放ったという。

朝日ビルと同様、大阪ガスビルの最上階にも、モダンなガスビル食堂が設けられた。やはりレストラン部分だけガラス面が大きく取られている。

北の半分は戦後の増築。安井の意思を引き継いだ佐野正一が設計した。

一般的に低層階の基壇部と上階の基準階とは、デザインを切り替えることが多い。大阪ガスビルでは黒と白の対比が徹底されていて、1・2階は黒御影石が外壁に用いられている。

大阪を代表する建築家・安井武雄の後期の作品。自ら「自由様式」と名付けた安井のスタイルは、過去の様式や当時の流行に捕らわれない自由なデザインが特徴。大阪ガスビルもモダニズムの思想に基づきながら、カド丸だけでなく全体に丸みをもたせるなど、装飾がないのに無機質にならず、独自のセンスでデザインしている。

建設年:1933年　設計:安井武雄建築事務所

国登録有形文化財

●大阪市中央区平野町4-1-2

大阪府立江之子島文化芸術創造センター 9

ENOKOJIMA ART. CULTURE & CREATIVE CENTER

カド丸の先には木津川が流れていて、最上階に設けられたバルコニーからは、川向かいの旧川口居留地が一望できる。

新阪急ビル ⑩

SHINHANKYU BUILDING

厳密にはカド丸とは呼べないが、御堂筋の道路にあわせてカーブを描く敷地の形状が、そのままビルの外壁として立ち上がった。その優美な曲線は見る角度によって様々に表情を変える。

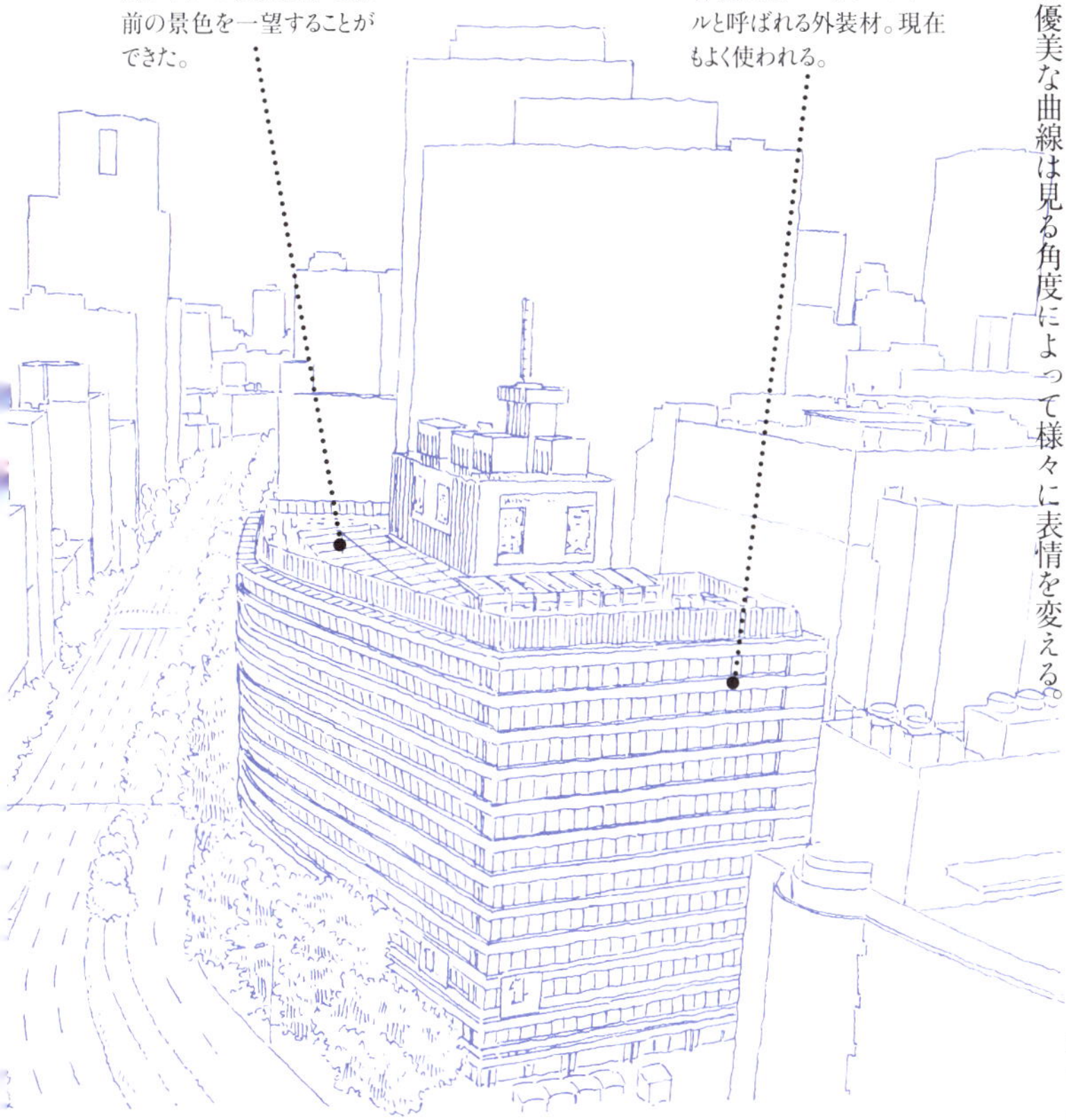

屋上ビアガーデンが人気だが、かつてはここから駅前の景色を一望することができた。

外壁を覆うのはこの時代に普及したアルミスパンドレルと呼ばれる外装材。現在もよく使われる。

戦前に建てられた大阪の名建築に対して、戦後にその「新」ビルが建設されていく。ダイビルに対する新ダイビル、住友ビルに対する新住友ビル、朝日ビルに対する新朝日ビル、そして阪急ビル（阪急百貨店）に対する新阪急ビル。いずれも各時代の大阪を代表するビルだ。新阪急ビルの特徴は、なんと言っても優美な曲線を描く外壁のアルミスパンドレル。

建設年:1962年　設計:竹中工務店

●大阪市北区梅田1-12-39（※2014年建替予定）

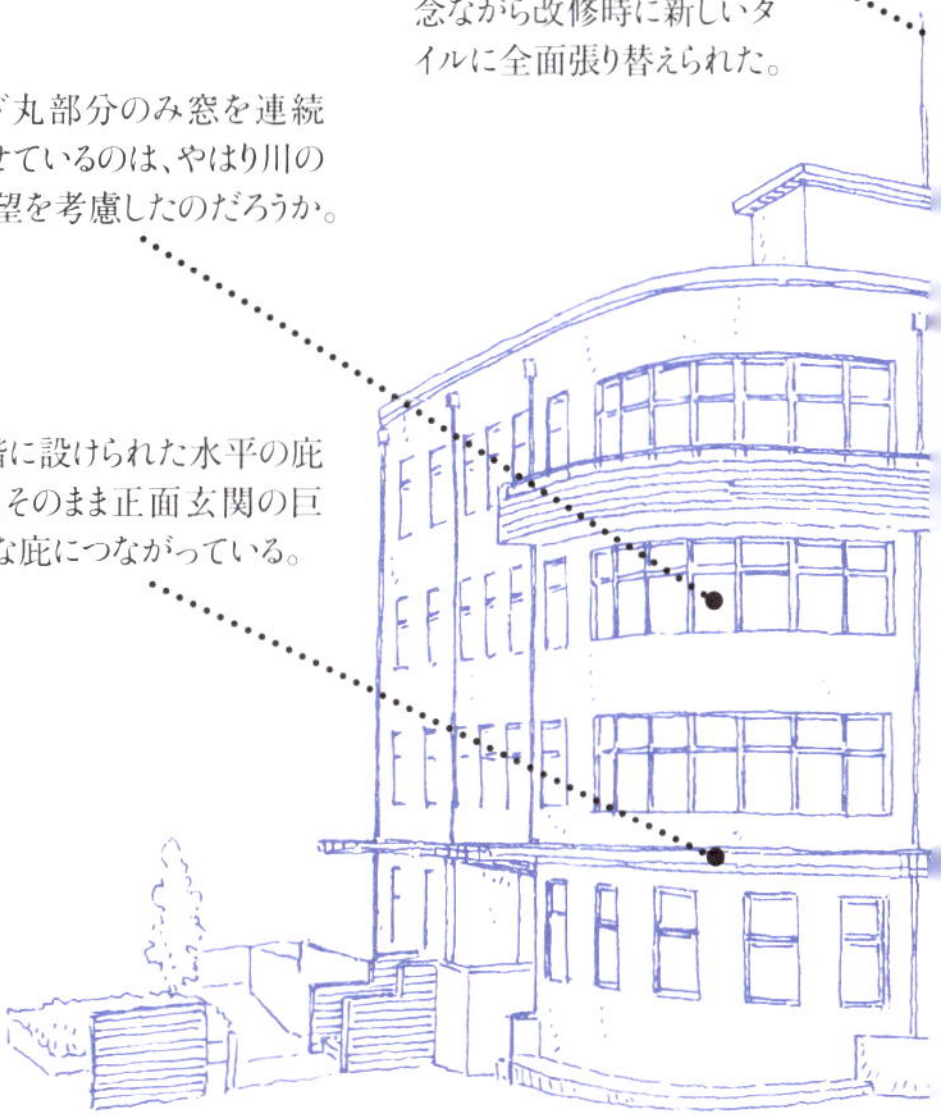

2000年に入って長らく放置されていたため外壁のタイルは老朽化が激しく、残念ながら改修時に新しいタイルに全面張り替えられた。

カド丸部分のみ窓を連続させているのは、やはり川の眺望を考慮したのだろうか。

2階に設けられた水平の庇が、そのまま正面玄関の巨大な庇につながっている。

かつて江之子島には大阪府庁があり、1926年に大手前へ移転したあと、その庁舎は大阪府工業奨励館として活用された。その増築棟として建てられたのがこの建物。2012年にコンバージョンされて、大阪のクリエイティブセンターを目指す大阪府立江之子島文化芸術創造センターとして生まれ変わった。

建設年:1938年　設計:大阪府営繕課

●大阪市西区江之子島2-1-34

朝日新聞ビル ⑪

ASAHI SHINBUN BUILDING

バルコニーのような
水平の帯が連続するカド丸は、
朝日ビルのデザインを
簡略化して継承したもの。

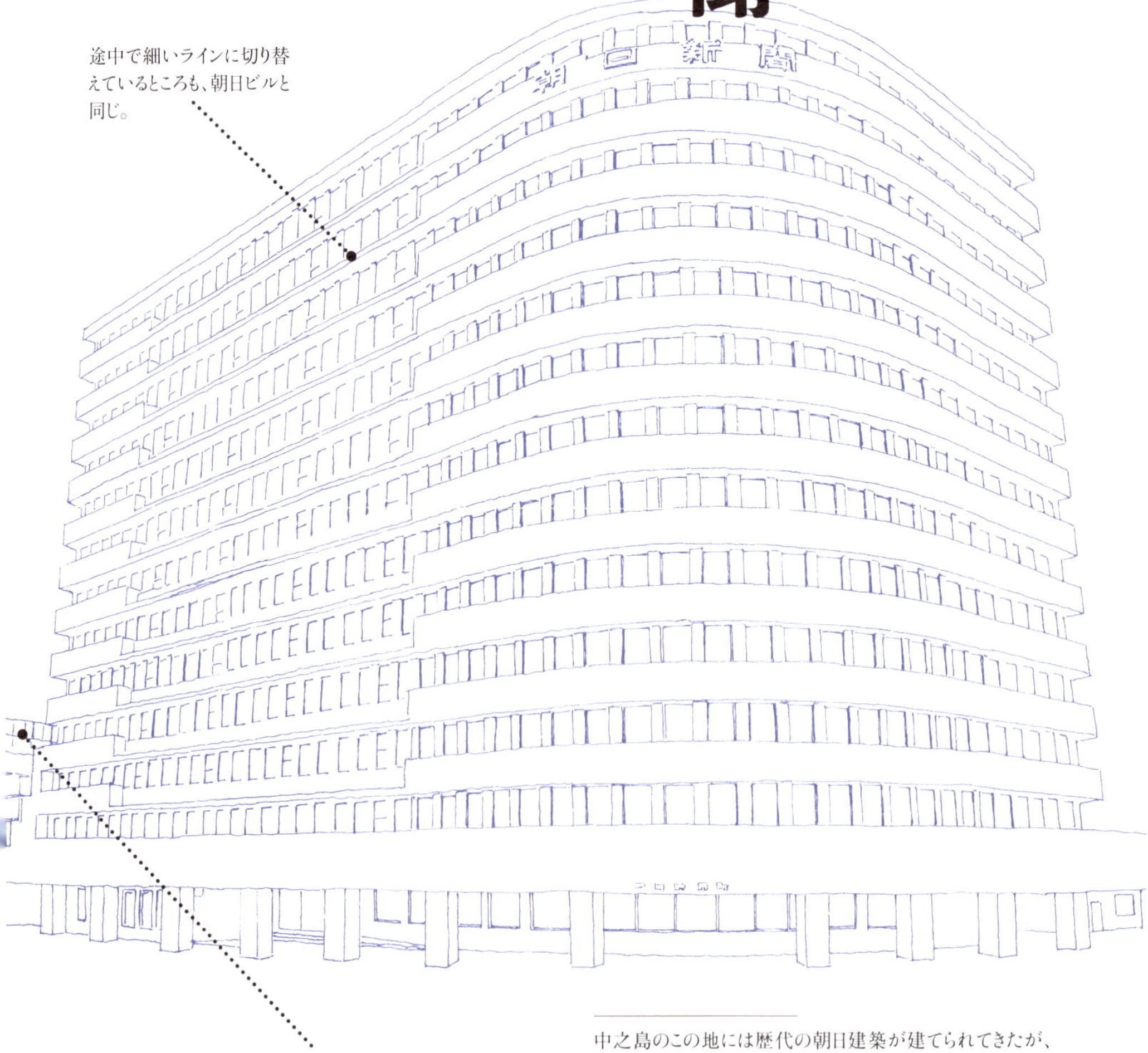

途中で細いラインに切り替えているところも、朝日ビルと同じ。

高速道路が建物内を貫通する珍しい構造になっている。

中之島のこの地には歴代の朝日建築が建てられてきたが、昭和の最後を飾るのがこの朝日新聞ビル。他の朝日建築と比べるとデザイン的な特徴には乏しいが、それは先代の朝日ビルをリスペクトしてのこと。デザイン要素と色彩を継承して、街区全体でひとつに見えるよう配慮されている。
建設年:1968年　設計:竹中工務店
●大阪市北区中之島3（※現存せず）

中之島フェスティバルタワー ⑫

NAKANOSHIMA FESTIVAL TOWER

超高層ビルにしては珍しいカド丸は、朝日ビルと朝日新聞ビルという二つの朝日建築の伝統を継承したもの。

低層部上階のガラス部分に、朝日新聞社がある。

かつて建っていた新朝日ビル、フェスティバルホールのシンボルだった「牧神、音楽を楽しむの図」も、リニューアルされて復活した。

低層部に用いられたベージュ色のレンガブロックも、朝日ビルと朝日新聞ビルのカラーを引き継いでいる。

新朝日ビル（1958年）を解体して建てられた超高層タワービル。2700名を収容する新生フェスティバルホールの上に、200mクラスのタワーを載せる、前代未聞の大胆な構造。メガトラスなど、最新の建設技術がふんだんに盛り込まれている。2017年には、四つ橋筋を挟んでツインタワーとなる予定。
建設年:2012年　設計:日建設計
●大阪市北区中之島2-3-18

「カド丸」建築［モダン建築編］

昭和のモダンな「カド丸」建築。

高岡伸一

時代が昭和に入ると、モダンな建築が増えてくる。大阪のレトロ建築を飾ったユニークな装飾が消え、幾何学的な線と面で構成されたデザインが主流となってくる。左右対称のシンメトリーといった古典的な様式から自由になった、近代的な合理性や機能性を表現する新しいデザイン。それは当時の世界的な潮流だった。

そこにもカド丸建築は現れる。1931年に完成した**朝日ビル**⑦は、同年に綿業会館といったレトロな建築がまだつくられるなか、その超モダンなデザインで世間の度肝を抜いた。渡辺橋の南詰めに面した外観は大きなカド丸を取り、北面と東面の外壁を1枚につなげて、水平線の連続感を強調している。建築だからもちろん動かないのだが、何となくスピード感のようなものを感じさせるデザイン。自動車や鉄道、航空機などが実現していく「スピード」は、近代という時代のシンボルだ。

水平線を強調するカド丸建築には、他にも1933年の**大阪ガスビル**⑧がある。あくまでシャープな表現を目指した朝日ビルに対して、大阪ガスビルのほうは水平線を強調する庇自体にも丸みを持たせ、外壁に半円柱状のデザインを施すなど、全体に落ち着いた柔らかい印象。実は大阪ガスと朝日ビルには浅からぬ関係がある。大阪ガスはかつて中之島に本社があり、それが御堂筋の現在地に移転した跡地に朝日ビルが建った。カド丸に水平線の強調という共通するデザインも、何か関係があるのだろうかと考えてみたくなる。

規模は小さいが、1938年に建てられた大阪府工業奨励館、現在の**大阪府立江之子島文化芸術**

創造センター❾も、この時代に特徴的なデザインのカド丸建築だ。バルコニーと庇の水平線と、外壁から突き出た縦の壁の垂直線を対比させたデザイン。水平線と垂直線の対比は、20世紀の新しい美術、モンドリアンの幾何学的な抽象画を思わせる。前編で取り上げた天満屋ビルも、実は同じ原理でデザインされている。イラストを見比べると、その類似性がよくわかるだろう。

天満屋ビル（P69）は1935年完成なので、両者は3年しか違わない。天満屋ビルも装飾のないモダンなデザインで、今回のモダン建築編に入れてもおかしくないのだが、仕上げのスクラッチタイルがレトロ調なので、便宜上レトロ建築として紹介した。建築の歴史は、レトロからモダンへと、単線的に変化していくわけではなく、詳しくみれば同時代に多様なデザインが共存していた。やはり歴史はそれほど単純ではない。

戦争の空襲によって焼土と化した大阪の都心部も、戦後の復興期を経て高度経済成長期に入ると、ビルラッシュと呼ばれて大量のビル建築が建てられていく。特に大阪駅前や御堂筋沿いなどの一等地には、大規模な建築がぞくぞくと誕生した。旺盛なオフィス需要に応えるため、どのビルも最大限の床を確保すべく設計されたが、当時は高さに制限があったため、ビルは横に広がり、敷地の幅一杯、それこそ敷地の形状をそのままトレースするように建てられた。

その結果生まれたユニークなビルが**新阪急ビル**❿。梅田の交差点から御堂筋が緩やかなカーブを描くラインが、そのまま形となって現れている。厳密にはカド丸建築とはいえないかもしれないが、鈍く光るアルミの水平線が微妙なアールを描く姿は、あらためて見上げると非常に美しい。その他にも特徴的なカド丸建築が戦後に登場したが、梅田ビル（1958年）や第一生命梅新ビル（1967年）など、多くが既に失われてしまった。新阪急ビルの隣に建つ、阪神百貨店の大阪神ビル（1963年）も、大きなアールをもったカド丸建築だが、新阪急ビルと共に建て替えられる予定。

街のランドマークIII

「カド丸」建築［水都編］

旧ダイビル⑬

OSAKA BUILDING

カド丸の頂点から見上げた姿はまさに豪華客船。敷地の制約から長さは異なるが、左右対称にデザインされている。

外壁はタイルではなくスクラッチ煉瓦と呼ばれるもの。煉瓦からタイルへと移行する過渡期の仕上げ。建て替え復元時には、オリジナルのスクラッチ煉瓦が再利用された。

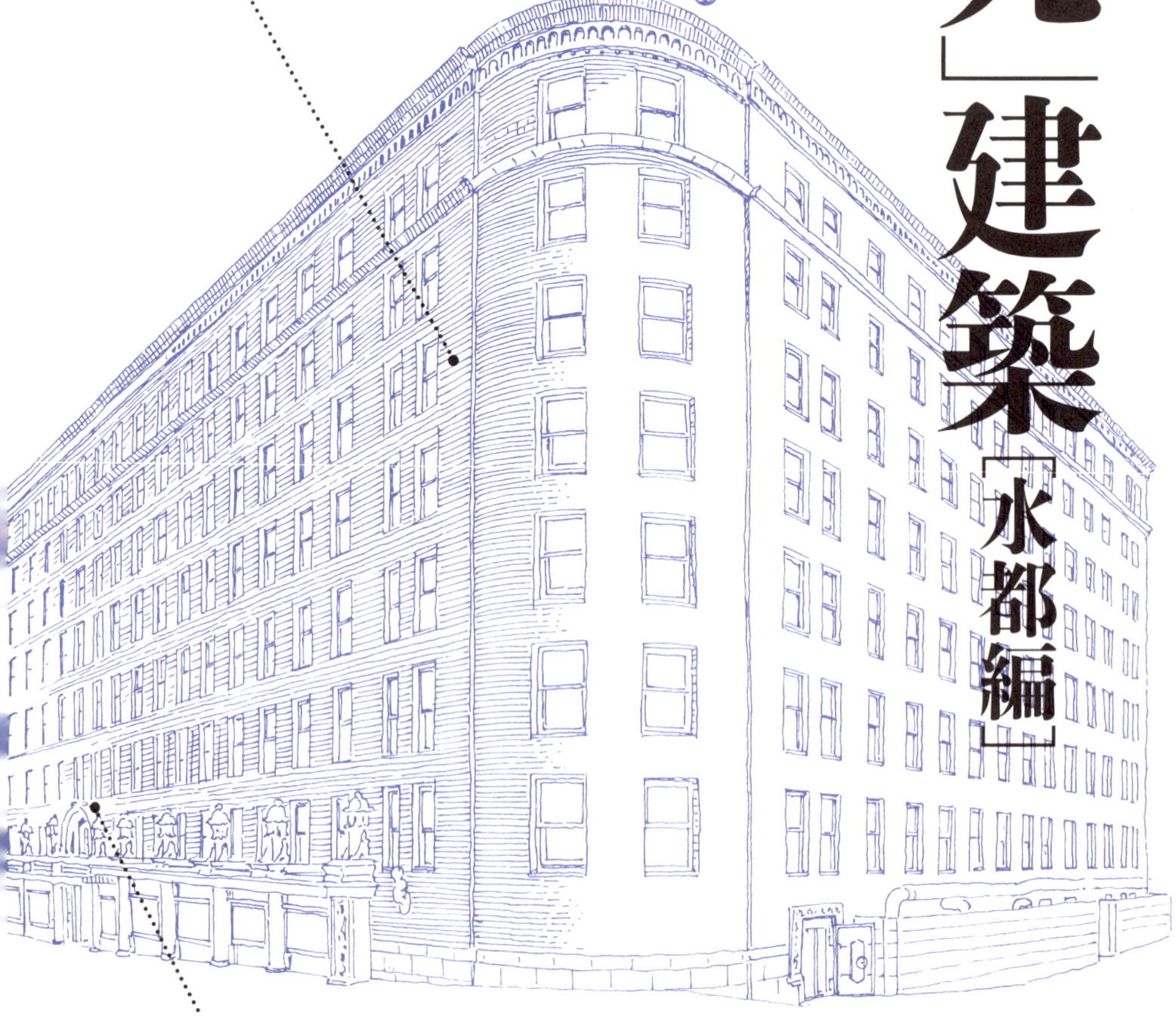

渡辺節は合理的な考え方の持ち主で、装飾を全面に施すのではなく、エントランスなど重要な部分に豪華な装飾を集中させ、その他の部分は非常にシンプルに仕上げた。

大阪のレトロ建築を代表する存在だったが、建て替えに際して惜しまれながら姿を消した。重要文化財の綿業会館を手がけた名建築家・渡辺節の設計による傑作で、大大阪時代のビルヂングの代表的存在だった。

建設年:1925年　設計:渡辺 節

●大阪市北区中之島3（※2013年に建替・復元）

リバーウエスト湊町ビル ⑭

RIVER WEST MINATOMACHI BUILDING

現在はカド丸のアタマを阪神高速にぶつけるようにして建っているが、かつてはその前に遮るものがなく、よりカドマル性が強調されていた。

現在も広告の看板が張り付いているが、昔も「阪急電車」などの広告が貼られていた。最初から広告塔として考えられていたのだろう。

カド丸の大きな窓は、後年に改修して設けられたもののようだ。

現在はキャビンという喫茶店が地下にあり、そこから川辺のテラス席に出られるようになっているが、この辺りは丸窓も含めて後年の改修。より船感を強調している。

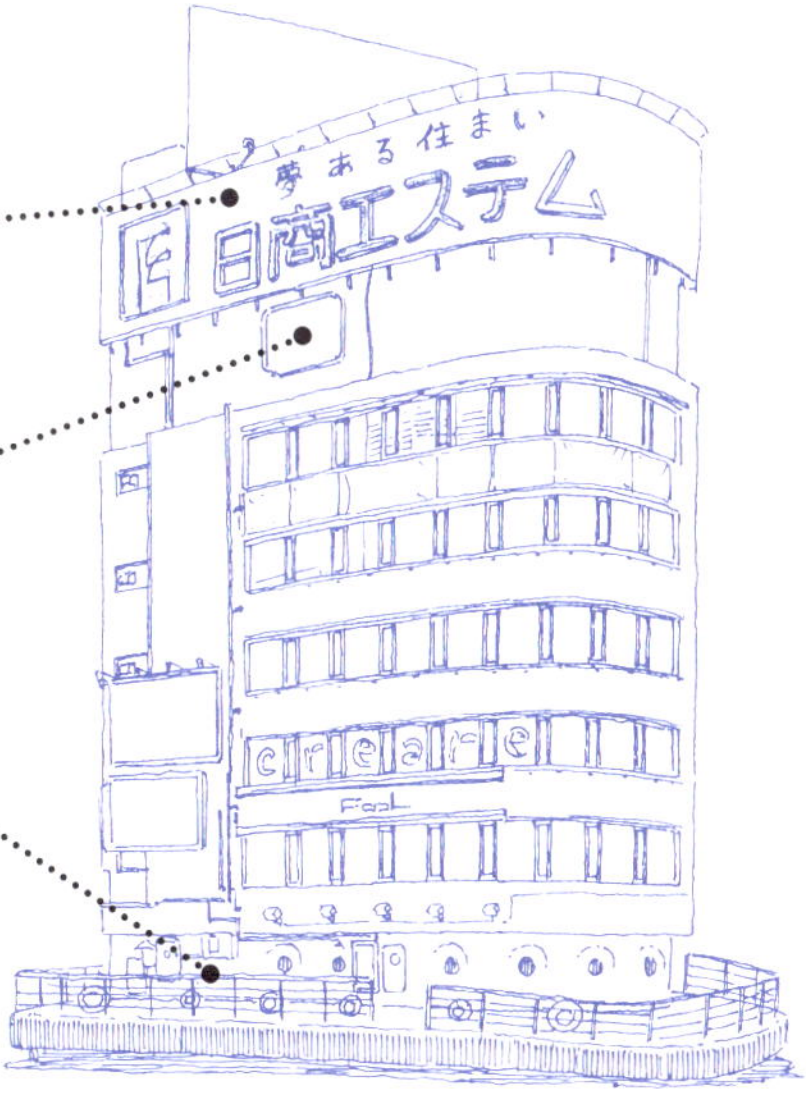

もともとは湊町ビルディングという名前で、阪急電鉄が建てたテナントビル。当時としては相当にモダンなデザインだが、道頓堀の川縁に建つその姿は、明らかに船を意識している。当時は阪神高速もなく、西横堀川との交差点という立地で、まさに水面に突き出すようにして建っていた。

建設年:1935年　設計:竹中工務店

●大阪市西区南堀江1-4-10

HEP NAVIO ⑮

HEP NAVIO

1階と2階をえぐり取って、大きく持ち上げたようにみせたカド丸が特徴。先端を縦に割ったデザインが、戦艦の舳先を連想させる。

外壁の全面を覆うアルミのスパンドレルと赤の組み合わせは、隣に建てられたHEP FIVEにも踏襲されている。

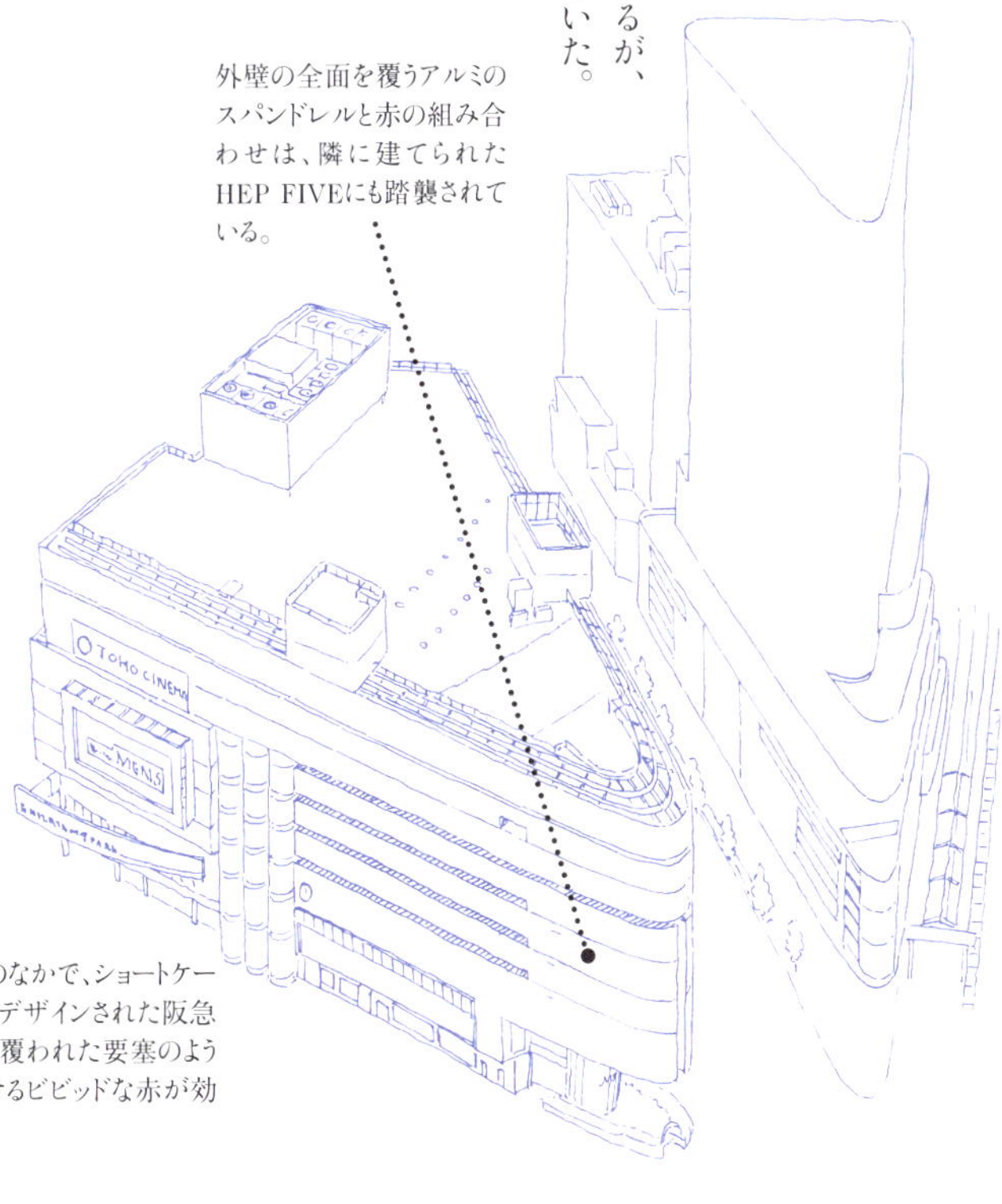

道路が交錯する梅田の複雑な敷地割のなかで、ショートケーキのような三角形の敷地をうまく活かしてデザインされた阪急の商業施設。開口の少ないシルバーで覆われた要塞のような外観に、服の裏地のように顔を覗かせるビビッドな赤が効いている。

建設年:1980年　設計:竹中工務店

●大阪市北区角田町7-10

「カド丸」建築［水都編］

水都大阪の「カド丸」建築。

高岡伸一

水都大阪だからということでもないだろうが、大阪の水辺近くに建つカド丸建築には、まるで船を思わせるようなデザインが多い気がする。カド丸建築の番外編としてあらためて、別の見方からカド丸建築をみてみよう。

カド丸建築が船のようにみえるのは、やはりカド丸が船の舳先にみえるからだろう。また現在のような超高層建築ではなく、高さに対して建物の横幅の方が長いので、全体のプロポーションが船を連想させるということもある。

大阪に建つ水辺のカド丸建築として、最初に紹介すべきはやはり**旧ダイビル**⑬だ。ダイビルは敷地の形状に合わせてカド丸の角が三角形のようになっていて、まさに船の舳先を思わせる。そのクラシカルなデザインと、堂島川を前に悠然と建つ佇まいは、まさに豪華客船のようだ。実はダイビルを建てたのは商船会社だった。デザインする際に船を意識したのかどうかはわからないが、水都大阪を代表するカド丸建築として、ダイビルほど相応しいものはないだろう。2013年に超高層ビルへと建て替えられたが、低層部に外観が復元されている。

すでに紹介したカド丸建築のなかにも、船を思わせるものがいくつかある。天満屋ビルと江之子島文化芸術創造センターは、そのデザインが似ているだけでなく、天満屋ビルは大阪港大桟橋のたもと、江之子島は木津川と、両方とも水辺に建っている。水辺に向かってカド丸を取り、大きなガラスの開口を設けているところも共通している。凝ったデザインの小型客船といったところだろうか。

朝日ビルのカド丸も、堂島川に面している。「スピード」を感じさせるデザインのことを紹介したが、川向から眺めるその姿は、まさに当時最新の高速艇といった雰囲気だ。

湊町の道頓堀に面した**リバーウエスト湊町ビル**⑭も外せない。まるで川の上に浮いているように建ち、カド丸の窓も船の雰囲気を高めていて、明らかに船を意識したデザインになっている。ちなみに地下1階の川面に面した場所には、その名も「キャビン」という喫茶店がある。

その他、水辺に建っている訳ではないが、どうしようもなく船を感じさせるカド丸建築として、**HEP NAVIO**⑮をあげておきたい。三角形のショートケーキのような敷地の形状をうまく活かしたデザインで、アルミのシルバーとビビットな赤を対比させたデザイン、尖ったカド丸を大きく持ち上げたような形態は、戦艦ヤマトをもっとモダンにした巨大船にみえる。

建築の見方は自由だ。カド丸建築に限らず、色んな見方を考えることで、建築はもっと楽しくなる。日常を取り巻く無数の建築たちをあらためて見直して、あなた独自の◯◯建築を是非とも発見してみてほしい。

中之島～船場周辺

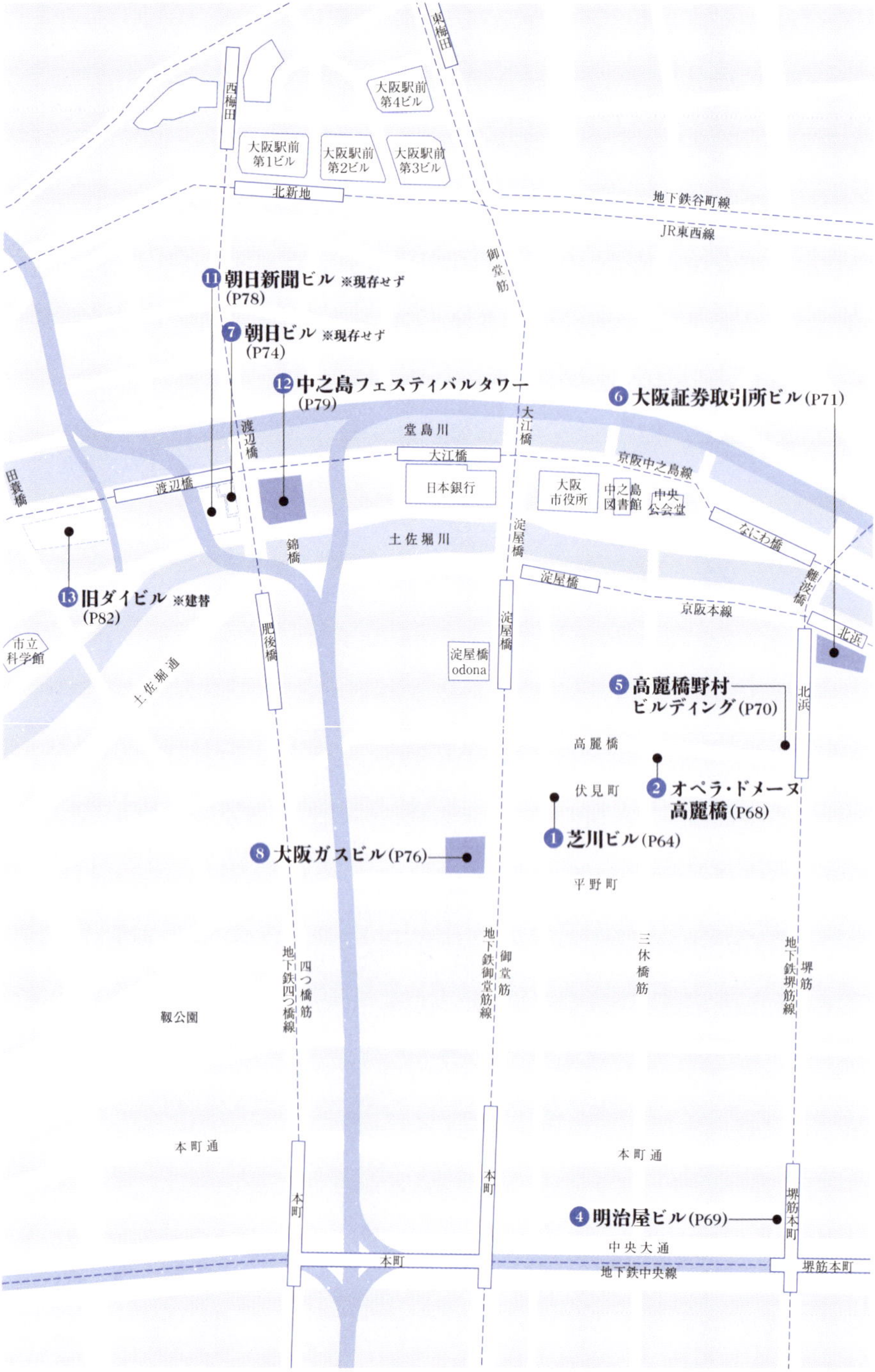
東梅田
西梅田
大阪駅前第4ビル
大阪駅前第1ビル
大阪駅前第2ビル
大阪駅前第3ビル
北新地
地下鉄谷町線
JR東西線
御堂筋
⑪朝日新聞ビル ※現存せず (P78)
⑦朝日ビル ※現存せず (P74)
⑫中之島フェスティバルタワー (P79)
⑥大阪証券取引所ビル (P71)
大江橋
堂島川
渡辺橋
大江橋
京阪中之島線
田蓑橋
渡辺橋
日本銀行
大阪市役所
中之島図書館
中央公会堂
なにわ橋
錦橋
土佐堀川
淀屋橋
淀屋橋
京阪本線
難波橋
北浜
⑬旧ダイビル ※建替 (P82)
肥後橋
淀屋橋
淀屋橋odona
市立科学館
土佐堀通
⑤高麗橋野村ビルディング (P70)
北浜
高麗橋
伏見町
②オペラ・ドメーヌ高麗橋 (P68)
①芝川ビル (P64)
⑧大阪ガスビル (P76)
平野町
地下鉄御堂筋線
御堂筋
三休橋筋
地下鉄堺筋線
堺筋
地下鉄四つ橋線
四つ橋筋
靭公園
本町通
本町通
本町
本町
堺筋本町
④明治屋ビル (P69)
中央大通
本町
地下鉄中央線
堺筋本町

阿波座

みなと通
本町通
木津川
9 大阪府立江之子島
文化芸術創造センター(P76)
阿波座
地下鉄中央線
地下鉄千日前線
島田公園

梅田

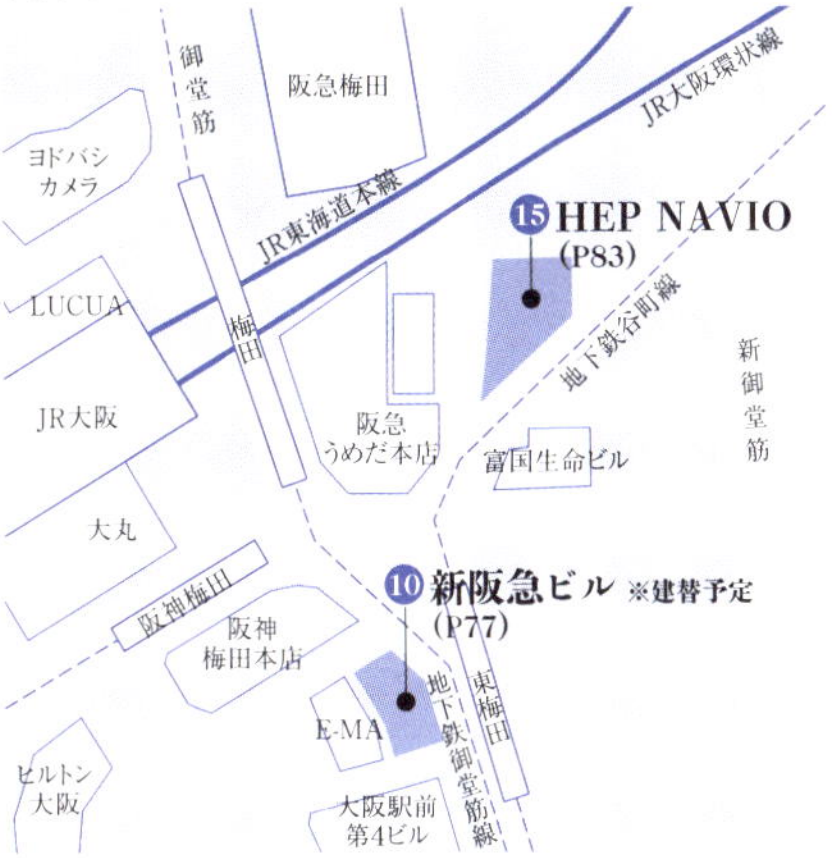

御堂筋
阪急梅田
JR大阪環状線
ヨドバシカメラ
JR東海道本線
15 HEP NAVIO
(P83)
LUCUA
梅田
地下鉄谷町線
新御堂筋
JR大阪
阪急
うめだ本店
富国生命ビル
大丸
10 新阪急ビル ※建替予定
(P77)
阪神梅田
阪神
梅田本店
E-MA
地下鉄御堂筋線
東梅田
ヒルトン大阪
大阪駅前
第4ビル

大阪港

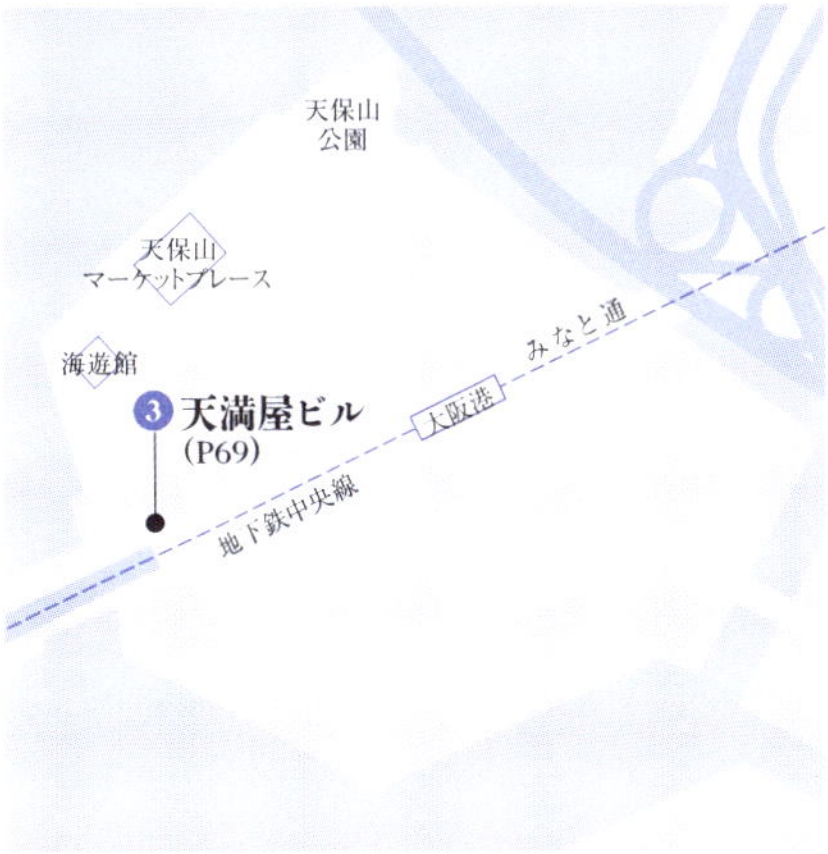

天保山
公園
天保山
マーケットプレース
海遊館
3 天満屋ビル
(P69)
みなと通
大阪港
地下鉄中央線

湊町

14 リバーウエスト湊町ビル
(P83)
大黒橋
道頓堀川
地下鉄御堂筋線
御堂筋
なんば
Hatch
阪神なんば線
なんば
地下鉄千日前線
大阪難波
近鉄難波線
JR難波
なんば
なんば
地下鉄四つ橋線
高島屋
南海なんば

橋

街のランドマークⅣ

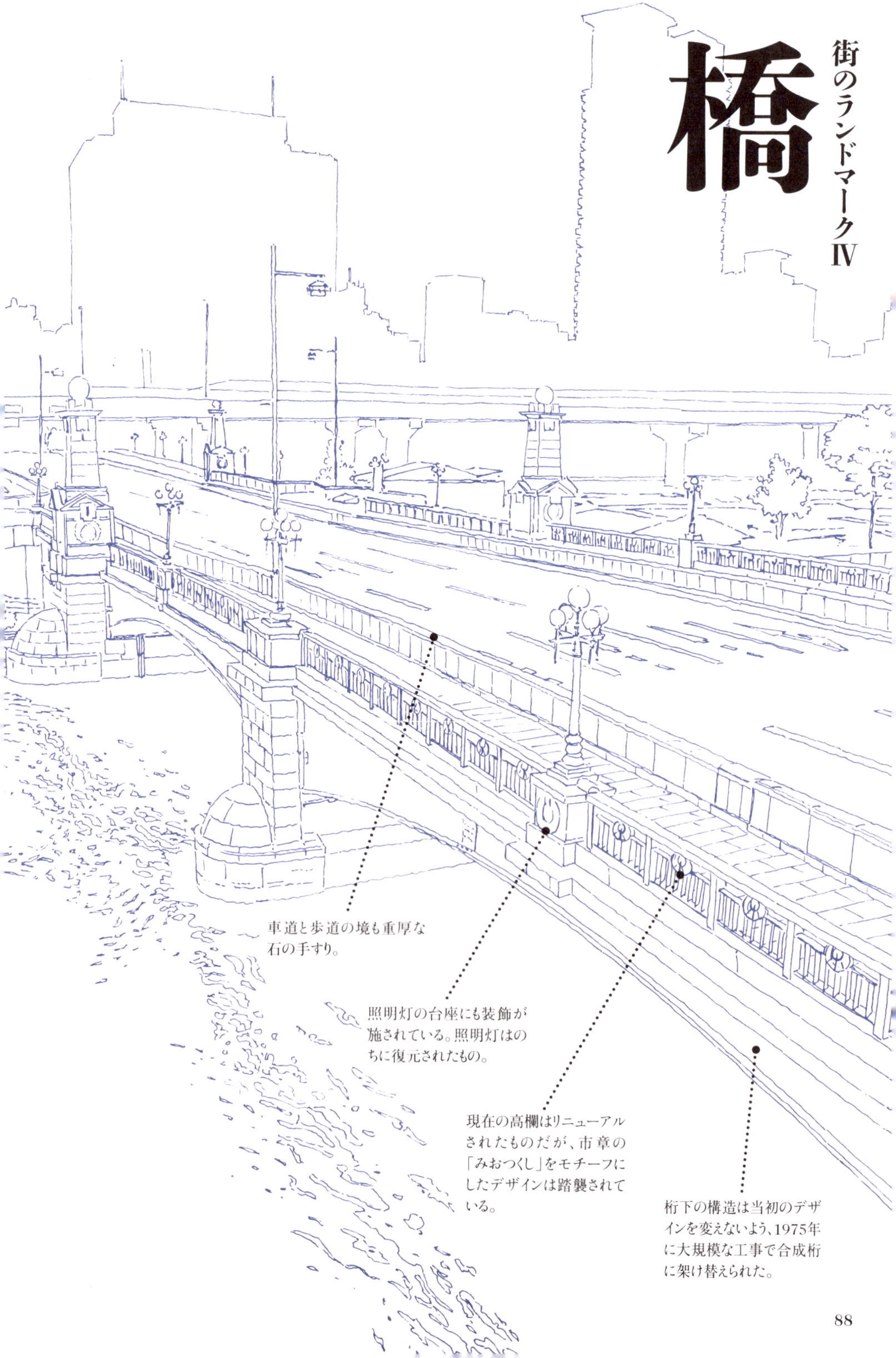

車道と歩道の境も重厚な石の手すり。
照明灯の台座にも装飾が施されている。照明灯はのちに復元されたもの。
現在の高欄はリニューアルされたものだが、市章の「みおつくし」をモチーフにしたデザインは踏襲されている。
桁下の構造は当初のデザインを変えないよう、1975年に大規模な工事で合成桁に架け替えられた。

難波橋 1

NANIWABASHI

ライオン像

「ライオン橋」といわれる所以。橋の四隅の親柱に鎮座する阿吽のライオン像。彫刻家・天岡均一の作品で花崗岩製。なぜか神社の狛犬とは阿吽が逆に配置されている。

階段

バラ園へと降りるまるで舞台のような石階段。設計は生駒ビルヂングなどを手がけた宗設計事務所の宗兵蔵。

橋《きょう》頭《とう》堡《ほ》

難波橋の格調を一段と高める橋頭堡。建築の古典様式を模した三角屋根のペディメントの下に、やはり市章の「みおつくし」が飾られている。

両詰に置かれたライオンの石像から、「ライオン橋」の愛称で親しまれている橋。歴史は古く、745年に僧・行基が摂州に難波橋を架けたという記述が見られるほど。これは伝説としても、江戸時代の初めには公儀橋に指定されていた。現在の難波橋は他の大阪の橋と比べて装飾的で、市章を組み込んだ高欄、華麗な照明灯、そしてライオン像と公園に降りる華麗な石造りの階段など、水都大阪の栄華を象徴する橋といえるだろう。

建設年:1915年　設計:宗兵蔵

●大阪市北区西天満1～中央区北浜1

天神橋 ❷

TENJINBASHI

30分ごとに水を噴き上げる剣先の噴水。

3連の鋼製アーチで2本の川を軽快に渡り、両端をコンクリートアーチでがっちりと締めたデザイン。

桜並木が続く南天満公園。

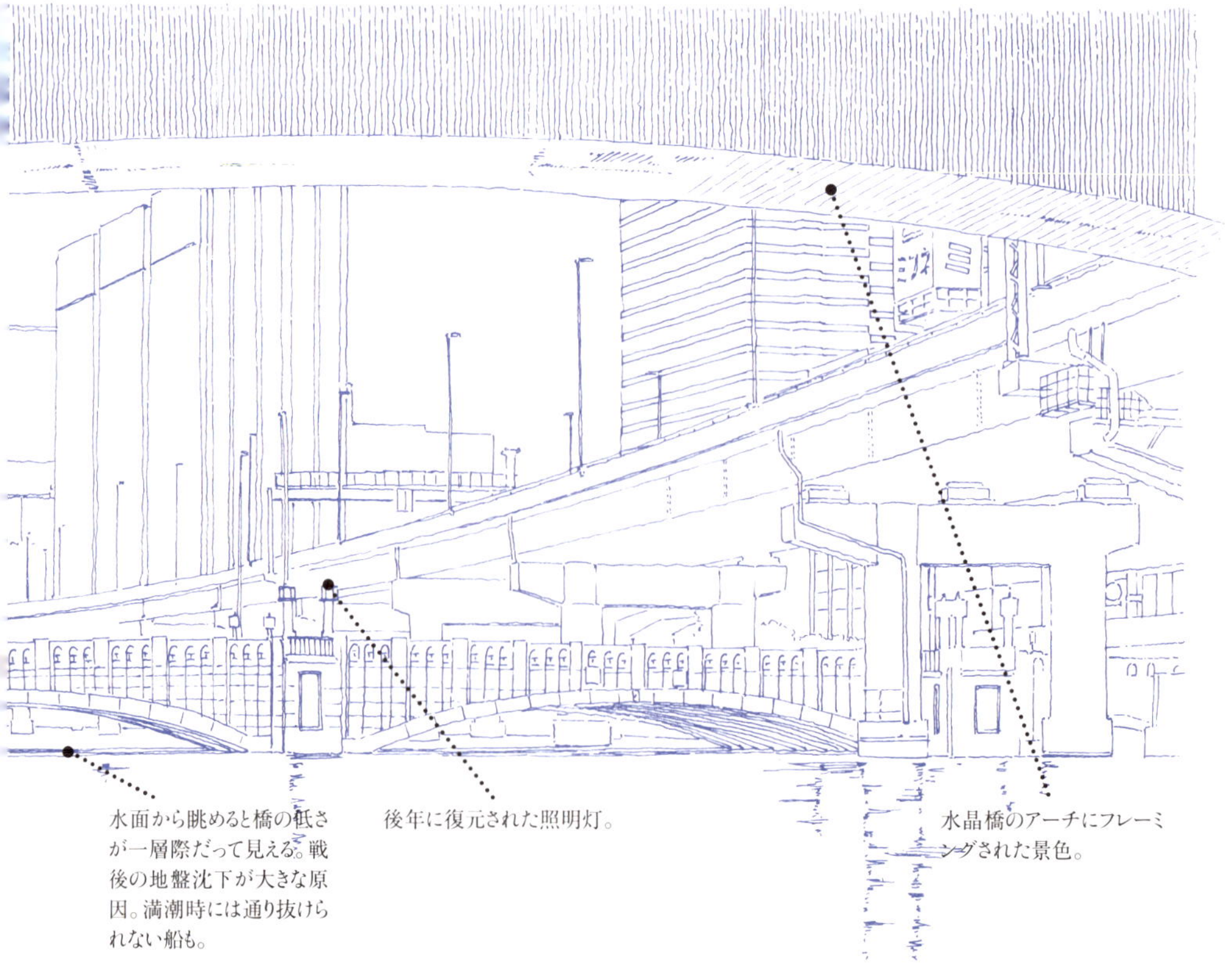

水面から眺めると橋の低さが一層際だって見える。戦後の地盤沈下が大きな原因。満潮時には通り抜けられない船も。

後年に復元された照明灯。

水晶橋のアーチにフレーミングされた景色。

天神橋は1594年に架けられ、天満宮が管理したことから天神橋と呼ばれるようになったという。難波橋と同じく江戸時代は公儀橋として、幕府が直轄管理した。明治時代の大洪水を機に鉄橋へと架け替えられたが、当時の鉄橋はドイツ製。現在の天神橋は第一次都市計画事業の一環として、松屋橋筋の拡張に合わせて1934年に完成。軽快なアーチを背景とした剣先公園は、水都大阪のお馴染みの風景だ。剣先側にある特徴的なスロープは、1987年に設けられたもの。
建設年:1934年　設計:川上暢夫
●大阪市北区天神橋1〜中央区北浜東

近年、八軒家浜へと至る歩行者空間が整備された。

橋裏トラス

伸びやかなアーチと細い鋼材に覆われた桁下の大空間。アーチは当初、コンクリートで設計されていたそうである。もしコンクリートのアーチになっていれば、随分と印象は異なるものになっただろう。

照明

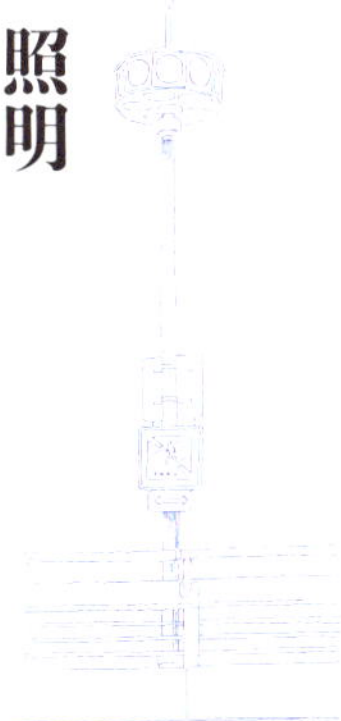

天神祭の梅鉢紋をモチーフにした照明灯。1934年当時のもの。

大江橋 OEBASHI ③

デザインコンペの案ではここにアールデコのような塔がデザインされていた。実施案ではバルコニーに。

大江橋と淀屋橋は双子の橋で、御堂筋の拡幅工事にあわせて同時に整備された。近代都市大阪の根幹をなす御堂筋が通り、市庁舎の両脇を固める2つの橋に特別な意匠が求められたのはいうまでもない。そこで当時としては珍しいデザインコンペが実施され、「南欧ローマ風」と評された大谷瀧雄の案が一等に選ばれた。案では橋脚の上に石造りの塔があったが、実施案ではバルコニーに変更されている。
建設年:1935年　設計:大谷瀧雄、武田五一、元良勲
重要文化財
●大阪市北区西天満2〜中之島2

本町橋
HONMACHIBASHI
4

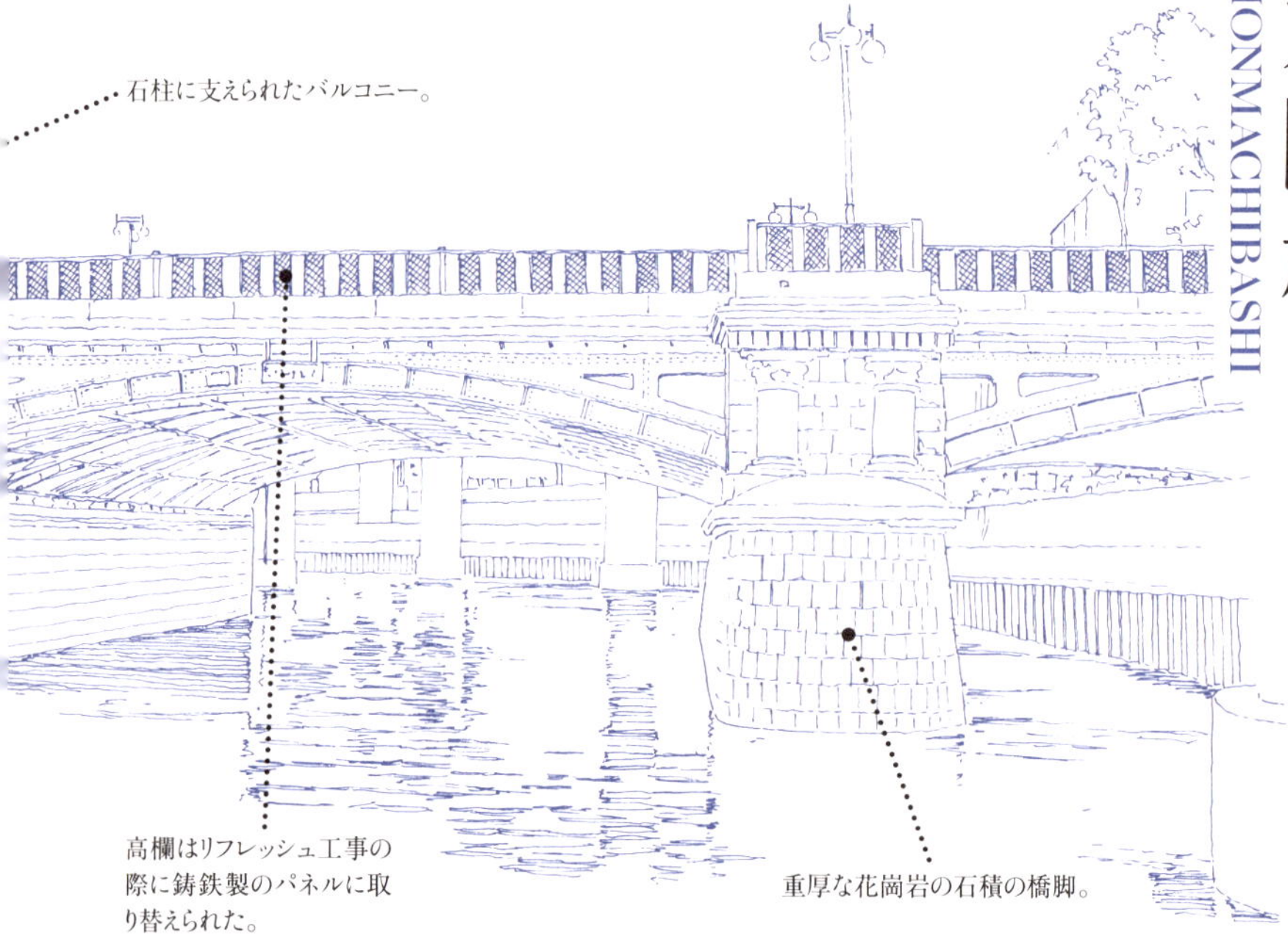

石柱に支えられたバルコニー。
高欄はリフレッシュ工事の際に鋳鉄製のパネルに取り替えられた。
重厚な花崗岩の石積の橋脚。

桜宮橋
SAKURANOMIYABASHI
5

逆に橋面は薄く感じられ、水面にフッと浮いているような独特の緊張感が。
建築家・安藤忠雄の設計で2006年に新設された新桜宮橋。新旧スター建築家の競演。
アーチ部分はアーチの中央がふくらみ重厚感がある。

本町橋は「糸へんの街」船場と大阪城をつなぐメインストリート本町通の橋として、公儀橋に指定された重要な橋。その歴史は豊臣時代に遡ることができ、東横堀川が開削された1585年以降、早い時期に架けられたとされる。明治に入って近くに大阪府庁が設けられ、府庁の移転後は大阪博物館が設けられるなど、本町橋周辺には常に多くの人が集まった。現在の橋は市電の敷設に応じて架けられたものだが、橋脚に古典様式の石柱を模した装飾を施すなど、特別な橋であったことがわかる。

建設年:1913年　設計:野口孫市

●大阪中央区本町1～本町橋

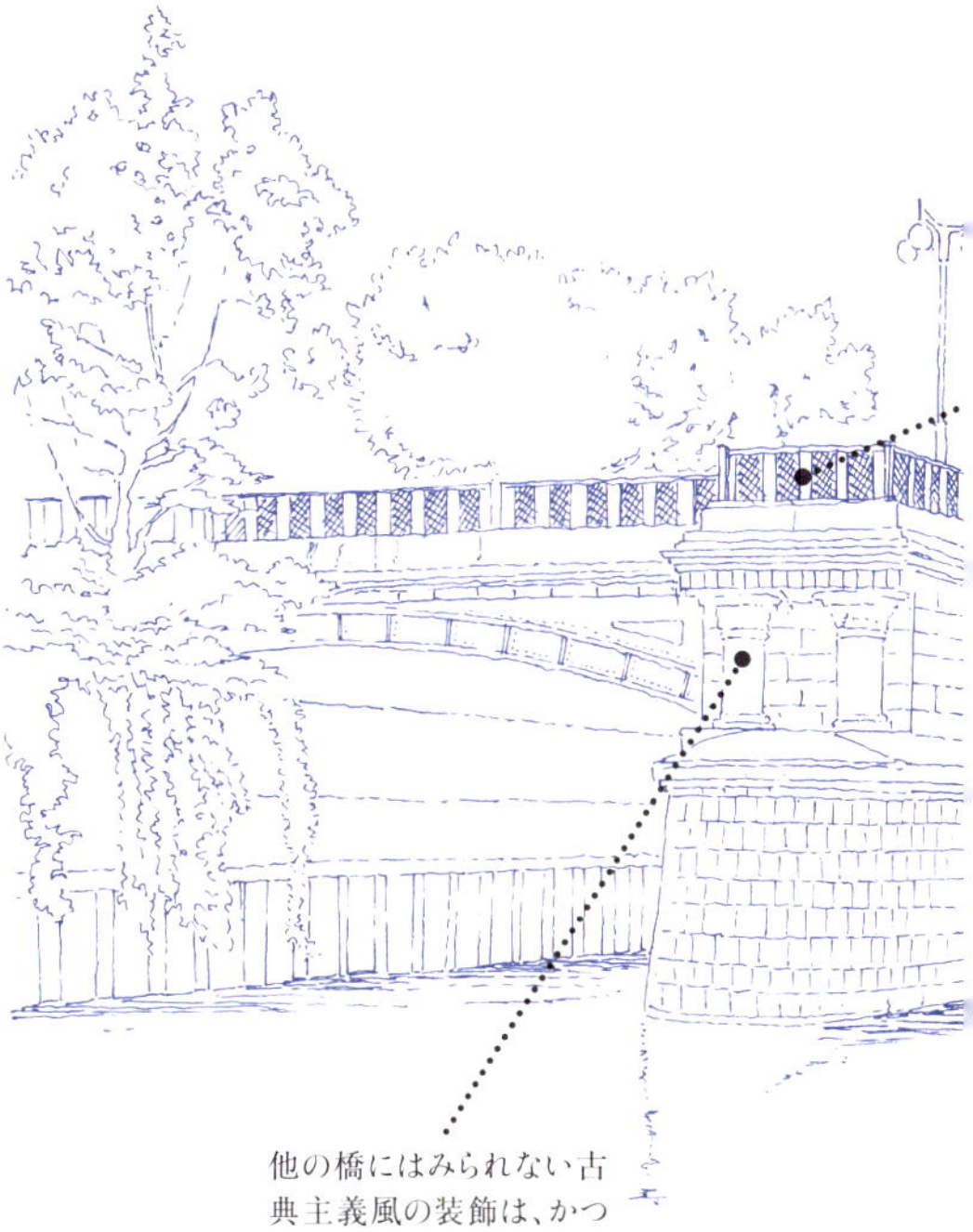

他の橋にはみられない古典主義風の装飾は、かつて江之子島にあった旧府庁舎の柱を模したものといわれる。

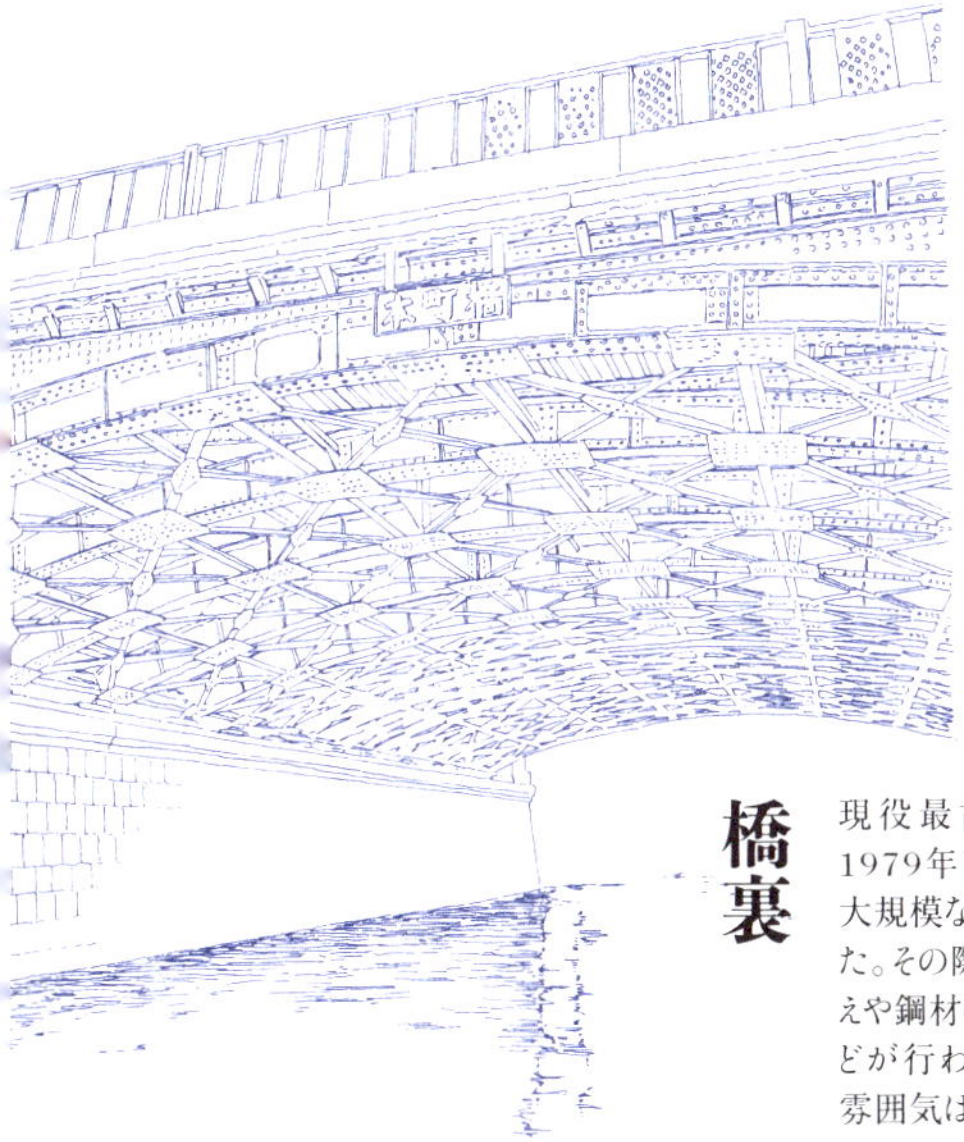

橋裏

現役最古の本町橋は、1979年から3年をかけて大規模な改修工事を受けた。その際、床板の打ち換えや鋼材の部分取り替えなどが行われたが、レトロな雰囲気はそのまま。

アーチの頂部にヒンジがあるのが3ヒンジアーチの特徴。

桜ノ宮公園へ降りる階段を内包した煉瓦造りの塔。

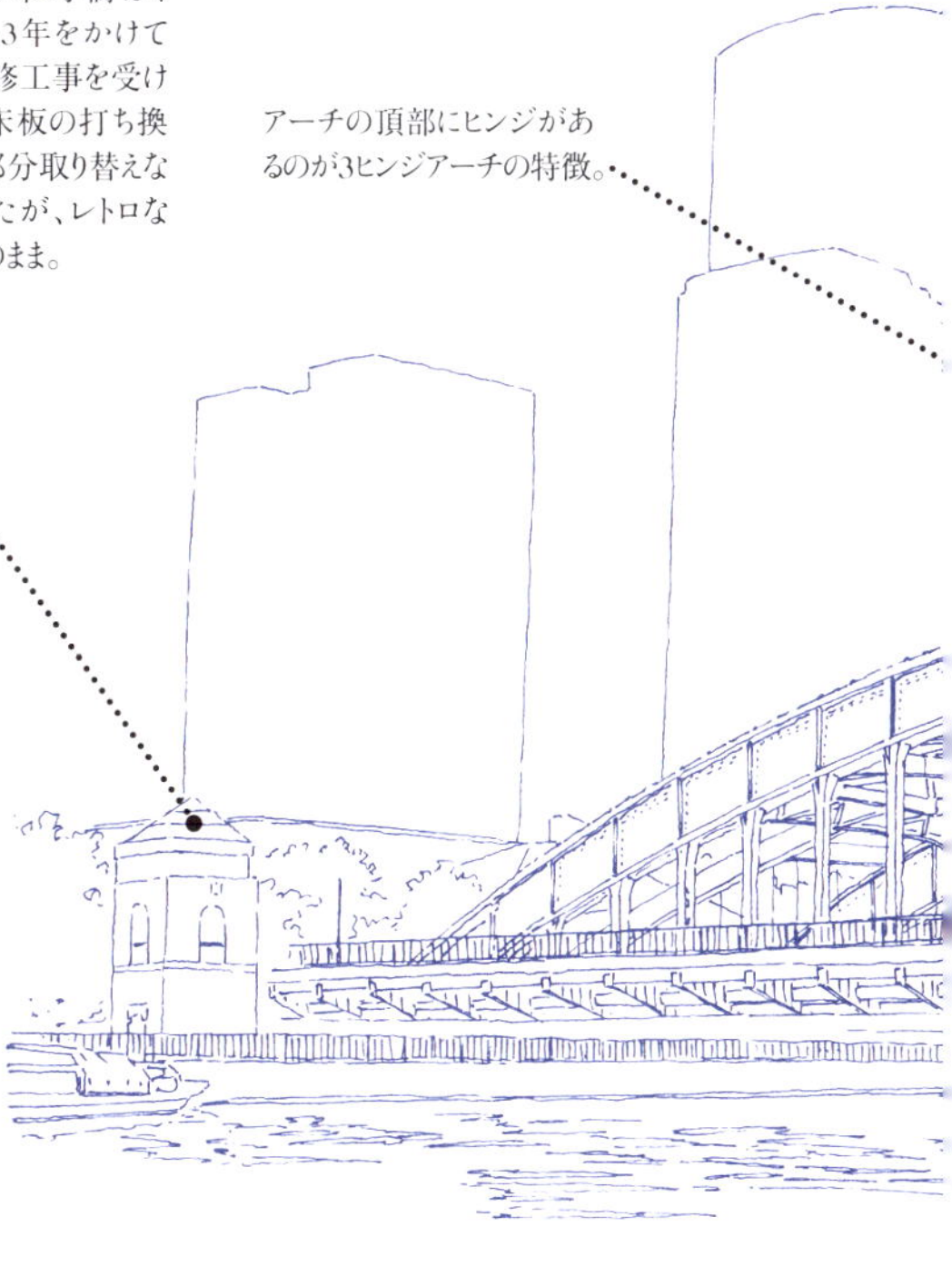

銀色の塗装から「銀橋」の愛称で親しまれている桜宮橋は、1930年に第一次都市計画事業によって架けられた。支点間104mは、戦前における日本最大のアーチ橋。地盤が悪く、支点の沈下を想定して、3ヒンジアーチという特徴的な形式が採用された。3ヒンジアーチはアーチ部材の中央部が太くなり、全体に重厚な印象を与えるが、逆に橋面が非常に薄く感じられて、水面からすっと浮いたような独特の緊張感がある。デザインは関西建築界の父と呼ばれる建築家・武田五一が手がけた。

建設年:1930年　設計:武田五一

●大阪市北区天満橋1～都島区中野町1

錦橋 ⑥ NISHIKIBASHI

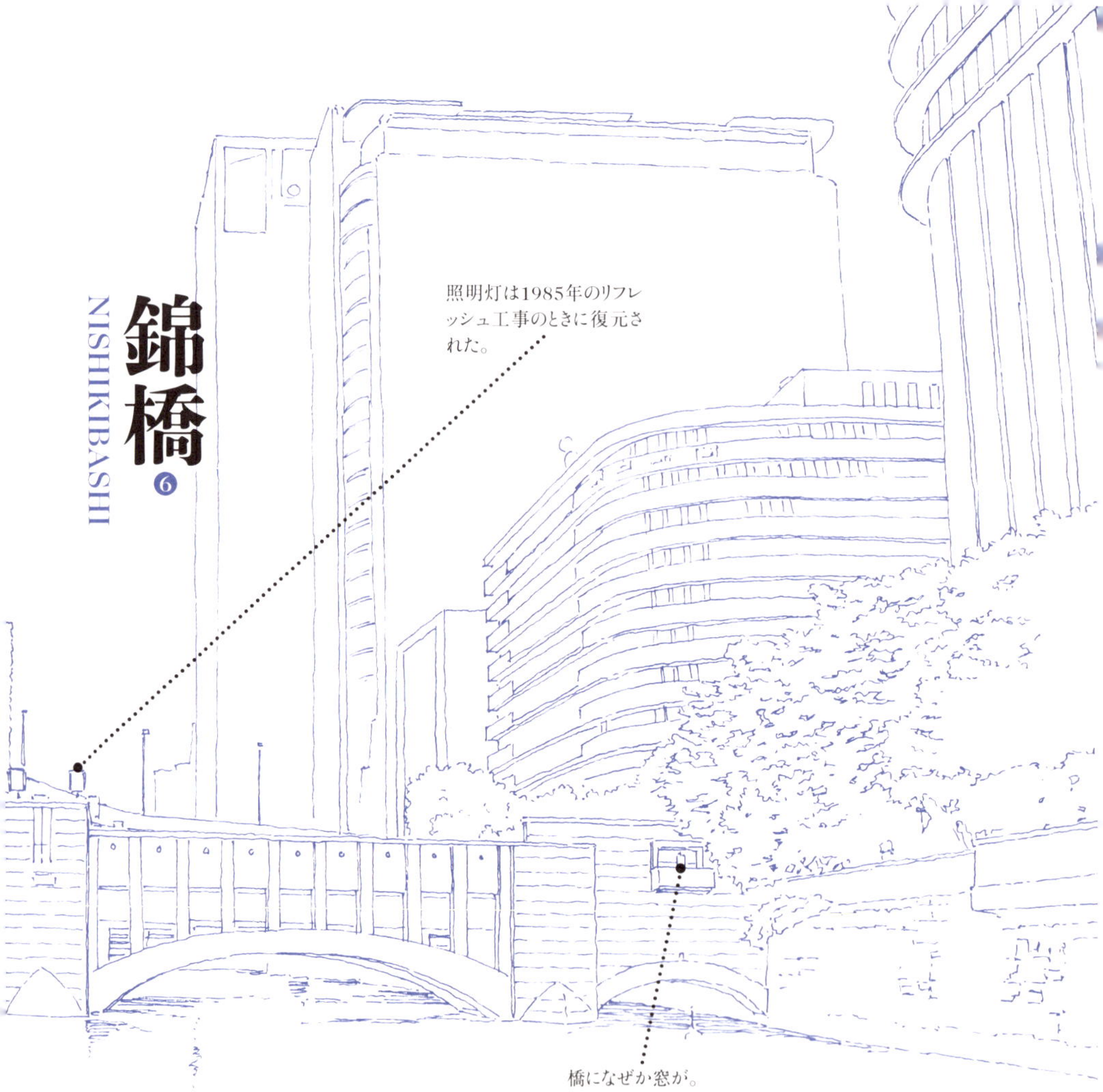
照明灯は1985年のリフレッシュ工事のときに復元された。
橋になぜか窓が。

橋脚

階段

橋脚部にも窓が。中に小さな部屋があるのは、かつての機械室か。足元のラグビーボールのような突起も特徴的。衝突から橋脚を守る目的だろうか。

窓のフレームに切り取られた水辺の景色をみてみよう。照明灯を支えるフレームや、窓の格子もとてもモダン。

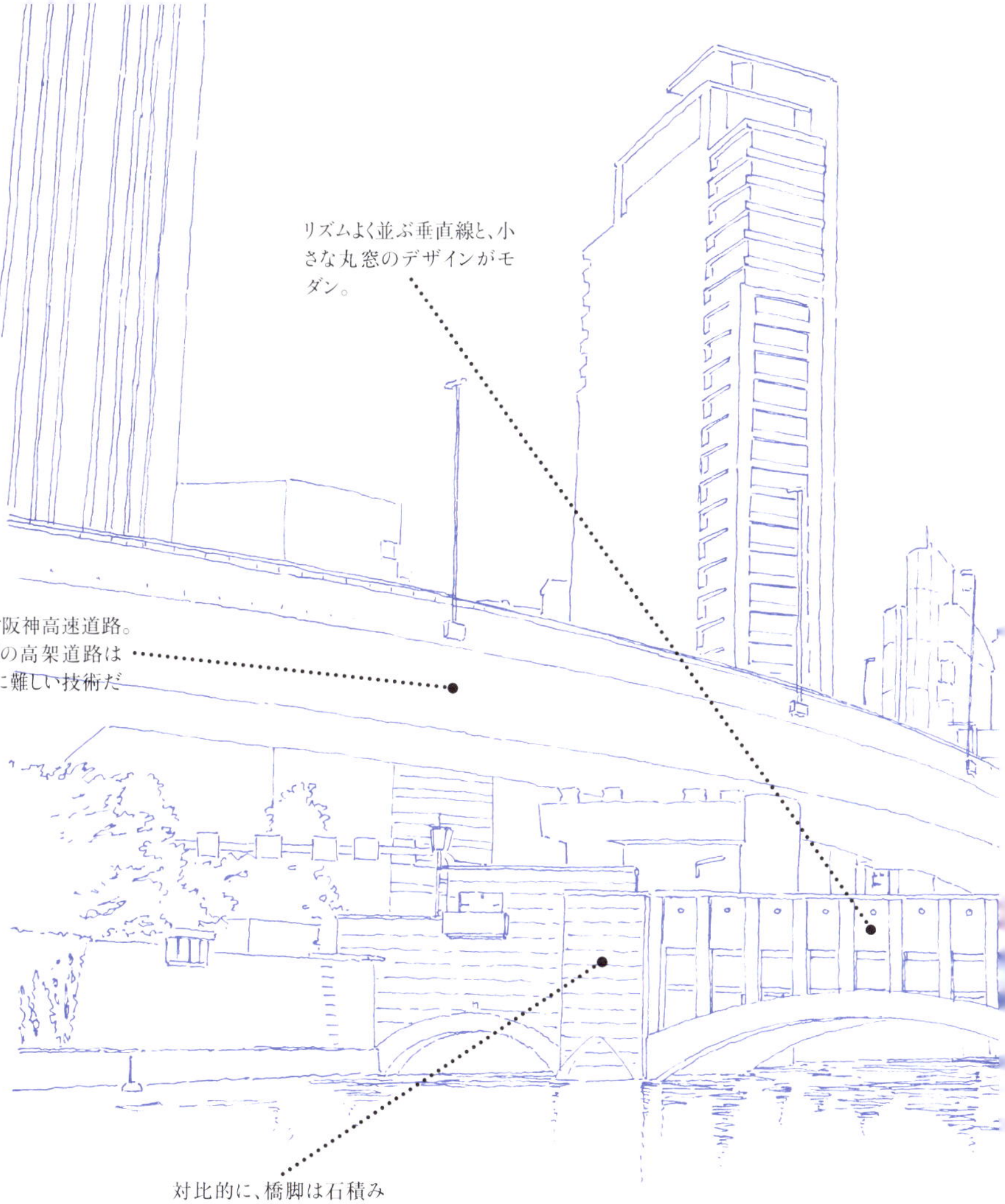
リズムよく並ぶ垂直線と、小さな丸窓のデザインがモダン。
背景に泳ぐ阪神高速道路。S字カーブの高架道路は当時非常に難しい技術だった。
対比的に、橋脚は石積み風の重厚なデザインに。

橋桁

橋の下をくぐると謎の部屋が出現。かつて可動堰だったときの操作室か。まるでジブリの映画の世界に紛れ込んだよう。

錦橋という名は、土佐堀川可動堰の橋の部分を指した名称で、1985年に橋面の美装化整備が行われた際に付けられた。可動堰は満潮時にゲートを閉じて河水を堰き止め、水位の落差を利用して勢いよく河水を流し、水質の悪化しやすい堀川を洗い流す目的で設けられた（1978年以降休止）。建設当時から歩行者専用橋として利用されていたが、日本のモダニズムを牽引したインターナショナル建築会の伊藤正文による、新しい時代を感じさせるモダンなデザインが見もの。
建設年:1931年　設計:伊藤正文
●大阪市北区中之島2

橋

なにわ八百八橋《はっぴゃくやばし》のかたち。

高岡伸一

このところ、ＬＥＤ照明のライトアップがにわかに注目を集める大阪の橋。「水都大阪」再生のシンボル的な存在を「大阪名所図解」で紹介しない訳にはいかないだろう。

江戸の八百八町に対して大阪は八百八橋と呼ばれるように、縦横に堀川を張り巡らせた江戸時代から、大阪は橋の都だった。戦後ほとんどの堀川は埋められてしまったが、現在も大阪市内には約８００の橋が架かる。

古くは日本書紀に記述が見られる大阪の橋は、都市交通のインフラとして、常に重要な役割を果たしてきた。各時代の橋梁技術や水害・戦災、交通の近代化などに応じて、橋は繰り返し架け替えられてその姿形を変えてきたが、多くの橋は昔からの名称を引き継いで現在に至る。町名や区域が変わってしまったのとは対照的だ。

いつしか橋は歴史の継承者となり、大阪にとって単なる土木構築物をはるかに超える存在となった。地下鉄の駅名に「○○橋」が多いことからもそれは伺える。橋は大阪の長い歴史が染み付いた、大切な看板を背負って立っているのだ。

紹介したい橋が多すぎて途方に暮れるが、今回は断腸の思いで厳選した、都心部に架かる６つの橋をご案内しよう。

個性的な橋。

大阪を代表する橋といえばまずは「浪花三大橋」。大川から中之島にかけて並ぶ3つの大きな橋、天満橋、天神橋、そして難波橋のことだ。三大橋は江戸時代に幕府が直轄する公議橋として重要視され、大阪人に最も親しまれてきた。幕末の大阪の名所絵図「浪花百景」にも、「三大橋」というタイトルで3つの橋が並んで大川に架かる姿が描かれている。

現在の橋は**難波橋**❶が最も古く、1915年に市電が通るのに合わせて架橋された。残りの2つは大正時代に始まった、第一次都市計画事業の一環として建設されたもの（天神橋／1934年、天満橋／1935年）。重厚な桁橋の天満橋、軽快なアーチ橋の**天神橋**❷、そして中之島公園の玄関としての威厳をもつ難波橋と、キャラも立っている。

現在の大阪の都市部において、最も多くの人が利用する橋は淀屋橋と**大江橋**❸だろう。橋の上を大阪のメインストリート御堂筋が通り、大阪市役所の最寄りで、ビジネス街の中心に位置している。普段利用している人は、もはや橋であることすら意識していないのではないだろうか。この2つの橋は、第一次都市計画事業の御堂筋拡幅に合わせて架けられた。当時としては珍しい、デザインコンペによって設計案が選ばれている。

大阪市内において現役で活躍する橋のなかで、最も古い橋は東横堀川に架かる**本町橋**❹だ。現役の鋼アーチ橋としては、日本最古ともいわれている。1913年に市電事業の進捗による本町通の道路拡幅工事が行われ、それに合わせて現在の橋に架け替えられた。当時から本町通は重要な路線とされ、橋も他とは異なる特別なデザインが施されていて面白い。

構造がユニークなのは、大川に架かる**桜宮橋**❺だ。「銀橋」の愛称で親しまれているこの橋は、地盤を考慮した3ヒンジアーチと呼ばれる構造が採用されていて、戦前までは日本最大のアーチ橋だった。2006年に道路拡幅に伴って上流側に新しい橋が寄り添うようにして架けられたが、建築家・安藤忠雄が設計した新桜宮橋は、先代をリスペクトしたデザインになっている。

大阪には歩行者専用の人道橋も多い。土佐堀川に架かる**錦橋**⑥もそのひとつだ。錦橋は1931年の建設だが、「錦橋」という名称がつけられたのは1985年と最近のことで、元は土佐堀川可動堰としてつくられた。モダンなデザインは建築家・伊藤正文によるもので、他の橋とは一線を画している。1985年に橋面の美装化が行われ、人がゆっくりと憩える場所としてベンチを設け、大阪の橋を描いた錦絵を飾って橋のギャラリーが整備された。

橋の楽しみ方。

橋の役目は交通だけに限らない。錦橋のように、これからは都会の魅力的なオープンスペースとしての役割が求められている。例えば2012年の秋に社会実験として、人道橋の中之島ガーデンブリッジに期間限定のオープンカフェがお目見えした。当たり前だが川の上には遮るものが何もない（一部に高速道路はあるが）。気持ちのよい風がよく通り抜ける橋の上で、コーヒーやビールを片手に人々がゆっくりと時を過ごす、そんな橋の未来が今、目指されている。

また橋は渡るだけのものでなく、くぐるものでもある。戦後のある時期まで、大阪の物流の主役は水運だった。橋の下を多くの人と船が行き交った。今回紹介しているような古い橋は、当然下から見られることも意識して設計されたはずだ。

今回の取材は「御舟かもめ」という素敵な小型船をチャーターして、川の上から大阪の橋を見て回った。普段の地上からとは全く橋の印象が異なり、自分なりの発見がたくさんあった。橋を支える桁の架構など、まさに橋梁鑑賞の醍醐味だろう。未体験の方はぜひとも船に乗って、大阪の名所である「橋」の隠された魅力を体験してみてもらいたい。

中之島～船場周辺

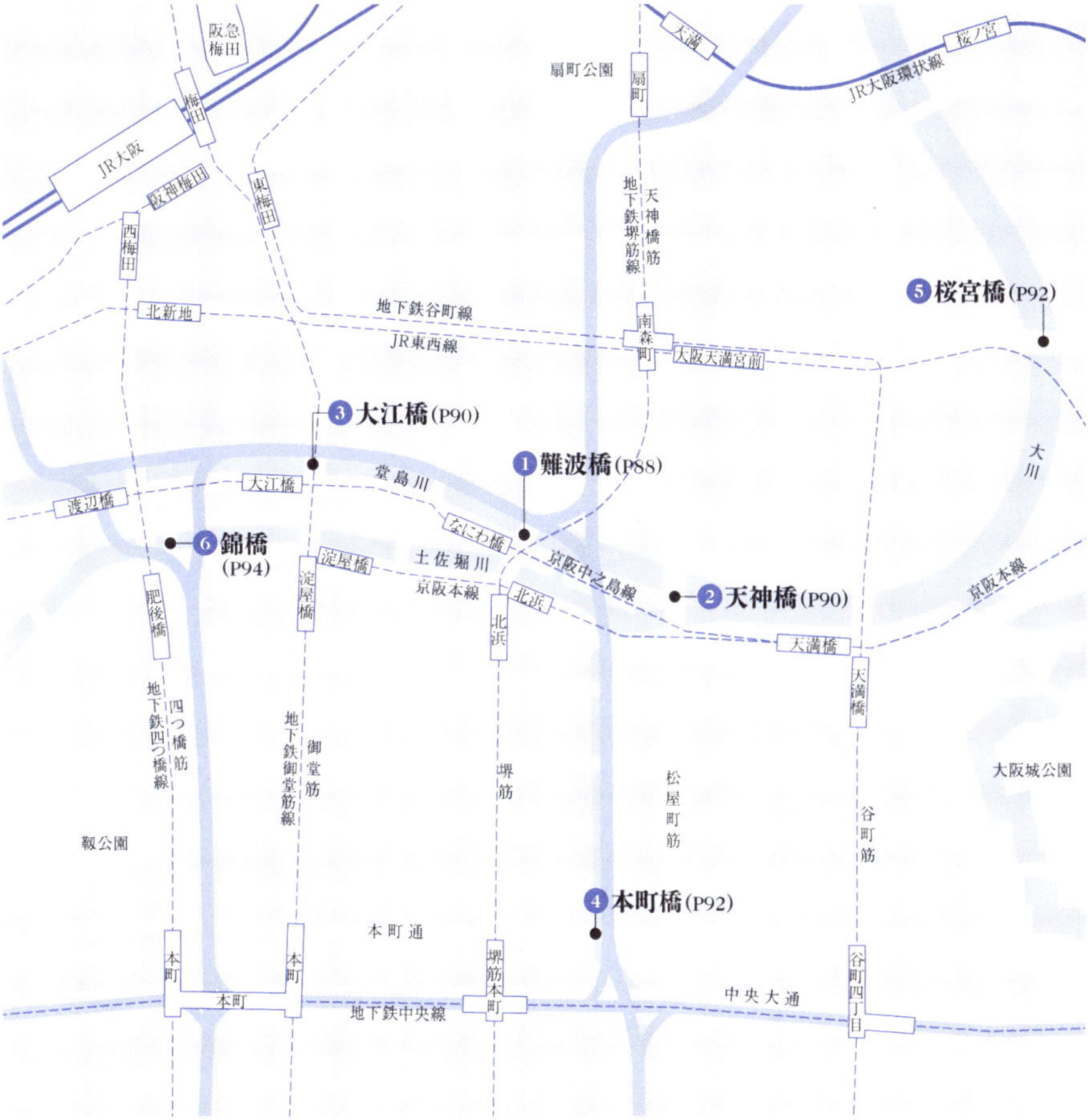

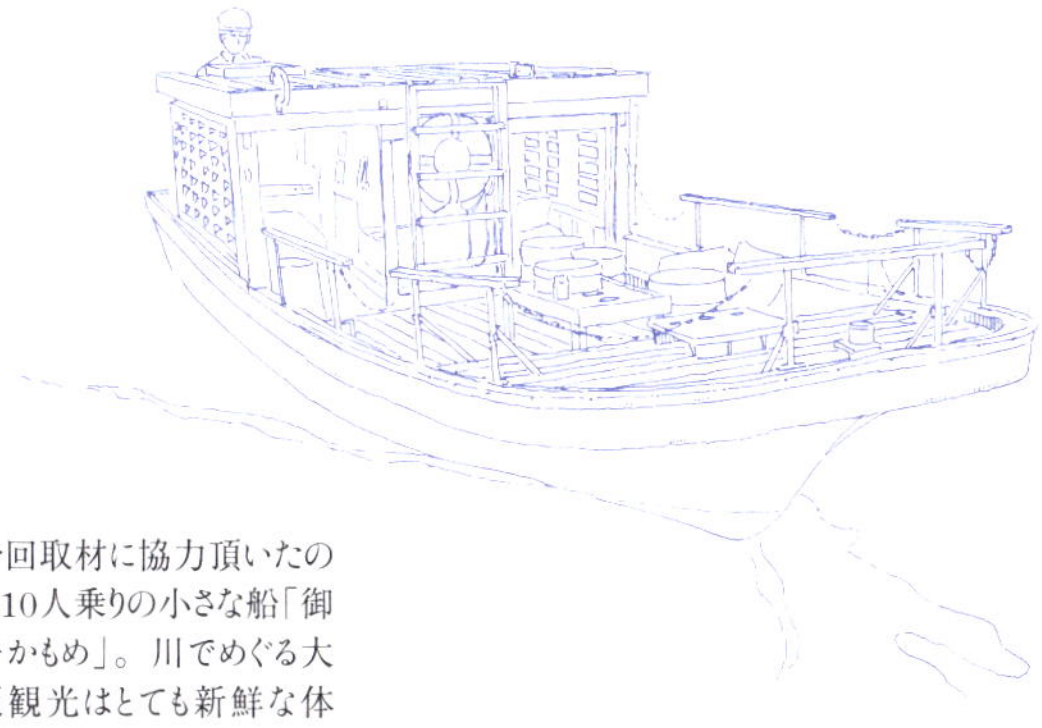

今回取材に協力頂いたのは10人乗りの小さな船「御舟かもめ」。川でめぐる大阪観光はとても新鮮な体験。http://www.ofune-camome.net/

参考文献
松村博著『大阪の橋』（1992年）
大阪府教育委員会発行『大阪府の近代化遺産』（2007年）

街のランドマークV

駅・空港

阪急梅田駅コンコース❶

HANKYU UMEDA CONCOURSE

現在のBIG MANは2011年に設置された4代目で、208インチのデジタル対応。初代は1981年に設けられた、120インチのビデオプロジェクターだった。

コンコース中央に設けられた大階段は、まるで宝塚歌劇の舞台のよう。

皆が待ち合わせに集まる場所には、実は「BIG MAN前広場」という正式名称が付いている。

キタの待ち合わせのメッカといえば、阪急梅田駅のビッグマン前。携帯が普及して待ち合わせのスタイルが変わった今でも、忘年会シーズンなど大人数で集まるときは、やはり「とりあえずビッグマン前で」となる。1910年に創業したとき、梅田駅のホームは現在の阪急百貨店、つまりJR線の南側にあった。それを8年の歳月をかけて大移動させ、現在の駅になったのが1973年。あわせて川の流れる地下商店街、「阪急三番街」も1969年にオープンした。現在、阪急梅田駅は1日50万人を超える乗降客が利用する。そのコンコースは空間構成が明快で、阪急の改札を出た群衆は、そのまままっすぐ階段を下りて地下街へと吸い込まれていく。その脇の淀みの空間が、ちょうど待ち合わせの場所となった。現在梅田駅では、「劇場空間 阪急スタイル」をコンセプトに、リファイン工事が行われている。

建設年:1973年　設計:竹中工務店

●大阪市北区芝田1

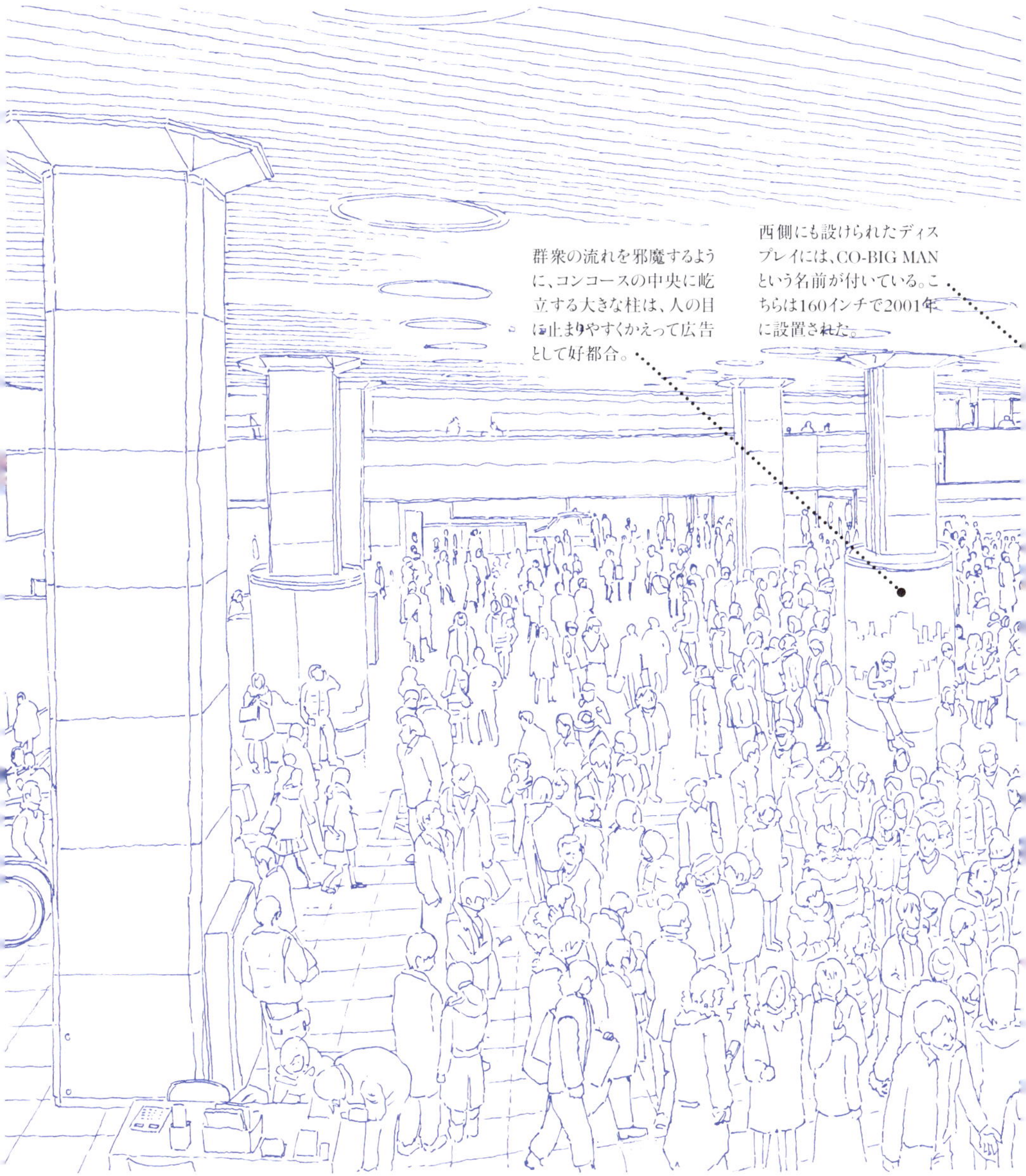

群衆の流れを邪魔するように、コンコースの中央に屹立する大きな柱は、人の目に止まりやすくかえって広告として好都合。
西側にも設けられたディスプレイには、CO-BIG MANという名前が付いている。こちらは160インチで2001年に設置された。

南海ビル（高島屋大阪店）

クラシックな外観の屋上に、現代的なガラスのボックスを新たに設けた。

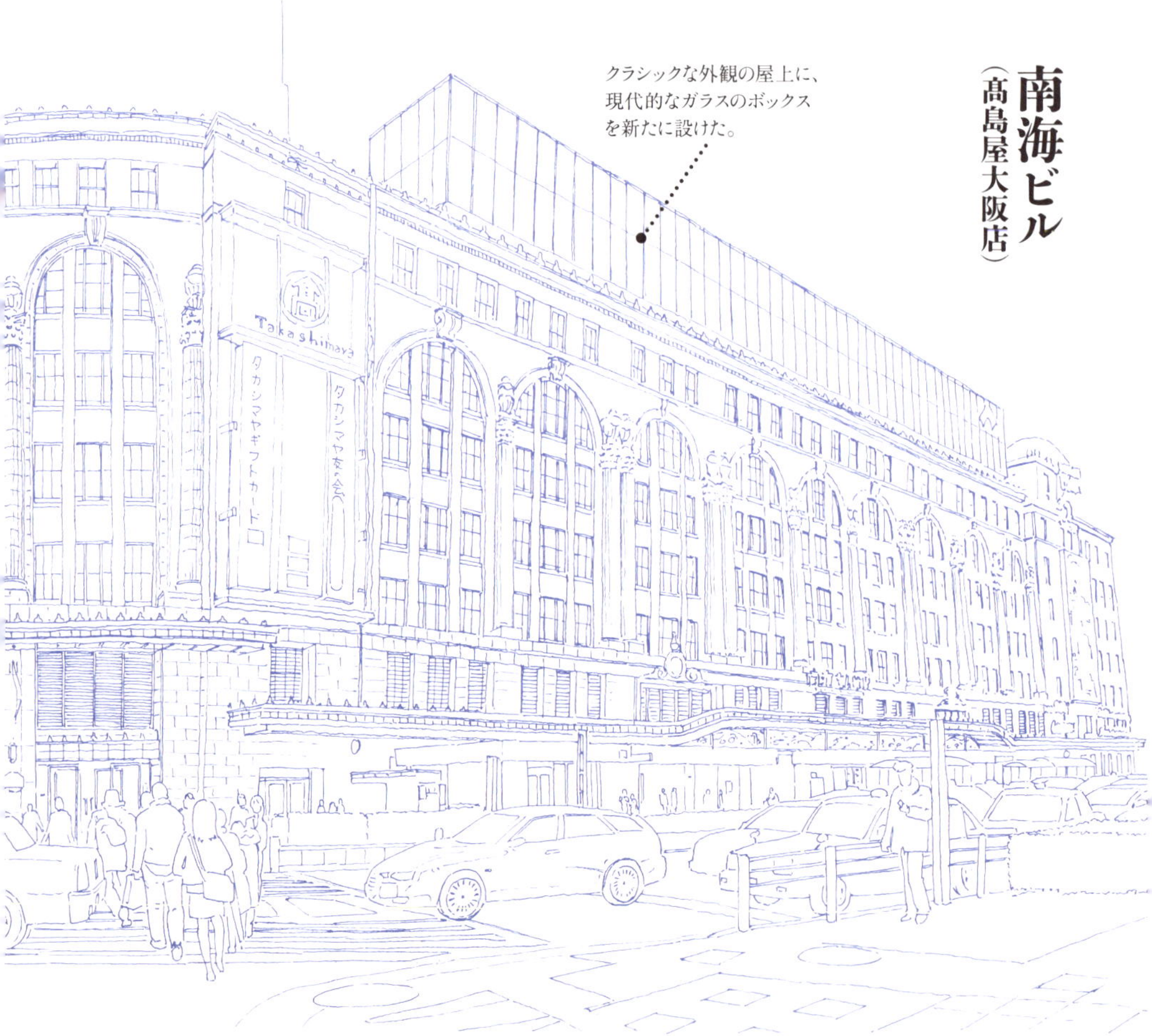

南海なんば駅②

NANKAI NANBA STATION

なんばガレリア

ガラス屋根は直径90cmの2本のマスト柱で、やじろべえのようにして支えられている。

御堂筋の終点に、揺るがぬミナミのランドマークとして鎮座するのが大阪タカシマヤのある南海ターミナルビル。大阪の百貨店が次々と新しく建て替えられるなか、近代建築の良さを残して、再生リニューアルという手段を選択した英断にまずは拍手を送りたい。170mもの長大な壁面に、16本のコリント様式の柱が並ぶクラシックな外観は、1932年に久野節が設計した。細かな装飾はテラコッタという焼きものだが、当時他に例を見ないほどの量が使用されたという。その後増改築が重ねられて機能と動線が輻輳し、建築自体の魅力も損なわれていたため、21世紀に入って抜本的な改修と増築を行うことになった。設計を担当した建築家・大江匡率いるプランテックは、オリジナルの良さを引き立てながら、現代的な要素を加える大胆な再生計画を提案した。ミナミの待ち合わせのメッカであったかつての「ロケット広場」は、巨大なガラス屋根で覆われた大空間、なんばガレリアへと生まれ変わった。
建設年:1932年(改修:2011年)
設計:久野節(改修:プランテック総合計画事務所)
国登録有形文化財
●大阪市中央区難波5

3連窓のアーチと古典様式の柱がリズミカルに並ぶ。列柱は柱頭にアカンサスの葉を戴くコリント様式。

東側の延長には、ガラスカーテンウォールに旧館のデザインを転写した新館が増築された。

広場全体を1200m²のガラスの大屋根にしたことで、ロケット広場が自然光の降り注ぐ巨大なガレリアへと生まれ変わった。

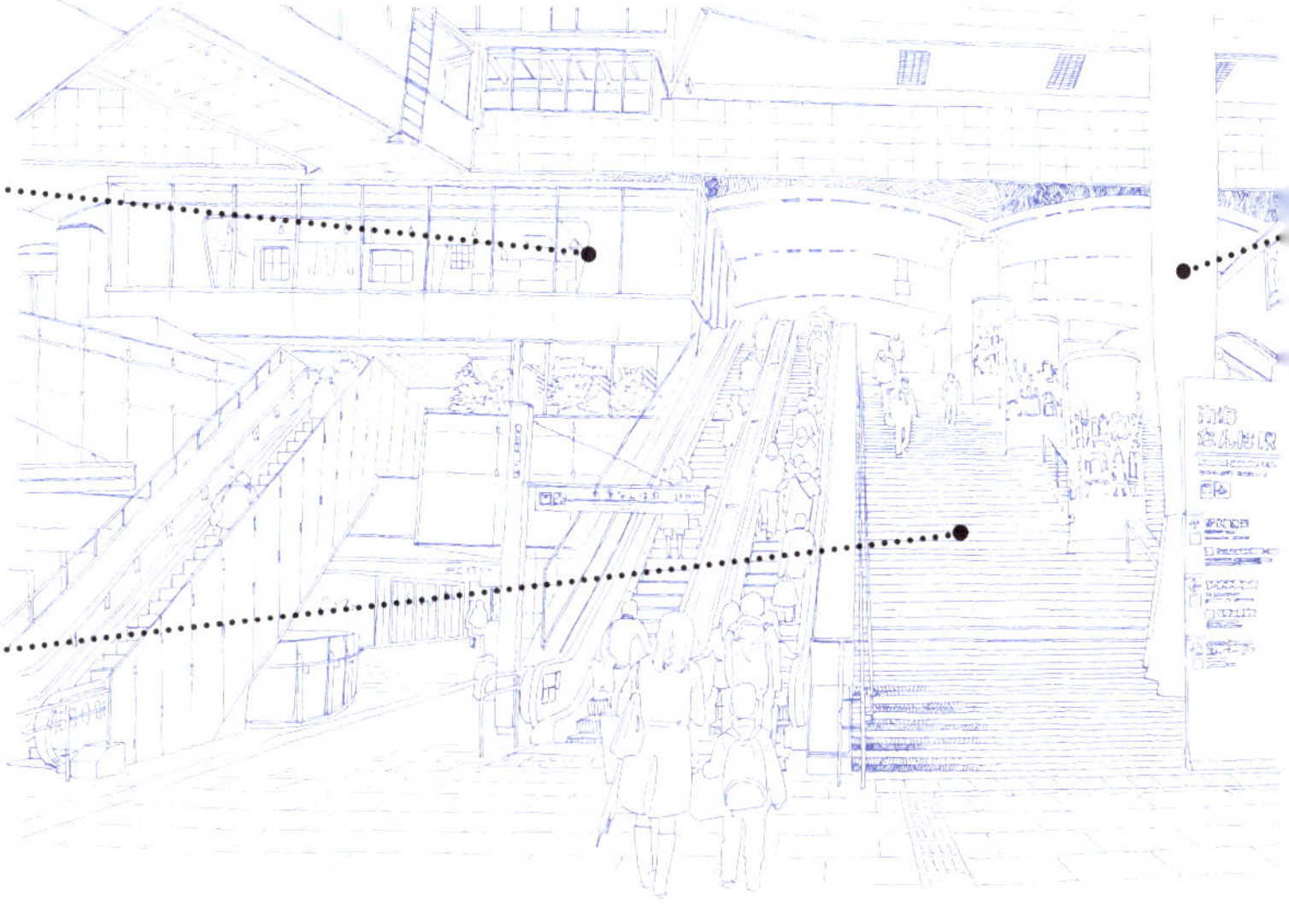

ガレリア内のデザインにはガラスを多用し、群衆のアクティビティが大空間に表出するようにしている。

3階へと一気に上る大階段は、関空へと向かう旅行者の気分を盛り上げる。

関西国際空港③

KANSAI INTERNATIONAL AIRPORT

当時最新の構造設計技術が、82mを超える大スパンを柱なしで支える構造を実現した。

構造のジョイント部分もデザインされている。

天井に貼られたテフロン膜はオープンエアダクトと呼ばれる。ジェットノズルで勢いよく吹き出した空調が、膜のラインに沿って大空間全体に行き渡る。

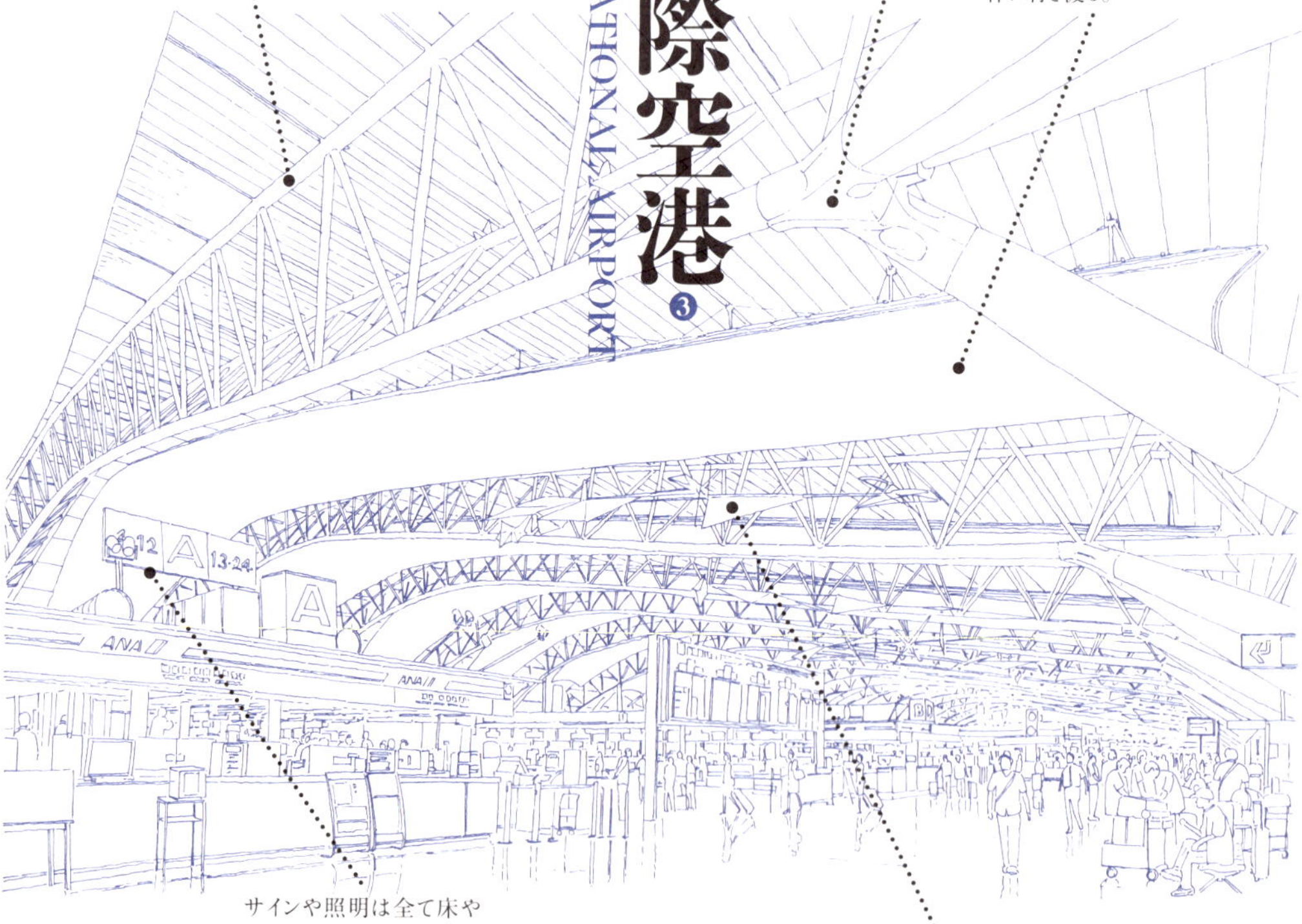

サインや照明は全て床や建屋の上に設けられていて、天井には余分なものは一切ない。実は天井が美しい建築は、日本にはとても少ない。オープンエアダクトは照明の反射板も兼ねる。

天井に飾られたフライングモビールは、世界的に活躍する造形作家・新宮晋の作品。

大阪には、優れた現代建築がないとよく言われる。関西国際空港が完成してからもう20年が経とうとしているが、大阪を代表する現代建築として今なお「関空」の名が真っ先にあがるのは、何とも複雑な気分だ。関空のターミナルビルは素晴らしい。特に国際線出発フロアの柱のない大空間、滑走路に向かって伸びていく天井の絶妙のカーブが、いやがうえにも旅への気分を盛り上げる。設計したのはイタリアの建築家レンゾ・ピアノ。大規模な国際コンペで選ばれた。大きな鳥が羽を広げたようなターミナルビルは、両ウイングの端から端までなんと長さ1.7km。こんな長い建築、他に例がないだろう。しかもレンゾ・ピアノは、その長さ1.7kmを直線にするのではなく、半径16.4kmの緩やかな曲線にデザインした。地球の丸さをも意識した、まさに地球規模の建築。新しくなったJR大阪駅にも、同じような大屋根が架けられた。関空を上回る迫力だが、練られた形態とディテールの精度は、遠く関空に及ばない。

建設年:1994年

設計:レンゾ・ピアノ+岡部憲明、日建設計

●泉佐野市泉州空港北1

東海道新幹線 新大阪駅 ④

TOKAIDO SHINKANSEN
SHIN-OSAKA STATION

高架である地下鉄の駅舎と新御堂筋を跨ぐ構造。東の端では地上の東海道本線を跨いでいる。

アルミスパンドレルの上にSHIN-OSAKA STATIONのサインが映える。

新大阪駅と直結する新大阪阪急ビルが2012年にオープン。かつてこの場所には、阪急新大阪連絡線の駅舎構想があった。

カーテンウォールの上部に浮かして通した一本のラインが、駅の長さを強調している。

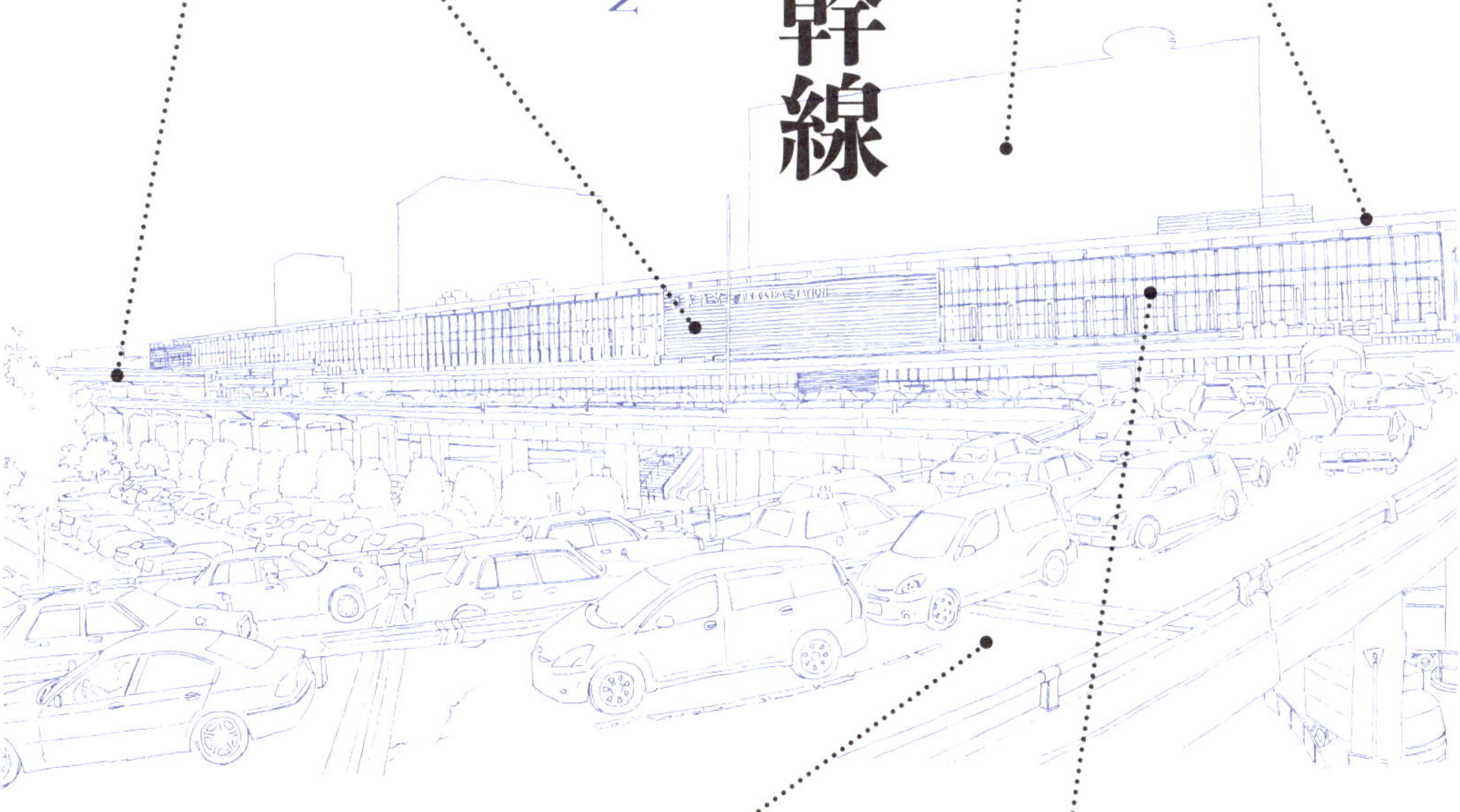

2階の車寄せへと至るスロープのカーブが、どこかモータリゼーション時代の都市イメージを感じさせる。

ガラススクリーン越しにホームへ滑り込む新幹線の姿には、大人になってもワクワクする。

東京—大阪間の東海道新幹線が、1964年の東京オリンピックにあわせて開業したのは皆さんよくご存じの通り。大阪の駅舎をどこにするかは議論があり、最も便利な大阪駅に併設する案もあったが、大阪駅周辺はすでにキャパシティも限界にあったことから、副都心としての発展も期待して、現在の新大阪駅の地に定められた。その代わりに、地下鉄御堂筋線と新御堂筋の高架道路を延長させた。何といっても、長さ330mにもなる長大なガラスのカーテンウォールが大きな特徴。一般の建築には到底真似できない「長い」デザインだ。高架によって持ち上げられたガラススクリーンは軽快だが、駅舎を支える構造はとても複雑。地下鉄御堂筋線、新御堂筋、特に在来の東海道本線を大きく跨ぐ部分の鉄骨構造は、斜めに交差してアクロバティックだ。

建設年:1964年　設計:鉄道会館

●大阪市淀川区西中島5

地下鉄御堂筋線心斎橋駅 ❺

MIDOSUJI LINE SINSAIBASHI STATION

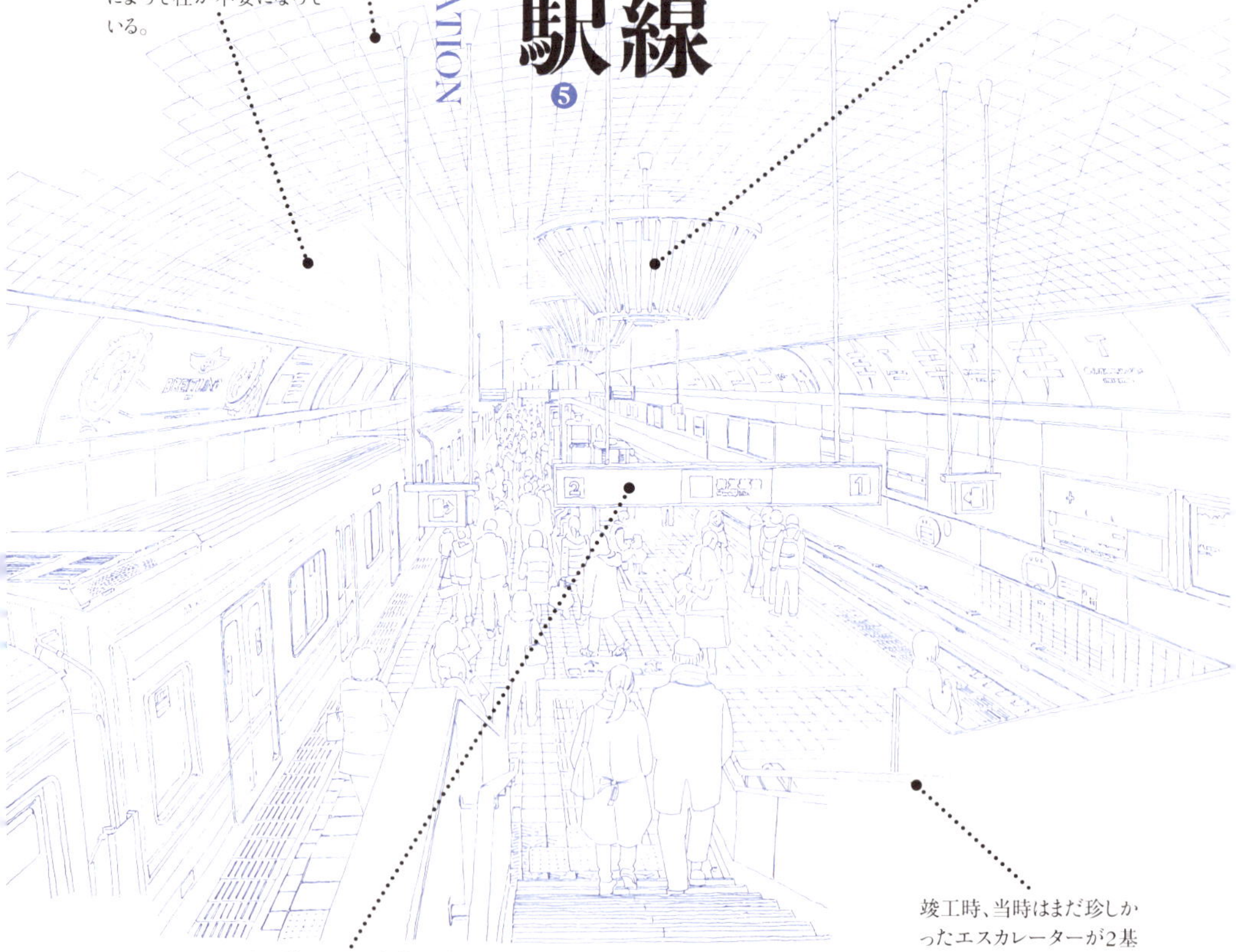
仕上げに使われている、サイズの小さな天井パネルが、レトロな雰囲気を醸し出す（ただし竣工時のものではない）。

スリーセンターアーチと呼ばれる曲線でつくられたヴォールト天井。アーチ構造によって柱が不要になっている。

心斎橋駅のインテリアを大きく印象づけるシャンデリア照明。工業製品である蛍光灯をうまくデザインしている。竣工時は和風の行灯のようなシャンデリアだった。

竣工時、当時はまだ珍しかったエスカレーターが2基設置された（現在のものは後に入れ替えられたもの）。

地下鉄サイン。全体を見直して、優れたデザイナーに任せれば、もっと素晴らしい空間になるのに…。


大阪で最初に開通した地下鉄駅は、いずれも凝ったデザインが施されたが、とりわけ力が注がれたのが心斎橋駅だった。なにしろ心斎橋といえば「心ブラ」、ヴォーリズの設計による竣工間もない大丸心斎橋と、2年後に竣工が予定されていた村野藤吾設計のそごう大阪店にも直結していた。大阪で最もモダンな街の玄関口に、武田五一は得意としたヨーロッパ発のデザイン、ゼツェッション様式を採用する。オリジナルからは随分と改変されてしまったが、それでも柱のない天井の高いヴォールト天井と、蛍光灯を即物的にデザインしたシャンデリアの組み合わせは、大阪が誇る、いや日本が世界に誇る地下鉄駅だ。

建設年:1933年　原設計・監修:武田五一
実施設計:大阪市電気局臨時高速鉄道建設局
土木学会選奨土木遺産
●大阪市中央区心斎橋筋1

北大阪急行 千里中央駅 ⑥

KITA OSAKA KYUKO
SENRICHUO STATION

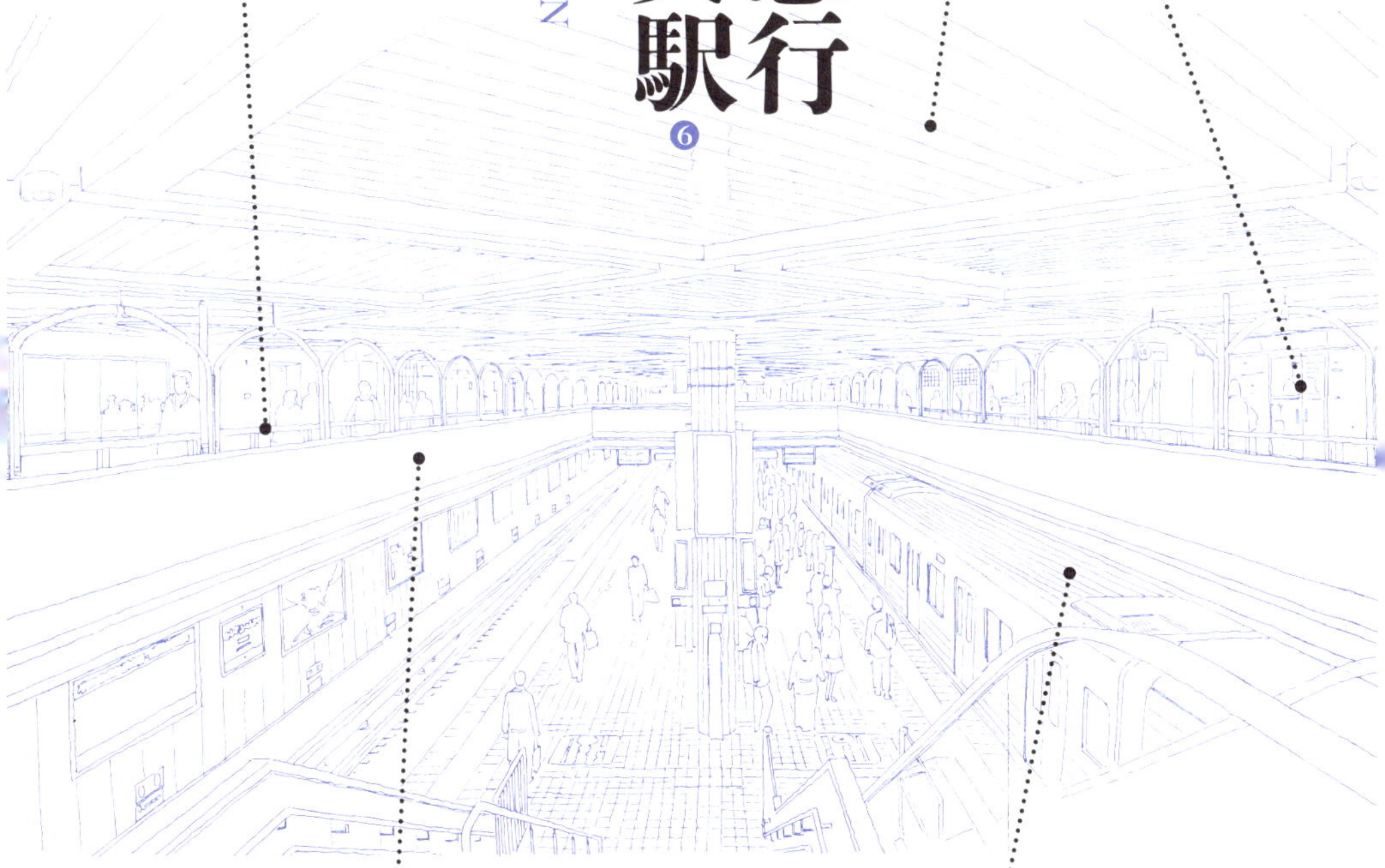

天井も仕上げは取り替えられているが、角度を45度に振った菱形のパターンは踏襲されている。

この手すりからホームを眺めているのが何となく好き、という人は多いのではないだろうか。

開業当時から続く店舗も少なくなく、ニュータウンながらいい味を醸し出している。

地下1階をめぐる手すりは後年に改修されたが、基本的な空間構成は当時のまま。

初乗り80円という驚異の低価格は、予想を遙かに上回る万博時の運賃収入で、建設費の償還が大きく進んだからだという。

千里中央駅のある北大阪急行は、千里ニュータウンと大阪万博への乗客輸送を目的に、地下鉄御堂筋線と乗り入れるかたちで建設された。万博世代にはいうまでもないが、開業した万博の1970年、線路は千里中央駅の手前で中国自動車道へとカーブを描き、万国博中央口駅まで乗客を運んでいた。そのとき既に千里中央駅は完成していたものの電車は入って来ず、別に仮設千里中央駅が中国自動車道の上に設けられていた。万博へと至る「会場線」は、万博の終了と同時に閉鎖され、ようやく本設の千里中央駅が始動する。千里中央駅の魅力は、何といってもその空間構成の面白さだ。暗く閉塞的になりがちなホームと、地下1階の商店街を吹抜でひとつにした。店舗を行き交う人々の賑わいと、電車の発着のリズムが一体となった不思議な空間。日本のどこにもこんな地下駅はないのではないだろうか。近代が思い描いた、未来の立体都市のイメージだ。

建設年:1970年　設計:日建設計

●豊中市新千里東町1

駅・空港

都市の顔としての空間。

高岡伸一

ＪＲ大阪駅の１日の乗車数約40万人、**関西国際空港**❸の航空旅客数１日約１万３０００人。都市の建築のなかで、最も多くの人が利用するのが鉄道駅や空港といった交通施設だろう。駅と空港は都市の顔だ。日々通う人にとっては日常の一部をなし、外から訪れる人にとっては、非日常の空間への入口となる。駅や空港の第一印象で、旅の気分が決まってしまうことだってあるだろう。魅力的な玄関口をもっているかどうかは、都市のイメージを決定づける重要なポイントとなる。

大阪の駅の歴史は、もちろん大阪駅からはじまる。１８７４年、当時はまだ大阪市外で墓地の拡がる殺風景な梅田に駅舎が設けられ、まず大阪―神戸間が開通した。その後１８８５年の阪堺鉄道（のちに南海電鉄）を皮切りに、１９００年を過ぎると私鉄がこぞって開業する。特に１９３０年前後に相次いで完成した阪急ビルと**南海ビル**❷は、ターミナルデパートという新しい建築のタイプを生みだした。そして浅草―上野間で開業した日本初の地下鉄に遅れること５年半、１９３３年に梅田―**心斎橋**❺間で地下鉄が営業を開始。戦後高度経済成長期には、夢の超特急・新幹線が実現した。一方空の玄関口は、現在の大阪国際空港が１９３９年に大阪第二飛行場として開港し、戦後ＧＨＱの接収解除後、１９５８年に大阪空港として再開、その翌年に国際路線を開設して大阪国際空港となった。そして36年を経て、１９９４年に関西国際空港がオープンする。

鉄道駅と空港のターミナルビルの特徴は、なんといってもその「長さ」だ。ずっと奥まで続いていく細長い空間の体験は、他の建築ではまず考えられない。歴史やデザイン云々よりも、まず「長さ」が駅空間の特質を決める。人工島というまっさらな土地に建てられた関西国際空港ターミナルビルは、全長実に1・7㎞。建築のスケールを遥かに超えるその長さは、地球の丸さを設計で意識するほど。

鉄道駅で長いのは何といっても新幹線。**新大阪駅**❹の長さは330m、ちょうど東京タワーを横にしたくらいになる。今でこそ駅周辺には高層ビルが建ち並ぶが、開業時は周囲に遮るものがなく、高く持ち上げられたガラスの高架駅に新幹線が吸い込まれていく様は、まさに未来の出現を実感させた。

一方、地下鉄も長さで大きな話題となった。御堂筋と地下鉄の同時工事を決めたのは時の大阪市長・關一《せきはじめ》だが、彼は一両編成の車両しか走らないのに、将来の輸送量を見越して、10両編成でも対応できる長さのホームをつくった。関西建築界の父と呼ばれる武田五一を設計・監修に迎え、華麗でモダンな空間を実現させた。当時、社会から長すぎる、贅沢すぎると非難されたが、現在の御堂筋線は10両編成。都市計画家でもあった關市長の先見の明には、私たちも感謝しなければならないだろう。

今大阪では、JR大阪駅をはじめ、駅舎や駅ビルの建て替え、改修が相次いでいるが、どのように生まれ変わるにしろ、いつの時代も大阪の顔として、人をワクワクさせる空間であってほしい。

街のランドマークⅥ

大阪的建築

実は空襲によって5階以上を焼失し、戦後に復旧、1956年に8階建に増築している。
御影石に雪の結晶を思わせるようなパターンを彫り込んだ正面玄関。
御堂筋大丸前
Midosujidaimaru mae
50

大丸心斎橋店本館 ❶

DAIMARU SHINSAIBASHI

北西角に設けられた水晶塔は、1931年完成のエンパイヤーステートビルによく似ている。
夜間演出のための照明装置が外壁に取り付けられているが、昼間に見ると建築の魅力を邪魔してしまっていて残念。シンプルにライトアップするだけで良いと思うのだが…。

１階エレベーターホール

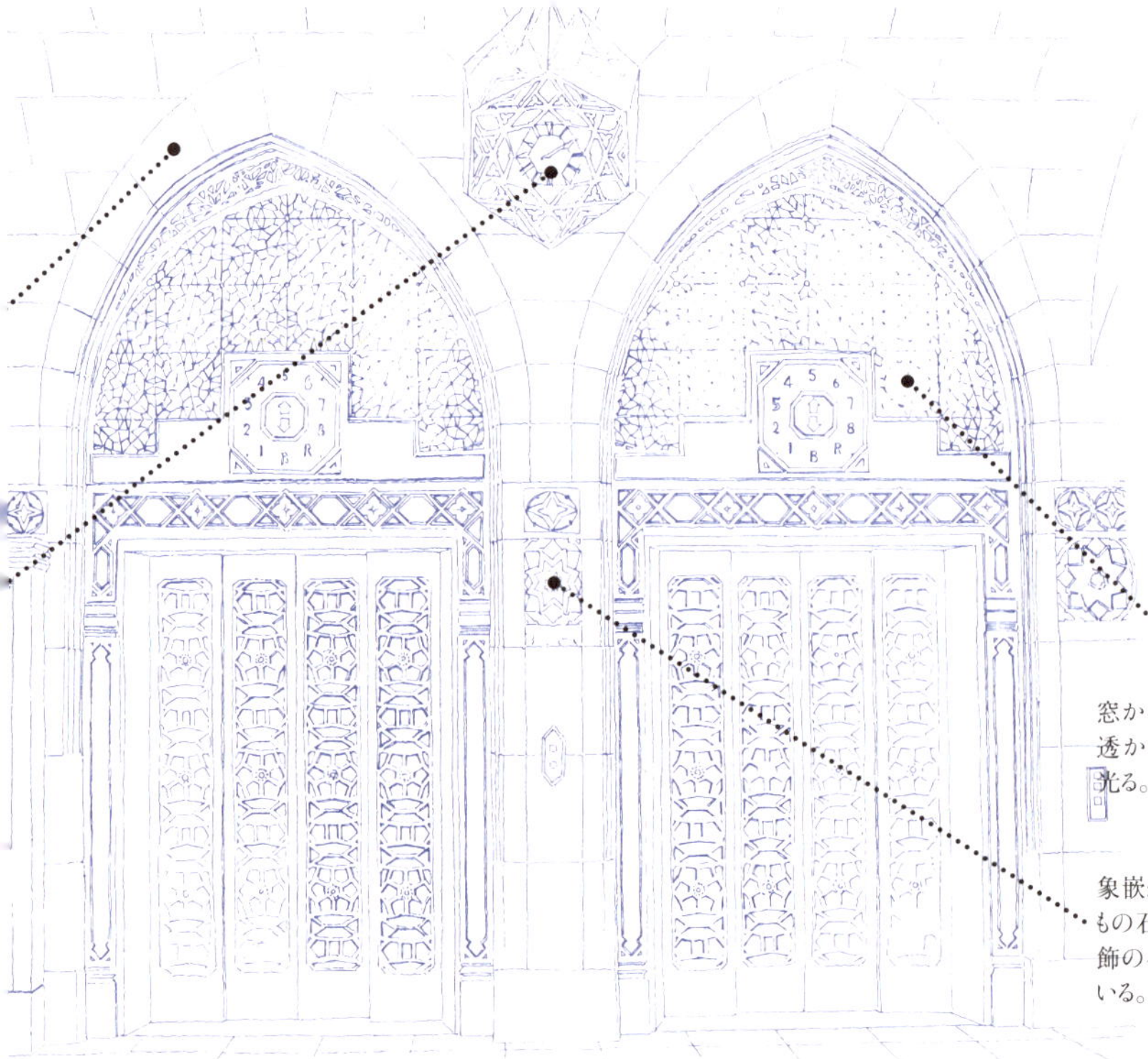
窓からふり注ぐ光のように、透かし彫りの壁が照明で光る。
象嵌細工のように、何種類もの石材を埋め込んで装飾のパターンがつくられている。

大丸心斎橋の存在感が問うもの。

　心斎橋筋は江戸時代から、大阪随一の繁華街として栄えていた。１７１７年に京都で創業した大丸呉服店が、心斎橋の地に店舗を構えたのは１７２６年。明治に入って徐々にモダンな商品が並ぶようになり、通りや店構えも洋風に変化、大丸も１９１８年、ゴシック様式の近代的な４階建の店舗を構えるに至った。ここから大丸と建築家、W・M・ヴォーリズとの長い付き合いがはじまる。住宅や教会、学校建築などを数多く手がけたヴォーリズだったが、商業建築はこれが初めて。大阪における百貨店建築としては、１９１７年に堺筋に建てられた三越大阪店に次ぐものであった。しかし残念ながら、１９２０年に火事で焼失してしまう。

　大丸の再起をかけ、耐火耐震の鉄筋コンクリートで再建されたものが現在の建物。第１期が竣工した１９２２年から１９３３年まで10年以上かけて、４期に分けて建てられた。まず心斎橋筋側から南半分、北半分と順番に建てた時点で一度オープンしたが、拡幅されつつあった御堂筋に面して西側ブロックの増築が続けて計画され、御堂筋側の南半分、そして残りの北半分を１９３３年に完成させた。大丸全館が完成した年には地下鉄御堂筋線の梅田〜心斎橋間が開通、建築家・武田五一によってデザインされた華麗なゼツェッション様式の駅舎と百貨店が地下で結ばれた（Ｐ１０６）。ちなみに、大丸の構造設計は通天閣（Ｐ１１４）を設計した、内藤多仲《たちゅう》が担当している。

　全体に落ち着いた印象のクラシックな心斎橋筋側と、ネオ・ゴシック様式に基づくアール・デコ調の華麗な御堂筋側のコントラストが面白いが、全体を統一する３層

中央階段

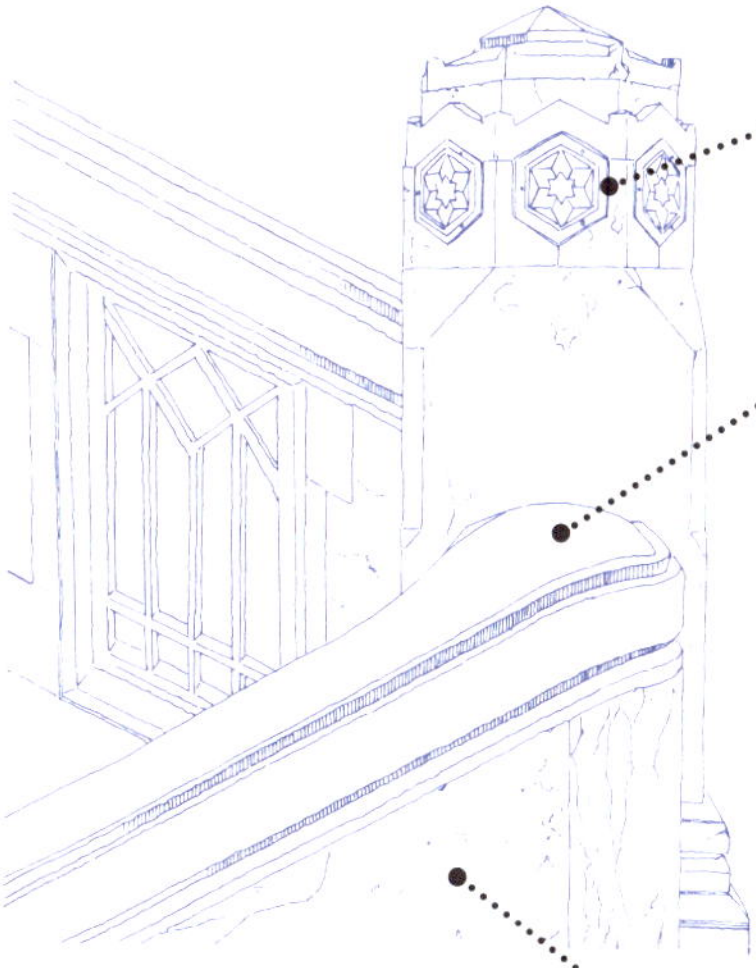
橋の親柱を思わせる擬宝珠には、星を形どった照明が埋め込まれている。
文字通り黒光りする磨き上げられた手すり。
ゴシック教会に見られる先のとがった尖頭アーチに縁どられたエレベーター。
華麗なステンドグラスの時計。
黒い手すりとのコントラストが美しい白大理石。よく見ると化石が埋まっている。

建設年:第1期=1922年、第2期=1925年、第3期=1932年、第4期=1933年
設計:ヴォーリズ建築事務所(W・M・ヴォーリズ)
●大阪市中央区心斎橋筋1-7-1

構成と、中間階のシックなスクラッチタイルのおかげで、それほど違和感は感じない。心斎橋筋側の正面玄関アーチには、テラコッタでつくられた大丸のシンボルであるピーコック(孔雀)が飾られているが、当初の設計では旧館焼失からの再起を象徴してフェニックス(不死鳥)を指示していたのに、なぜかニューヨークのメーカーがピーコックにして送ってきたという。御堂筋側の幾何学的なパターンを幾重にも重ねた装飾は通りを行く人の目を楽しませる。特に雪の結晶のような正面玄関廻りのデザインは圧巻だ。日本を代表するアール・デコ建築といっていいだろう。

商業建築の常として、内部空間は大きく改変されてしまっているが、それでもオリジナルの華麗な装飾を残す部分は多い。特に1階のエレベーターホールとその周辺、階段廻りは息を呑むほどの美しさだ。買い物に訪れた人は商品にばかり目を取られていないで、是非天井を見上げてみてほしい。天井の高い1階にはメザニンと呼ばれる中2階が設けられ、現在はカフェになっていて優雅なときを楽しむことができるが、かつてはここでオーケストラが生演奏を披露していたという。2階のエレベーターホールは1階と全くデザインが異なり、マシンエイジのニューヨークそのままの、インジケーターや照明を見ることができる。掛値なしにかっこいい。

近年、百貨店の建て替えが相次いでいる。大丸心斎橋店についても、いよいよ建て替えという噂が何度も流れた。しかし、大丸心斎橋店には何とか残ってほしい、というか残して将来に引き継がなければならない。大阪の都市文化が最も華やかだった時代、大阪がどれほどモダンで粋だったかを、今に伝える最大の遺産なのだから。

通天閣 ❷

TSUTENKAKU

通天閣の頭に設けられたネオンサインは、明日の天気を街に知らせてくれる。塔全体のライトアップも現在はすべてLEDに。

2014年にグランドオープンしたあべのハルカス。300mという日本一の高さを誇るガラスのシルエットは、大阪の至るところから見ることができる。

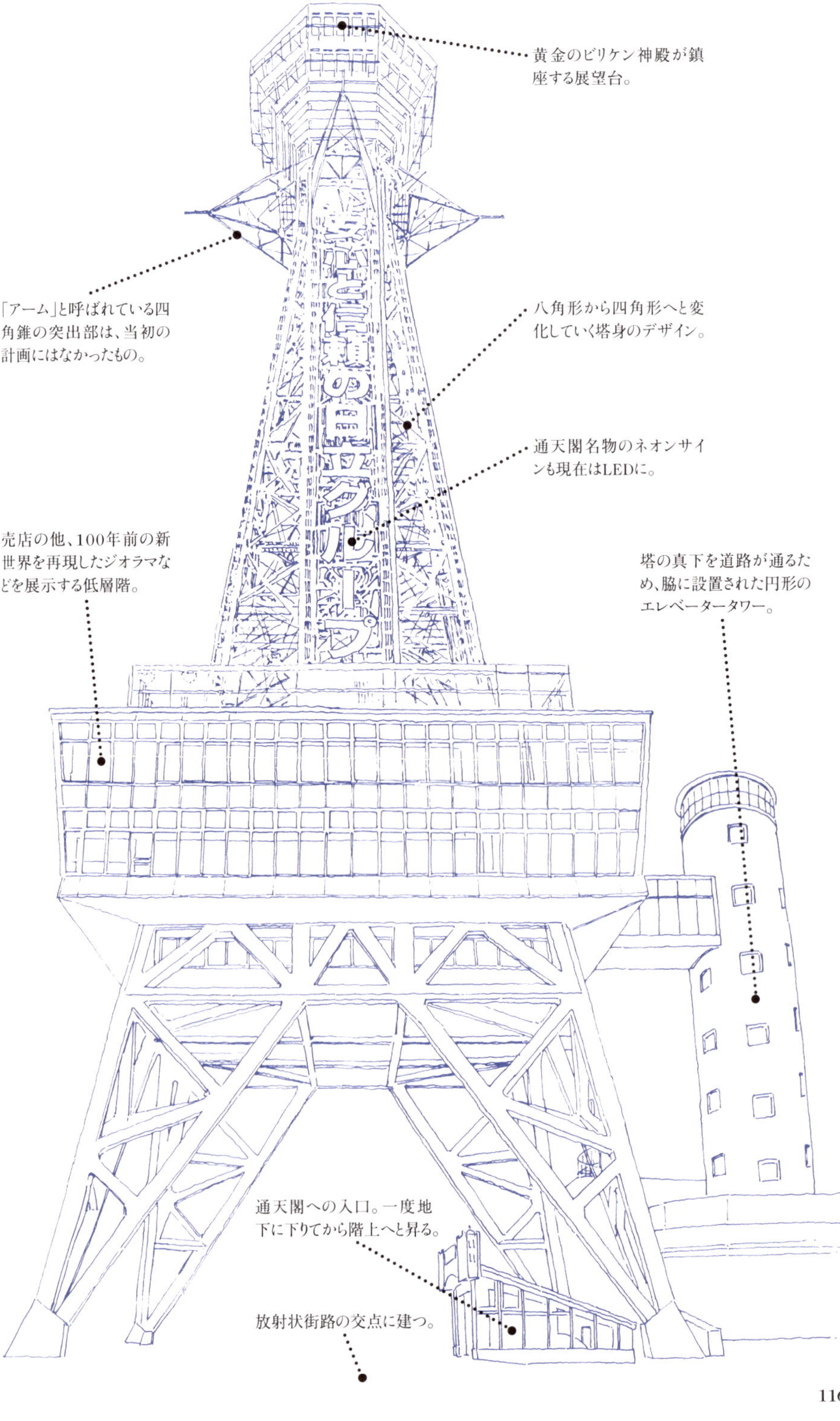
黄金のビリケン神殿が鎮座する展望台。
「アーム」と呼ばれている四角錐の突出部は、当初の計画にはなかったもの。
八角形から四角形へと変化していく塔身のデザイン。
通天閣名物のネオンサインも現在はLEDに。
売店の他、100年前の新世界を再現したジオラマなどを展示する低層階。
塔の真下を道路が通るため、脇に設置された円形のエレベータータワー。
通天閣への入口。一度地下に下りてから階上へと昇る。
放射状街路の交点に建つ。

通天閣に、戦後の復興を祈る。

現在新世界に建っている通天閣は2代目。初代の通天閣は1912年、内国勧業博覧会の跡地に、ルナパークと一緒に建設された。初代のデザインは現在とは異なり、パリの凱旋門の上にエッフェル塔を載せたという、「とんでも建築」だったのだが、ルナパークと展望台がロープウェイで結ばれ、大阪名所として大いに賑わった。しかし初代通天閣は1943年、火災にあって解体されてしまう。

戦後、街の復興には通天閣の再建しかないという声が地元で上がり、商店主らが出資して会社を設立、様々な苦難を乗り越えて1956年に再建した。2代目通天閣の設計を依頼されたのは、昭和の塔博士として知られる構造家・内藤多仲。ちょうど通天閣再建の機運が高まった頃に、名古屋のテレビ塔を完成させていた。東京タワーも内藤の設計だ。

内藤は数多くの塔を設計しているが、電波塔などの機能を持たない純粋な展望塔は通天閣だけで、頂部に設けられた頭でっかちな展望台が特徴。八角形の塔身が上にいくほどすぼまって、四角形になるデザインもユニークだが、そういえば大阪の建築家・安藤忠雄がデザイン監修を務めた東京スカイツリーも、三角形から円形へと変化していくシルエット。安藤さんはもしかしたら、地元の通天閣をヒントにした、のかもしれない。

通天閣の高さ103mは、現在の都心では決して自慢できるような高さではない。周囲に高層ビルが建ち並び、遠くからみると今にも展望台がスカイラインに埋もれてしまいそうだ。竣工当時の写真や絵はがきには、周囲に遮るもののない通天閣がそびえ立っているが、現在の展望台から望む景色には、マンションのバルコニーに干された洗濯物が目に入ったりもする。そして2014年、高さ日本一を誇るあべのハルカスが完成、高さ300mは通天閣の約3倍で、通天閣ははるか上空から見下ろされる立場になってしまった。

それでも、通天閣が大阪の顔であることは全く変わらない。何より新世界の心意気が宿った街のシンボルなのだ。

建設年:1956年(2代目)
設計:内藤多仲、竹中工務店(小川正)
国登録有形文化財
●大阪市浪速区恵美須東1-18-6

太陽の塔は叫び続ける。

太陽の塔を大阪のシンボルとすることに異論はないと思うが、「これは建築なのか？」と思う人はいるかもしれない。いうまでもなく太陽の塔は芸術家・岡本太郎の代表作だが、当時万博に足を運んだ方なら覚えているだろう、太陽の塔は内部に展示空間をもつ、他のパビリオンと一緒に建設された、ひとつの建築物でもあった。

万博開催時、この場所には会場全体の中心であるお祭り広場が設けられ、中央にそびえる太陽の塔は、世紀の祝祭のまさに象徴だった。広場の上空には当時の日本を代表する建築家・丹下健三による大屋根が架けられたが、太陽の塔はその屋根を突き破るようにして立ち、科学と技術の進歩を高らかにうたいあげた１００を超えるパビリオン群のなか、象徴である太陽の塔だけは、全く異質な姿で強

太陽の塔 ③

TAIYO NO TO

太陽の塔は大きく手を広げ、千里丘陵から大阪をずっと見下ろしている。何かを訴えようとしているようにもみえるし、大阪を何かから守ろうとしているようにもみえる。
背中にタイルで描かれた顔は、過去を象徴する「黒い太陽」。
現在もイベントが開催されるお祭り広場。

力な「何か」を発し続けた。
大阪の勢いがピークに達した万博から半世紀が目の前に近づく今、周囲のパビリオンや大屋根は姿を消して、万博会場は緑豊かな公園に育ち、太陽の塔だけが残された。太陽の塔は今もなお、両手を大きく広げ、虚空に向かって叫び続けている。
なお、太陽の塔は耐震補強工事を経て、「生命の樹」のある内部空間が常時公開されることが決定した。

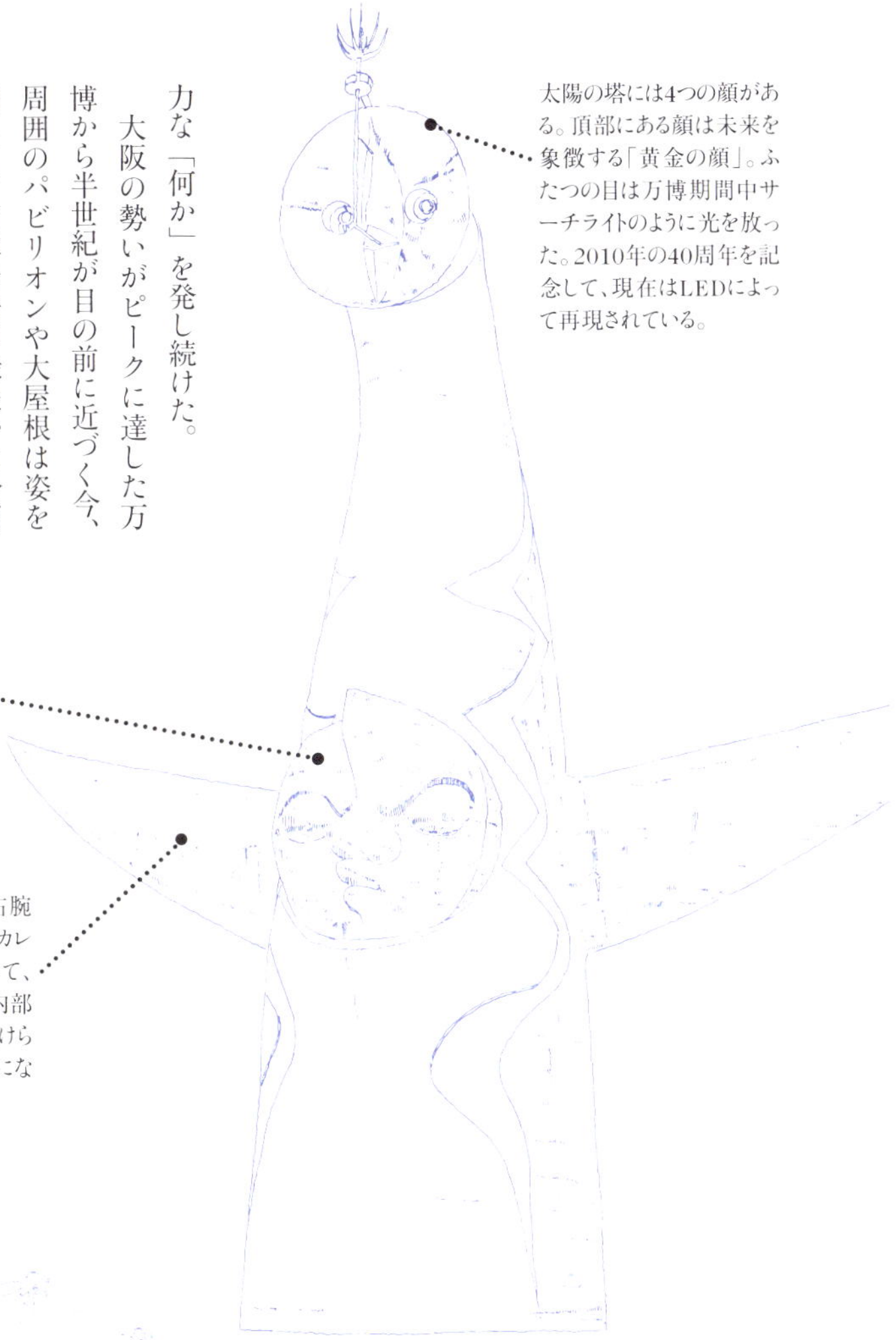

太陽の塔には4つの顔がある。頂部にある顔は未来を象徴する「黄金の顔」。ふたつの目は万博期間中サーチライトのように光を放った。2010年の40周年を記念して、現在はLEDによって再現されている。

胴体正面の大きな顔は現在を象徴する「太陽の顔」。南からの太陽が生みだす濃い陰影が造形を際立たせ、観る者に強烈な印象を与える。

腕の長さは約25m。右腕の内部にはかつてエスカレーターが内蔵されていて、来館者は太陽の塔の内部を通って、大屋根に設けられた展示を巡るルートになっていた。

大屋根(一部)

かつてお祭り広場を覆っていた大屋根の構造の一部が、オブジェとして現在も広場に展示されている。屋根全体は292m×108mの大きさで、丹下健三によって設計された巨大なトラス構造は「スペースフレーム」と呼ばれる。地上に組んだ屋根を一気に空中に持ち上げるリフトアップ工事は、万博開幕前のもうひとつの大イベントだった。

建設年:1970年　設計(作者):岡本太郎
●吹田市千里万博公園

味園ビル

MISONO BUILDING

4

赤いタイルの外壁も後年の改修による。プランターに植えられた樹木のような装飾は、ホテルの客室のプライバシーを守る役目を果たす。

「ユニバース」とネオンが輝く塔状のサインは、ロシアアバンギャルドのようでかっこいい。

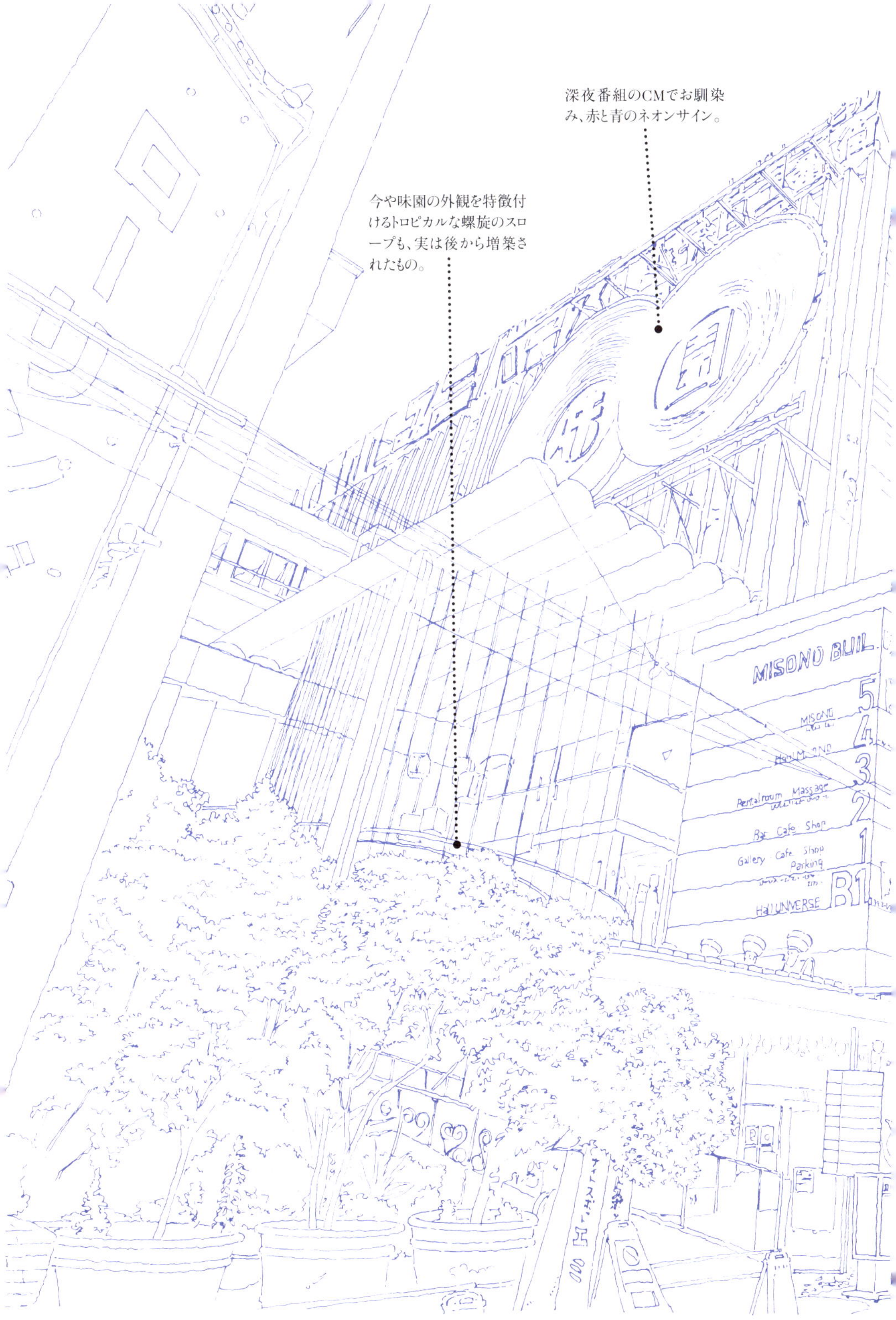
深夜番組のCMでお馴染み、赤と青のネオンサイン。
今や味園の外観を特徴付けるトロピカルな螺旋のスロープも、実は後から増築されたもの。
MISONO BUIL
5
MISONO
4
Hall MISONO
3
Rentalroom Massage
2
Bar Cafe Shop
1
Gallery Cafe Shop Parking
B1
Hall UNIVERSE

キャバレー・ユニバース

かつて2階にあった
オリジナルのキャバレー・ユニバース

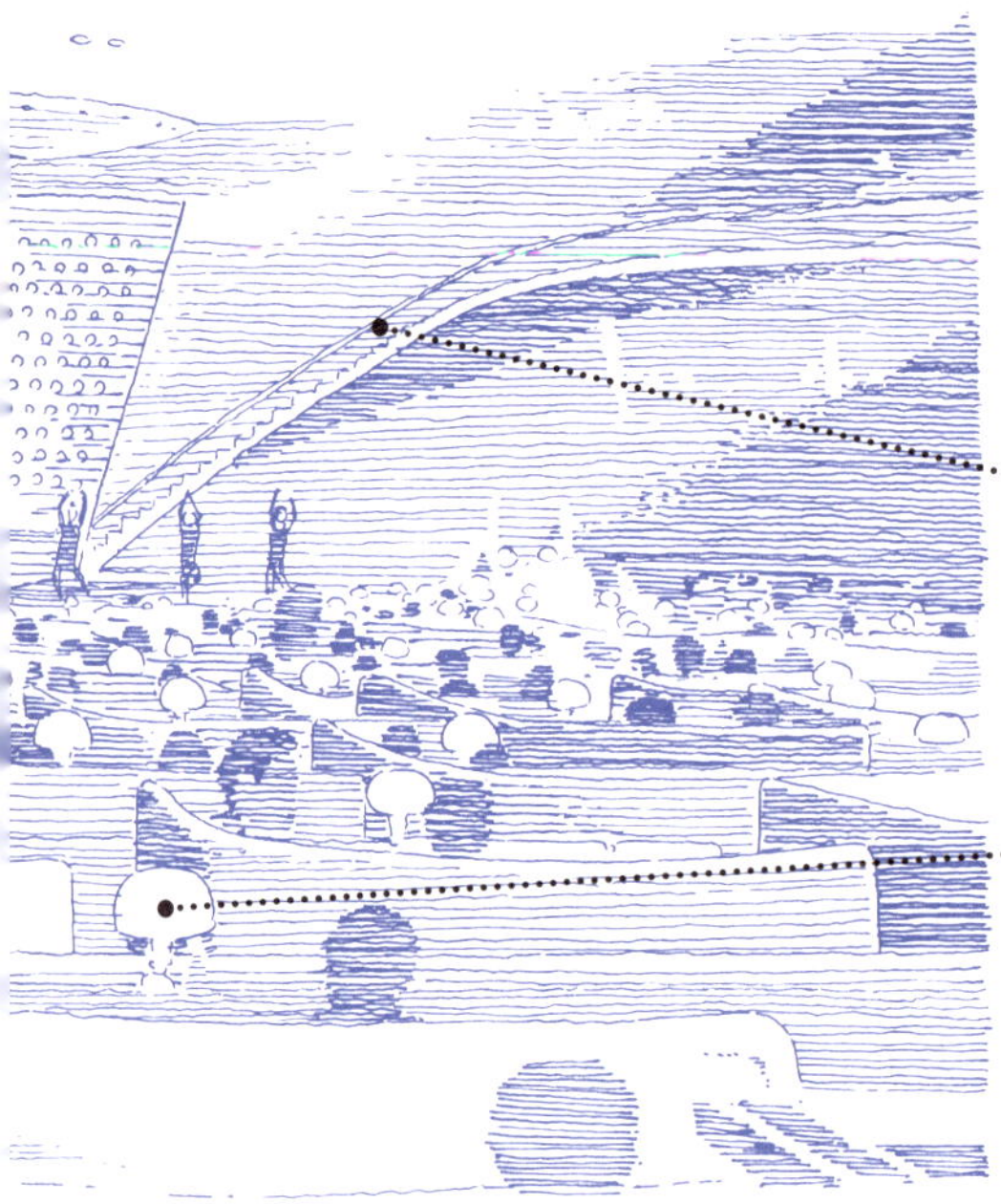

客席後部まで続く空中花道。

明るさを切り替えて合図を
送るオレンジ色のテーブル
ランプは、味園自作の2代目。

味園ビルという「宇宙」が生まれた。

高度経済成長期は日本のキャバレー全盛期だった。東京や大阪を中心に、日本の各都市に巨大なキャバレーが設けられ、あまり語られることはないが、既成概念に囚われない、独自のデザインや建築空間がうみだされていった。千日前に偉容を誇る味園ビルは１９５５年、まさに高度経済成長期へ突入する時代に建てられた。

当時味園のキャバレー「ユニバース」は2階にあり、3層吹抜の大空間で、その迫力のほどをアメリカの『ＬＩＦＥ』誌（１９６２年）が、「３６０のテーブルに１０００人の客、３つのジャズバンドに１０００人のホステス」とレポートしている。当時のユニバースのインテリアは圧巻で、天井は色とりどりのアクリルによって星空のように輝き、衛星をかたどったボール状の照明が回転し、周囲にはロケット状のシャンデリアが吊り下げられた。まさに「ユニバース＝宇宙」。ダンサーやミュージシャンがパフォーマンスを繰り広げる舞台には様々な仕掛けが施され、円形のステージに乗って、ダンサーが天井から下りてきた。昭和30年代、ユニバースは海外の観光ガイドにも掲載され、毎夜観光バスが味園に乗り付け、多くの外国人観光客が日本の夜を満喫していった。

この「宇宙」を実現したのは、味園の創業者である志井銀次郎。実業家であった志井はデザインや建築を専門に学んだことはなかったが、味園ビルは全て自分でデザインしたという。志井は部屋に籠もって次々とアイデアをスケッチしていき、優秀なスタッフや手練れの職人たちが彼のイメージを実現していった。味園ビルは直営というかたちで建設されており、照明や家具、サインのデザインなど、

高さ12mの天井から降りてくる円形ステージ。
生バンドの演奏で毎夜華麗なショーがくり広げられた。
アメリカのLIFE誌には「360のテーブルに1000人の客」と紹介されている。

自分たちでできることは、全て社内でつくっていった。

前述したユニバースの煌びやかな照明や舞台装置も、自動車のフォグランプなどを工夫したりして、全て社内の電気部がつくったのだ。そうやって生まれた空間は、建築家やデザイナーには決して真似できない、他に比べるもののないオリジナルなものとなった。

右肩上がりの経済成長が終わりを告げる頃、キャバレー人気にも陰りが見えはじめる。その後の80年代から90年代、味園ビルは改変を続けながら、志井銀次郎の夢を守るかのようにして営業してきた。しかし地下に場所を移して続けてきたユニバースも、遂に2011年に閉店。今後味園はどうなるのかと心配されたが、現在注目を集めるスポットになっている。

キャバレーのインテリアを残した地下の大空間では著名なミュージシャンによるライブや有名なクラブイベントが開催され、2階に設けられていた旧スナック街には、若い世代が独自の感性でユニークなバーやギャラリーなどを出し始め、ミナミの新しいカルチャースポットになりつつある。店を出す人も集まる客も、多くはキャバレーの全盛期を知らない若者たちだ。皆、他にはない味園独特の魅力に惹かれて集まってきた。味園ビル2・0のはじまりだ。

建設年:1955年
設計:志井銀次郎
●大阪市中央区千日前2-3-9

屋上に出られる空中庭園は、大阪の観光名所となっている。54m角の大きな塊は地上で組み上げられ、リフトアップという工法で150mの上空に持ち上げられた。日本の高度な建設技術がなせる技だ。

梅田スカイビルの空中庭園は、図と地の関係でいうところの「地」にも注目してほしい。2棟のビルに挟まれた巨大な吹抜空間には、展望エレベーターや空中エスカレーター、2棟を途中でつなぐブリッジなどが配されていて、空中を自由に行き来する空中都市のコンセプトが、ここに最もよく実現されている。

中間のオフィス階のガラスは、空の景色を映すように反射性のあるガラスが採用された。ビル全体が空を映し出して背景に溶け込み、空中庭園だけがまさに「浮いた」ようにみえることを狙ったものだ。しかし現実は…。

梅田スカイビル ❺

UMEDA SKY BUILDING

JR梅田貨物駅跡地を再開発し、2013年にオープンしたグランフロント大阪。

空中都市を実現した梅田スカイビル。

梅田スカイビルを大阪的な建築にあげることに違和感を感じる人がいるかもしれないが、見た目のスッキリしたデザインに騙されてはいけない。梅田スカイビルは有名な建築家が設計したスタイリッシュな高層ビル、ではない。2本の超高層ビルを、150m以上の高さに設けた「空中庭園」でつないだ、前代未聞の「連結超高層建築」なのだ。こんなビル、日本中を探しても大阪にしかない。

この連結超高層ビルは、京都駅や札幌ドームの設計者として知られる建築家・原広司の案がプロポーザルで選ばれたもの。提案時は横に建つウェスティンホテルも含めた、3棟連結の計画が示されていて、何と将来的には4棟連結が可能なよう構想されていたという。

しかしビルを連結するというア

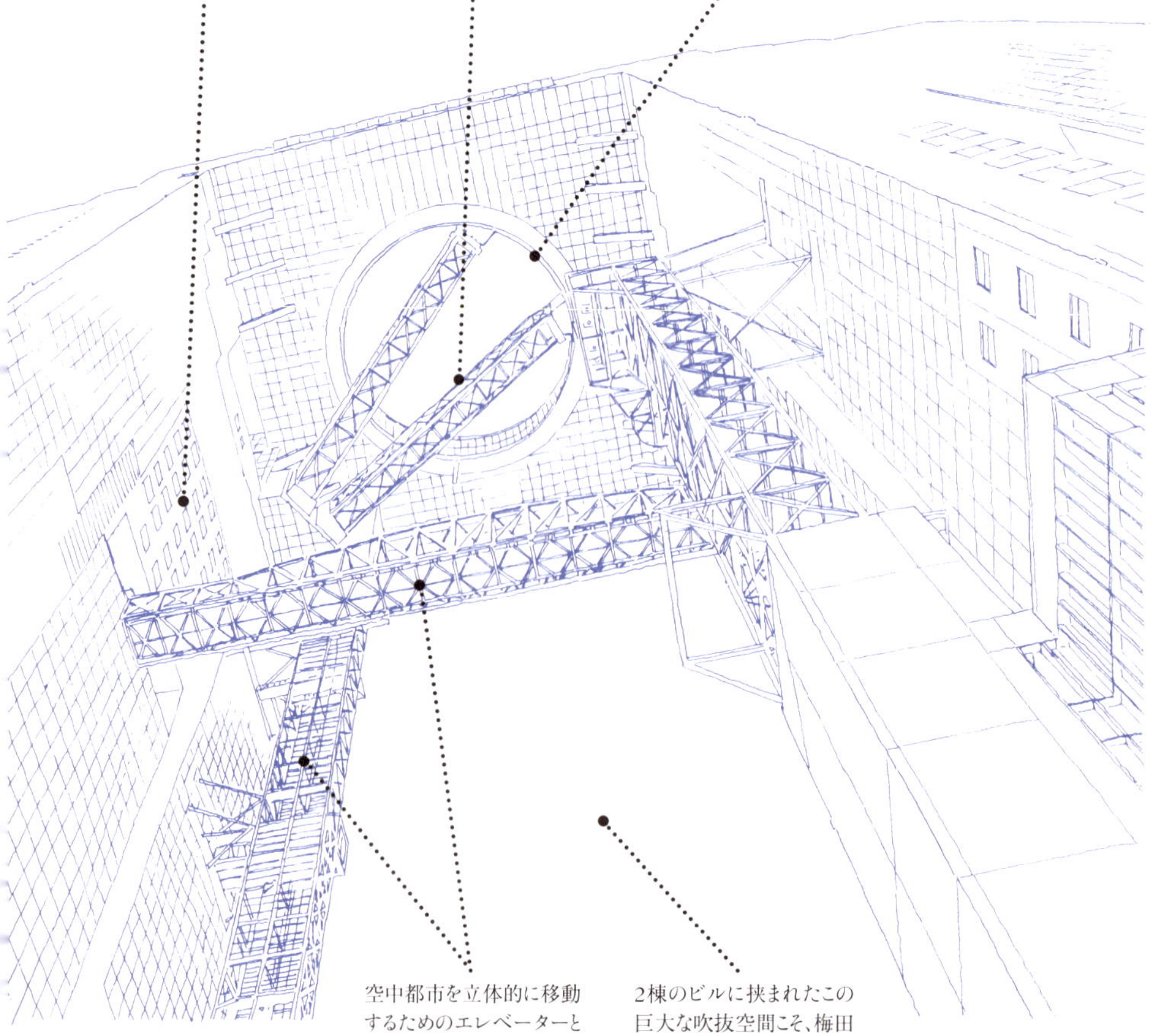
外観には都会の街並みに溶け込むように、ビルのパターンが転写されている。
空中エスカレーターも、地上で組み上げたものをリフトアップして設置した。
夜になると虚空に光のリングが浮かび上がる。
空中都市を立体的に移動するためのエレベーターとブリッジ。
2棟のビルに挟まれたこの巨大な吹抜空間こそ、梅田スカイビル最大の見せ場。

イデアそのものは、本人も認めるように原独自の発想ではない。20世紀以降のモダニズムの歴史のなかで、世界中の建築家が建築を連結していく立体都市を構想してきた。日本でも1960年代の「メタボリズム」という建築運動のなかで、黒川紀章や菊竹清訓などが盛んにメガロマニアックな立体都市、巨大建築の構想を発表した。少し大げさな言い方かもしれないが、梅田スカイビルはたった2棟の連結とはいえ、20世紀を通じて重ねられてきた建築家たちの妄想が、ついに実現した建築界全体にとってのひとつの達成なのだ。

連結超高層は、単なるデザイン上の新奇性や、空中庭園の実現みを目的にしたものではない。専門家でなくてもわかることだが、2本の超高層ビルがバラバラに建つよりも、頭をつないだ方が地震や強風に強くなるし、災害時の避難経路も複数確保できて安全性が高まる。都市に林立するビルは個別バラバラに地上からアプローチするしかないが、上空で繋がっていけば移動の効率も上がるだろう。

しかし現実には敷地や所有の問題、様々な規制や経済的な理由がその実現を妨げる。梅田スカイビルはバブル景気を背景とした巨大開発プロジェクトとして、日本が世界に誇る建設技術によってはじめて実現することのできた、奇跡の出来事だったのだ。実際、梅田スカイビルによってその構造的な有利性や技術的な裏付けが示され、構造設計を担当した構造家の木村俊彦は連結超高層の時代が訪れることを期待したものの、残念ながら日本では、ツインタワーはあっても連結ビルは構想すらされていない。

淀川越しに梅田方面を眺めると、超高層ビル群のスカイラインがよく見える。梅田スカイビルが完成してからちょうど20年、ユニークなデザインや、透明感の高いガラスのカーテンウォールの超高層ビルが次々に実現してきたが、梅田スカイビルだけが異次元の存在感を放ち続けている。

2013年に隣接する北ヤードにグランフロント大阪がオープンし、4棟の超高層ビルが並ぶ迫力の景観が出現したが、残念ながらそのインパクトは、梅田スカイビルに遠く及ばない。というか、梅田スカイビル以上のビッグプロジェクトで4棟ビルを並べるのだから、なぜ梅田スカイビルに倣って連結し、立体都市を目指さなかったのだろうと思う。

建設年:1993年
設計:原広司+アトリエ・ファイ建築研究所
●大阪市北区大淀中1

大阪的建築

「どや顔」のある風景。

高岡伸一

2011年の新語・流行語大賞の候補60語に、「どや顔」という言葉がノミネートされている。「どや顔」とは、「どうや？（すごいやろ？）」と何かを自慢するときの、誇らしげな顔のこと。関西芸人がテレビなどで使い始めて一般化し、今は関西以外でも、日常的に使われるようになった言葉だ。ということで、今回は大阪の街に圧倒的な存在感を放つ、「どや顔」ならぬ「どや建築」を取り上げてみたい。「どや建築」は、単に「すごい」建築とは違う（と思う）。

例えばオリンピックでメダルを取ったとか、ノーベル賞を受賞したといった公的な偉業を達成した人に対して、「どや顔」とはあまり言わない。だいたい「どや顔」が使われるシチュエーションというのは、誰かが何かについて得意気に話をした際、「なんやそのどや顔は？」と突っ込まれ、笑いが起こってオチがつくというものだろう。「どや顔」には、常に「笑い」が伴う。「そんなこと自慢されても…」とか、「何もそこまでやらんでも…」とか、これも最近の言葉でいうところの、「斜め上」をいく言動の可笑しみといったようなものが、「どや顔」には含まれている（ような気がする）。と、勝手に「どや建築」を定義して、時代順に大阪の「どや建築」を紹介していこう。

誰もやらないことをやる。

大正時代の終わりから昭和のはじめにかけて、東京を凌ぐ経済と文化を誇り、自らわが街を「大大阪」と呼んだ大阪人・総どや顔時代からは、W・M・ヴォーリズが設計した**大丸心斎橋店本館**①。

モダンな品々がショーウィンドウを飾った心斎橋筋に建つ、20世紀消費社会の到来を告げた百貨店建築。ヴォーリズは敬虔なキリスト教信者で、数多くの教会や学校建築を手がけた「どや顔」とはほど遠い人格者だが、ここではアメリカ人としてのヤンキー魂に火が付いたのか、当時ニューヨークの摩天楼を飾ったアール・デコ調の装飾を、これでもかというほど執拗に重ねてデザインした。

大阪のどや建築として、**通天閣❷**は外せないだろう。焼失してしまった初代通天閣を戦後復興のシンボルとすべく、地元の商店主などが資金を出し合って再建した。何をバカなことをと冷ややかな目で見られながらも、地元の人たちが奔走して再建を達成したドキュメントは、あのＮＨＫの「どや番組」、『プロジェクトＸ』でも取り上げられた。まさに街の「どや建築」だ。

高度経済成長のピークに開催された70年大阪万博のモニュメント、岡本太郎の**太陽の塔❸**も「どや度」では負けていない。晩年積極的にバラエティー番組に出演して、視聴者の笑いを誘ったあの「どや顔」は、今も千里の丘から大阪に睨みをきかせ続けている。

太陽の塔が国家をあげてのハレの祝祭空間ならば、千日前の大キャバレー「ユニバース」の**味園ビル❹**は、都会のナイトライフを彩った魅惑の空間だ。味園を一代で築き上げた志井銀次郎が自らデザインした「ユニバース」は、アメリカの『ＬＩＦＥ』誌に「日本で最も大きなキャバレー」として見開きで紹介された。まさにひとりの男が築き上げた夢の城、究極の「どや建築」だろう。

そして平成のバブル期にも、「どや建築」は建てられた。大阪駅前の北ヤード横に建つ**梅田スカイビル❺**だ。設計者の原広司は東大教授で、インテリでスマートな建築家像の見本のような、およそ「どや顔」とは無縁の人物だが、２棟の高層ビルを空中で連結するという、誰でも思いつきそうで誰もやったことのなかったメガロマニアックな建築家の妄想を、遂に実現してしまった。まぎれもない、「どや建築」だ。

大阪の建築家が1人もいない。

「どや建築」は、決して色褪せることはない。むしろ時代を経るにつれ、その存在感は増す一方だ。流行を追いかけ微妙な差異を競い合う最先端のデザインはすぐ消費されるが、斜め上を遙か彼方までいってしまった「どや建築」は比べるものがなく、決して消費されることがない。そして時流に囚われずにどや顔を貫き通した建築が、今ではその時代を象徴するアイコンになっていることの逆説。強烈なアクを発しながらも、大阪の風景に欠かせぬ一部となっている。大丸のない心斎橋は想像できないし、通天閣のない新世界など考えられない。梅田スカイビルにしたところで、神戸方面から大阪へ向かう電車の中で、梅田スカイビルをみて「大阪に帰ってきた」と感じるのは、私だけではないだろう。

最後に、これは全くの偶然なのだが、今回選んだ「どや建築」の設計者（作者）には、ひとりも大阪人が含まれていない。アメリカから来日したヴォーリズ、東京の大学の先生である通天閣の内藤多仲と梅田スカイビルの原広司。味園の志井銀次郎は台湾から渡ってきた人物だし、岡本太郎も東京だ。いずれも大阪にとっての異邦人である。大阪の「どや建築」は大阪人によるものではなく、大阪のコンテクストに属さない異邦の才能が、大阪という土地を触媒として出現するものなのかもしれない。

心斎橋～難波～新世界

長堀通
地下鉄長堀鶴見緑地線
四ツ橋
心斎橋
長堀橋
ホテル日航大阪
北館
OPA
1 大丸心斎橋店本館(P110)
南館
地下鉄四つ橋線
四つ橋筋
御堂筋
心斎橋筋
堺筋
地下鉄御堂筋線
戎橋
道頓堀川
戎橋筋
地下鉄堺筋線
千日前通
地下鉄千日前線
なんば
日本橋
大阪難波
近鉄日本橋
近鉄難波線
なんば
なんば
なんばマルイ
4 味園ビル(P120)
高島屋
南海なんば
恵美須町
2 通天閣(P114)
阪堺電軌阪堺線
地下鉄堺筋線
天王寺動物園
新今宮
南霞町
JR大阪環状線
動物園前

新梅田シティ

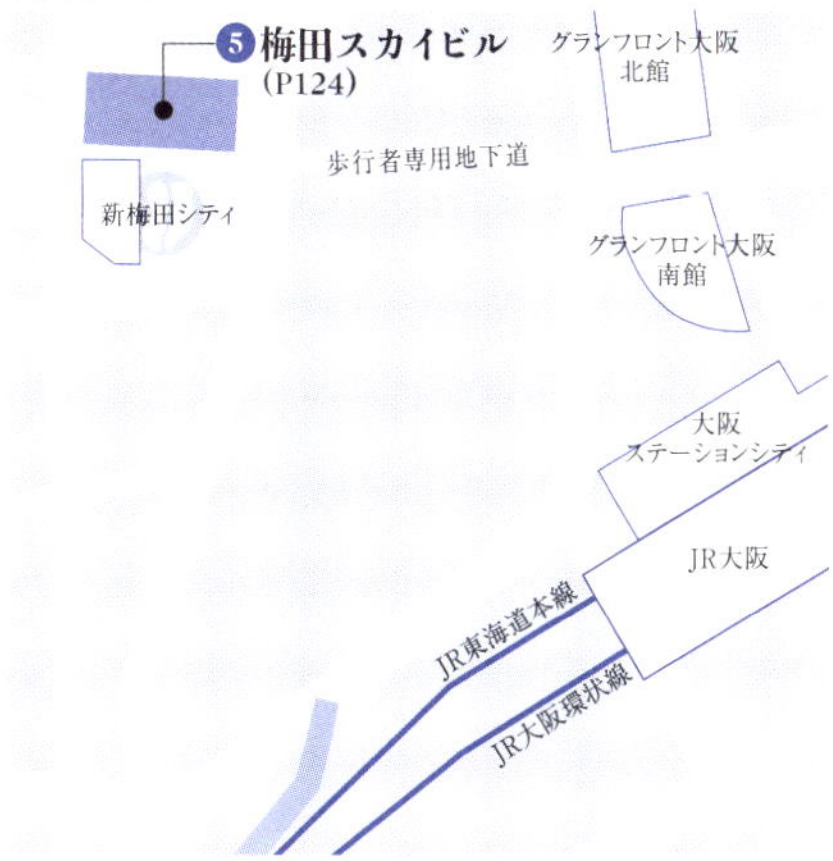

5 梅田スカイビル(P124)
グランフロント大阪北館
歩行者専用地下道
新梅田シティ
グランフロント大阪南館
大阪ステーションシティ
JR大阪
JR東海道本線
JR大阪環状線

万博公園

阪大病院前
大阪モノレール
国立民族学博物館(P166)
3 太陽の塔(P118)
公園東口
万博記念公園
大阪モノレール
万博記念公園

老舗

街のランドマークⅦ

大黒 ❶

DAIKOKU

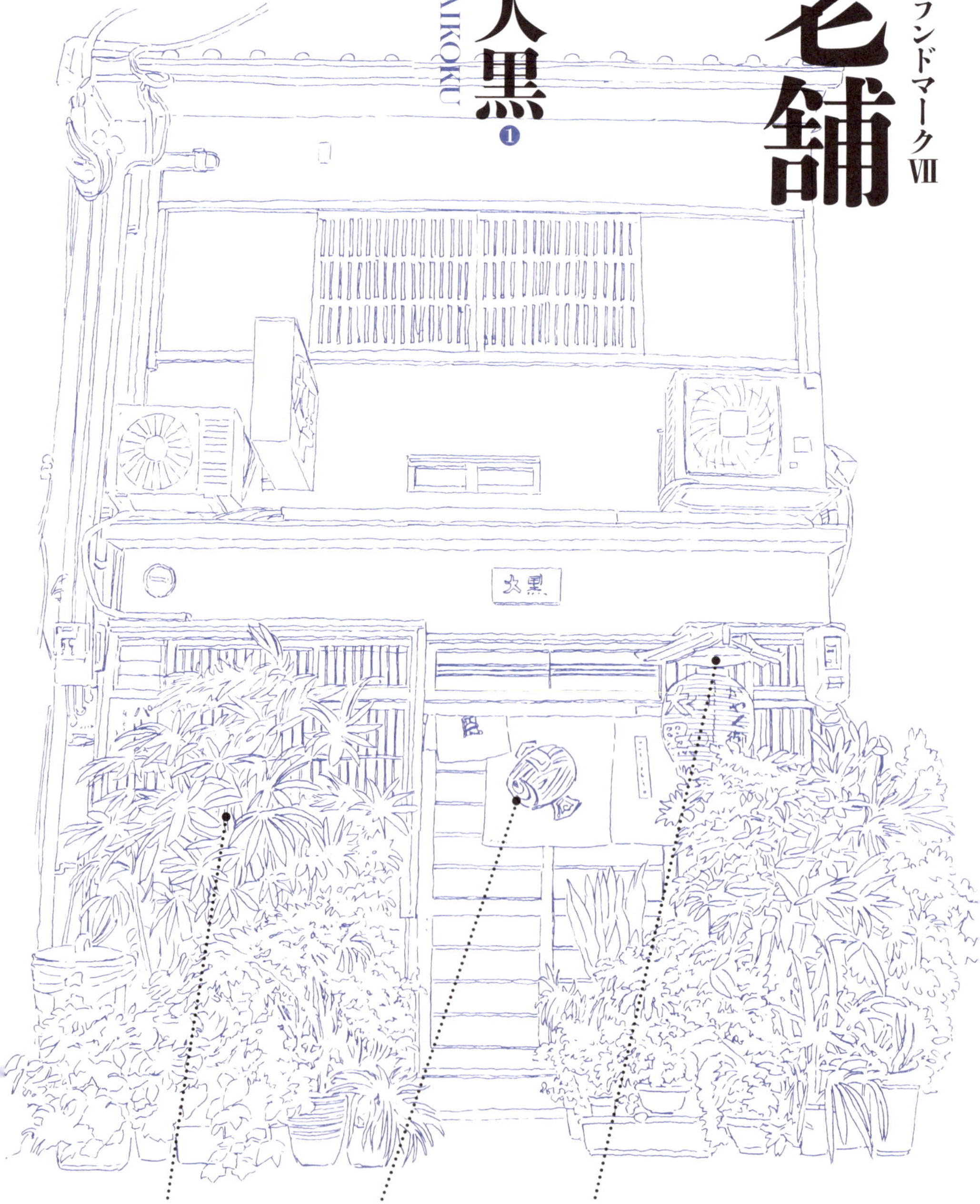

いちばん背が高い植物は棕櫚竹。植木を買っては植えるうちに生い茂り、秋には虫の声が聞こえるほどに。

トレードマークの小槌の図案が描かれる。春夏用は白色、秋冬用はこげ茶。

提灯を守る屋根。修理を一般の大工に頼むと、宮大工に頼むように言われたという特殊な造り。

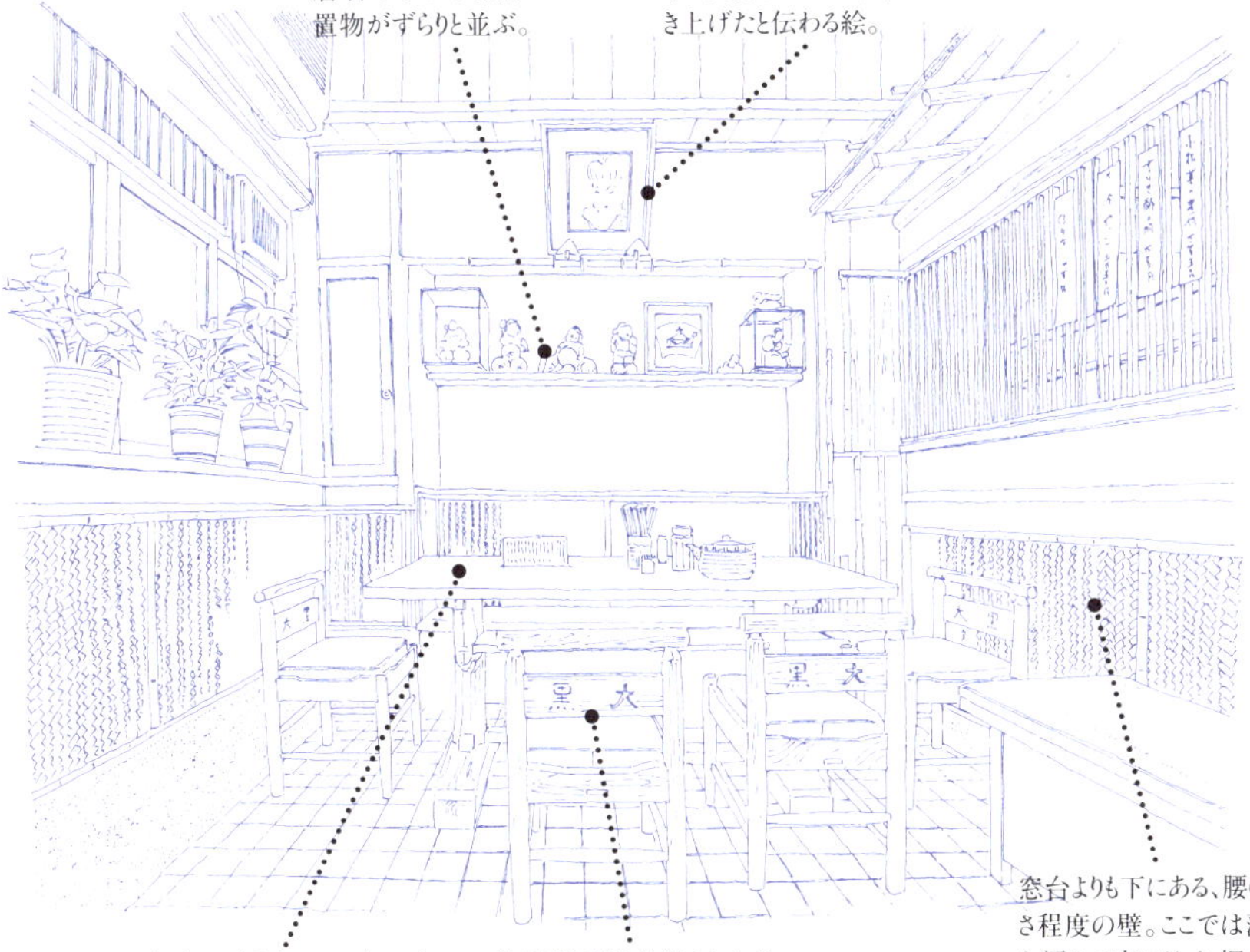
店名である〝大黒〟さんの置物がずらりと並ぶ。

東郷青児がこの場所で描き上げたと伝わる絵。

客席は大きなテーブルが二つ。相席必至。

椅子背の彫り抜きはおかみさんのアイデア。

窓台よりも下にある、腰の高さ程度の壁。ここでは薄板を編んで加工した網代が張ってある。

羽釜

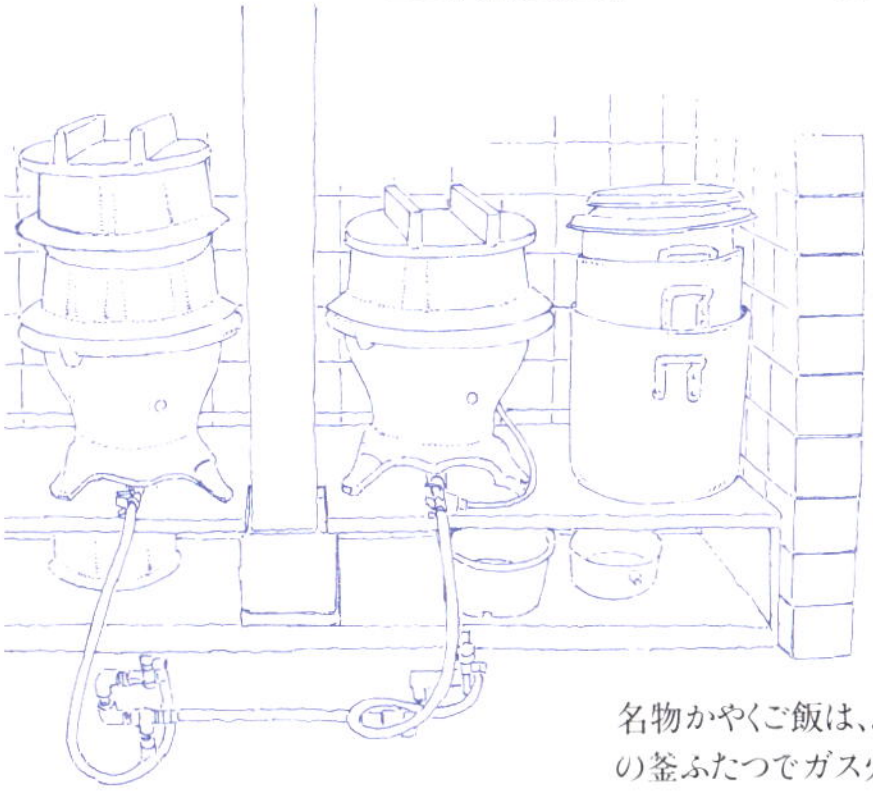
名物かやくご飯は、3升炊きの釜ふたつでガス火で炊く。

格子窓

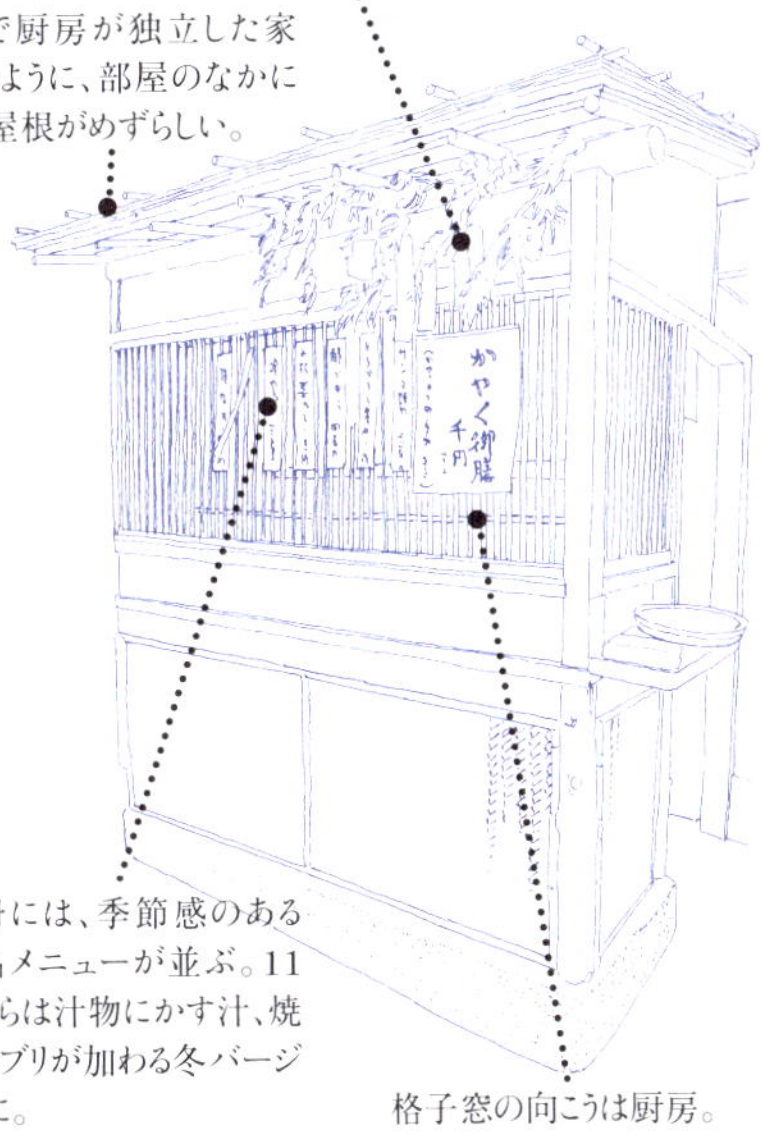
〝えべっさん〟で知られる今宮戎神社の十日夷で授与される福笹。商売繁盛、招福のご利益ありとされる。
まるで厨房が独立した家屋のように、部屋のなかにある屋根がめずらしい。
かやく御膳
千円
短冊には、季節感のある一品メニューが並ぶ。11月からは汁物にかす汁、焼物にブリが加わる冬バージョンに。
格子窓の向こうは厨房。

明治35年（1902）創業。3升炊きの羽釜を使って炊くかやく御飯は、細かく刻まれた薄揚げ、ごぼう、こんにゃくのみの具で、あとは利尻昆布と鰹節から取るだしがすべて。「あっさりとしっかりと」を具現化した深い味わいは、大阪の味そのものだ。魚の焼き物や野菜の煮付けなどのおかず、白みそ・赤みそ・すまし汁の3種の汁も、かやく御飯と完璧のバランスを見せる。店は極めて狭い店ゆえ大人数はNG。加えて酒場では決してないのでそのつもりで訪ねたい。かやくご飯（中486円）、みそ汁（324円、378円／具材で異なる）、しまあじ焼物648円。

●大阪市中央区道頓堀2-2-7　☎06-6211-1101
11:30〜15:00　17:00〜20:00　日・祝・月曜休

はり重カレーショップ

HARIJYU CURRY SHOP

②

天井の刻み模様は先代の頃の大工によるもの。当時は専属の大工がいて、つねに手を入れていた。

花の形をした電灯は開店当初からのものとか。

ゆるやかな角度をつけた木に高級感がある。

丸く光る蛍光灯が強いインパクトを放つ。元は風呂場を飾っていた鏡の廃品利用。

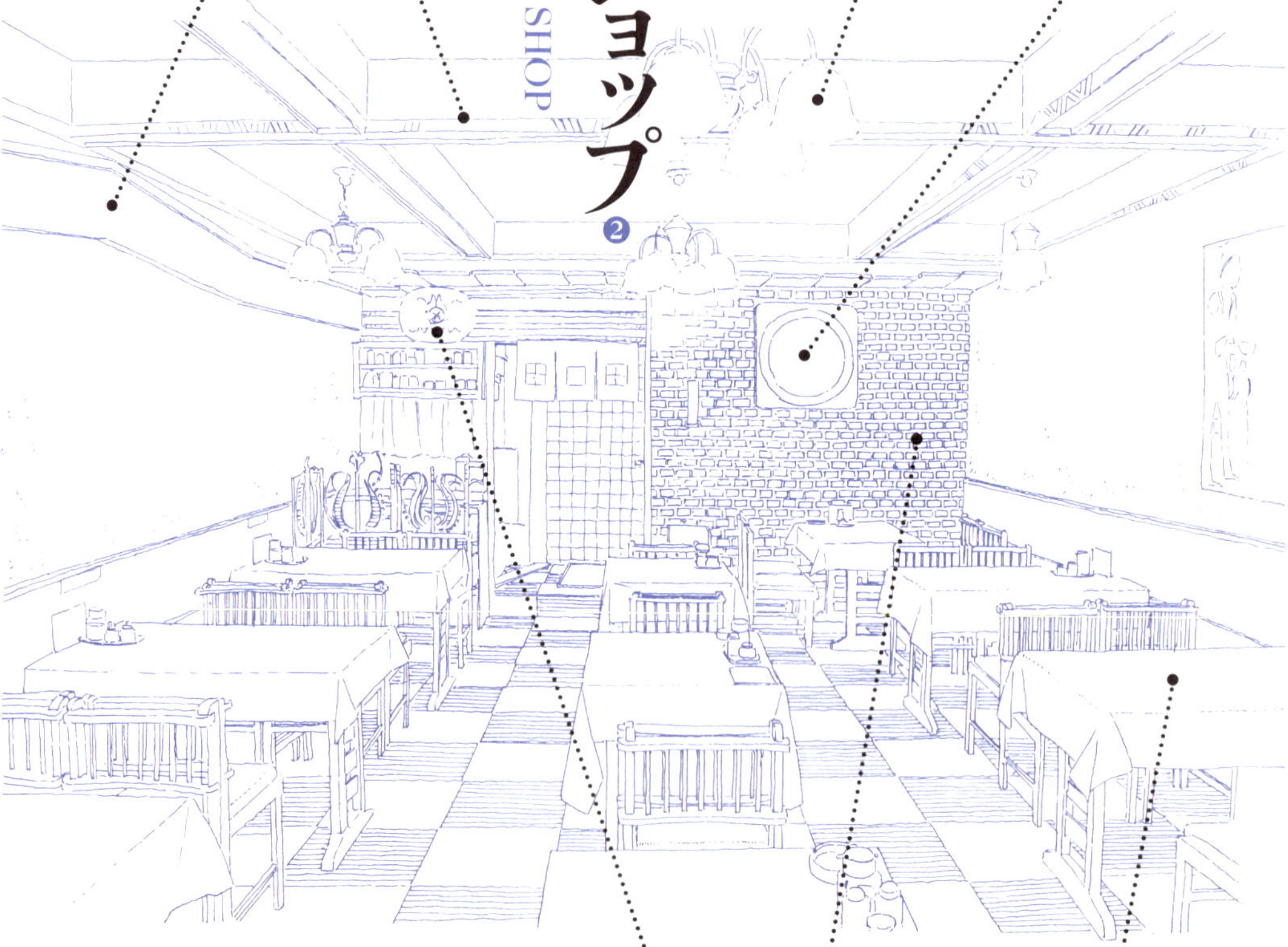

ユニークな模様が目を引く電灯も、リサイクル品。

道頓堀と御堂筋の南東角。ミナミの一番「らしい」一等地で、タクシーにも「はり重の前」で通る。カレーショップは御堂筋の人波かき分けて店内に入るとほっとする、テラスのような感覚が一人客好みだ。場所柄観光客も多いが、その浮いた感じも呑み込んでしまう店内の空気感がとてもいい。カレーライスと二枚看板のビーフワンは、大阪屈指の精肉店［はり重］で毎日出る黒毛和牛上部位の端肉を「おいしいものは余すところなく」と上手に使った逸品。昭和34年（1959）創業。ビーフカレー648円、ビーフワン（他人丼）723円。

●大阪市中央区道頓堀1-9-17　✆06-6213-4736

11:00〜21:10（LO）　火曜休（祝日の場合営業）

藍色の濃淡が美しいタイルは、改装当時のままの年代物。

壁紙やテーブルクロスも、「昭和レトロ」をテーマに色を統一。

道頓堀今井 本店 ③

DOTONBORI IMAI HONTEN

敗戦後すぐの昭和21年（1946）、蕎麦屋から［道頓堀今井］はスタートする。それが暖簾に染め抜かれている「名代御蕎麦処」である。しかしこの店の評判は圧倒的にうどんである。人気は何と言っても「日に600杯出る」きつねうどんだが、だしを葛粉で「あん」にし、具はネギすらなしで生姜のみ添えられた「あんかけうどん」や、卵とキクラゲの「けいらん」は「だしを食べる」うどんである。だしは道南「黒口浜」産にこだわった昆布が基礎となる。きつねうどん756円、かもなんば1,080円。
●大阪市中央区道頓堀1-7-22　✆06-6211-0319
11:00〜21:30（LO）　水曜休

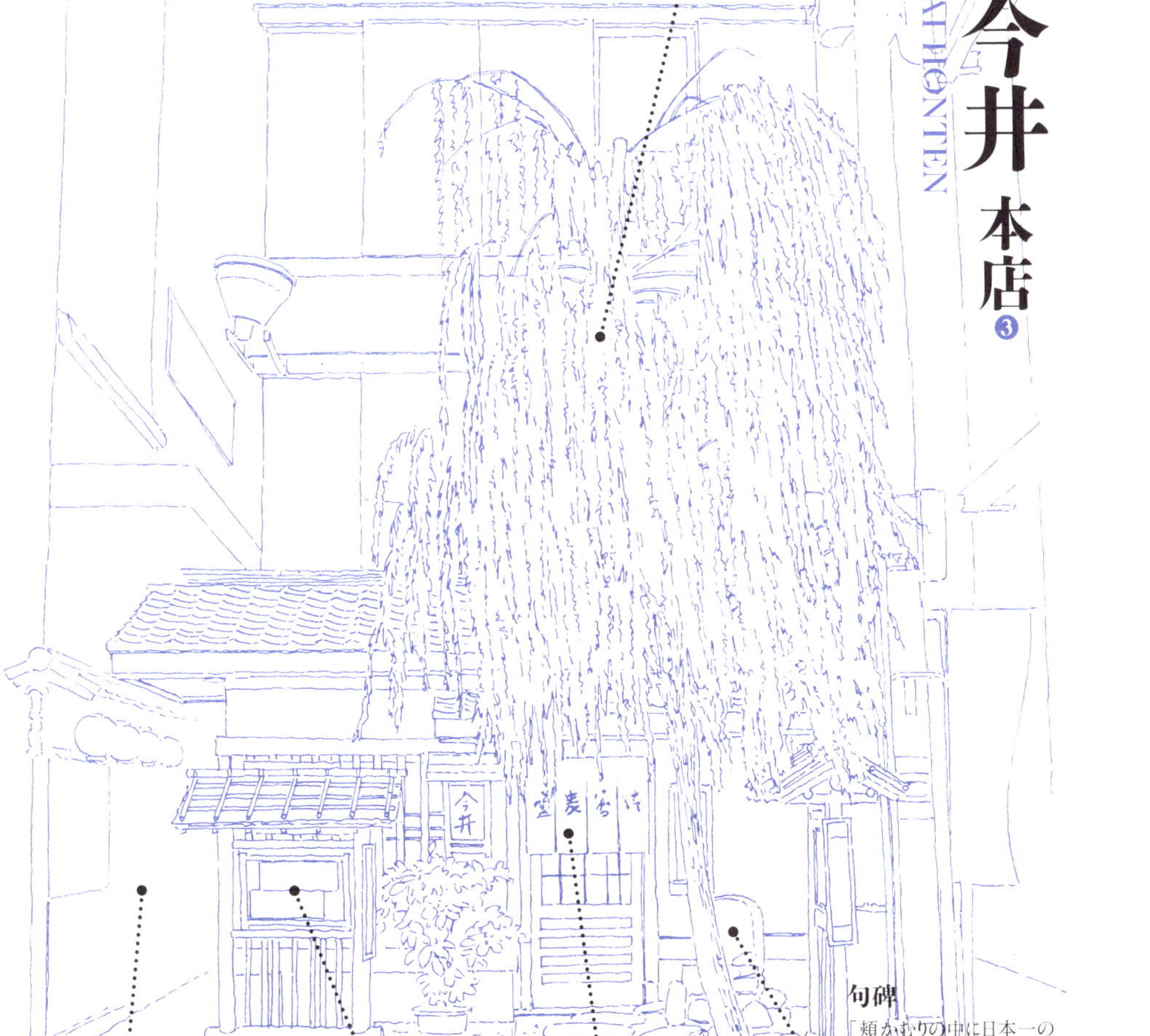

宵待ち柳
昭和21年の創業時より60余年、店の前に立ち続ける柳の木。創業者の今井寛三氏が、道頓堀の夕暮れどきの待ち合わせ場所として、その下で恋人たちがこれから始まる夜に心をときめかせて会うような柳に、と名付けた。

浮世小路
法善寺横丁へと続く、道幅1.20メートルの細い路地。大正ロマン風の展示が楽しい。入口付近には戦前まで今井楽器店だった名残のトランペットを展示。

メニューに立派な屋根をつけるなど、全体的に高級感を出す造り。

暖簾
蕎麦屋だった名残は、暖簾の文字に残るのみ。

句碑
「頬かむりの中に日本一の顔　水府」この句は川柳作家でコピーライターだった岸本水府（1892〜1965）が、近代上方歌舞伎の大スター、初代中村鴈治郎が一番の当たり芸と言われた「河庄（かわしょう）」の紙屋治兵衛を演じる姿を詠んだもの。

甚六

JINROKU

4

テコ

焼くときに使う大きいサイズと、食べるときに使う小さいサイズがある。

壁には来店したスターとの記念写真がずらり。

出番を待つ卵の山。殻に顔が描かれた卵が混じっている日も。

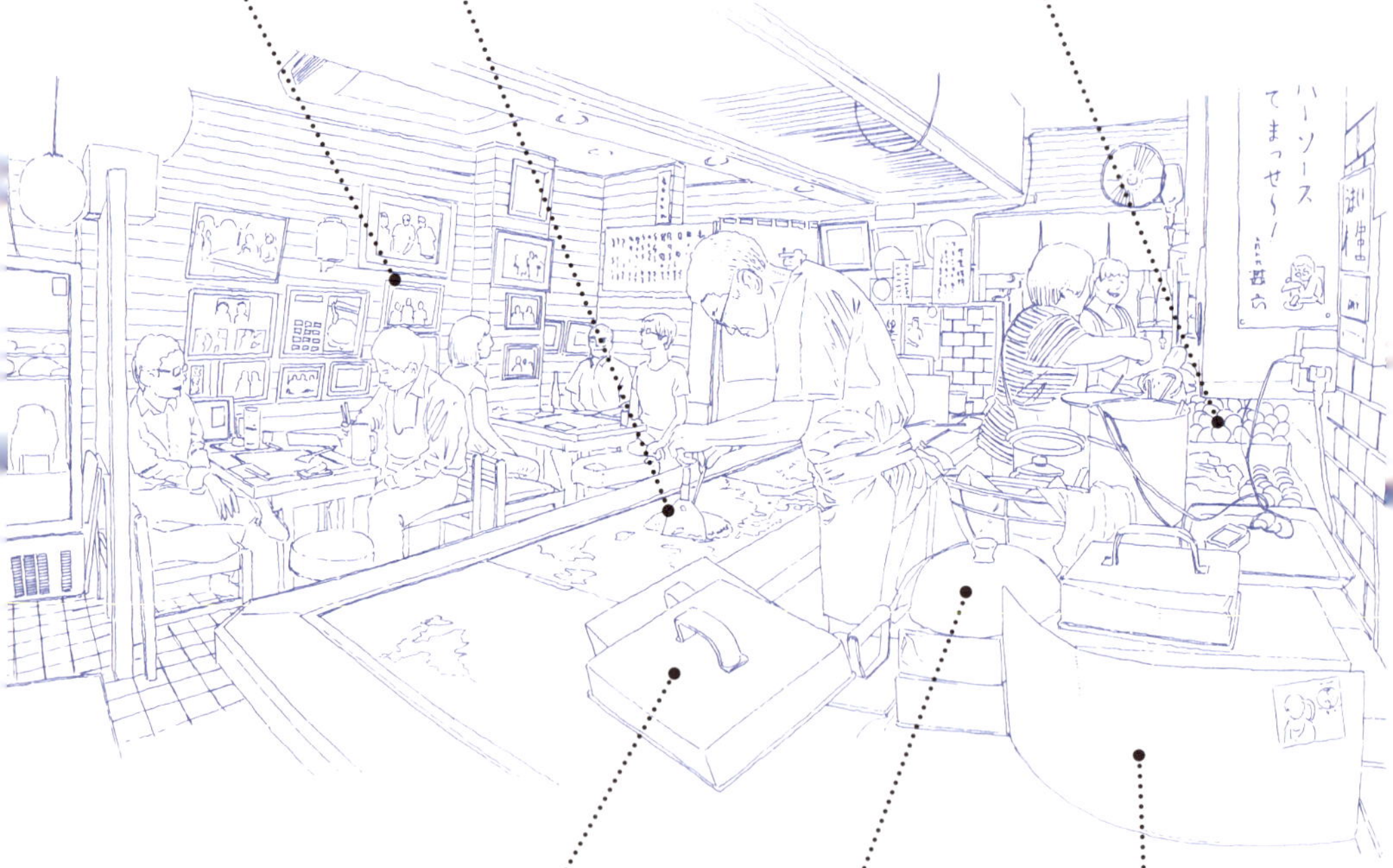

かぶせ

二、三枚を焼くときに使用する四角型のかぶせ蓋。お菓子やパンの焼き型に持ち手をつけたオリジナル。

かぶせ

お好み焼きを蒸し焼きにするためにかぶせる蓋。楕円形は1枚を焼くとき、鉄板の上にたくさん並べて焼くためのアイデア。

鉄板で焼くときに、カウンターに座る客に油が飛ばないように防ぐ銀色のカバー。

昭和56年（1981）創業。鉄板やテコなども開店当時のままで、価格まで開店当初からほとんど変わっていない。大阪のオーソドックスな「混ぜ焼き」スタイルのお好み焼きである。ホタテ貝柱、エビ、牛肉、豚、そして卵をふんだんに使った甚六焼は2,480円。「30年前からしたら、えらい高かったと思いますわ」と大将。その頃なら目玉が飛び出るほど高い。客は地元の常連から家族連れ、東京はじめ他地方からの客まで。だからこそ安心できる。豚玉840円、いか焼きそば950円。

●大阪市北区天神橋1-13-11　✆06-6353-4816　16:00～22:00（日・祝日12:00～21:00）　月曜休

空 鶴橋本店 5

SORA TSURUHASHI HONTEN

ガスコンロ

横幅が通常よりも10cm長めの特注サイズ。二人分を同時に焼ける。

先代の頃よりホルモンのメニューを大事にしてきた。開いて余分な脂を落として食べるホソ(丸腸)、のど骨を長時間たたき食べやすくしたウルッテなどが人気。

こちら側の壁だけで3つの換気扇がついている。

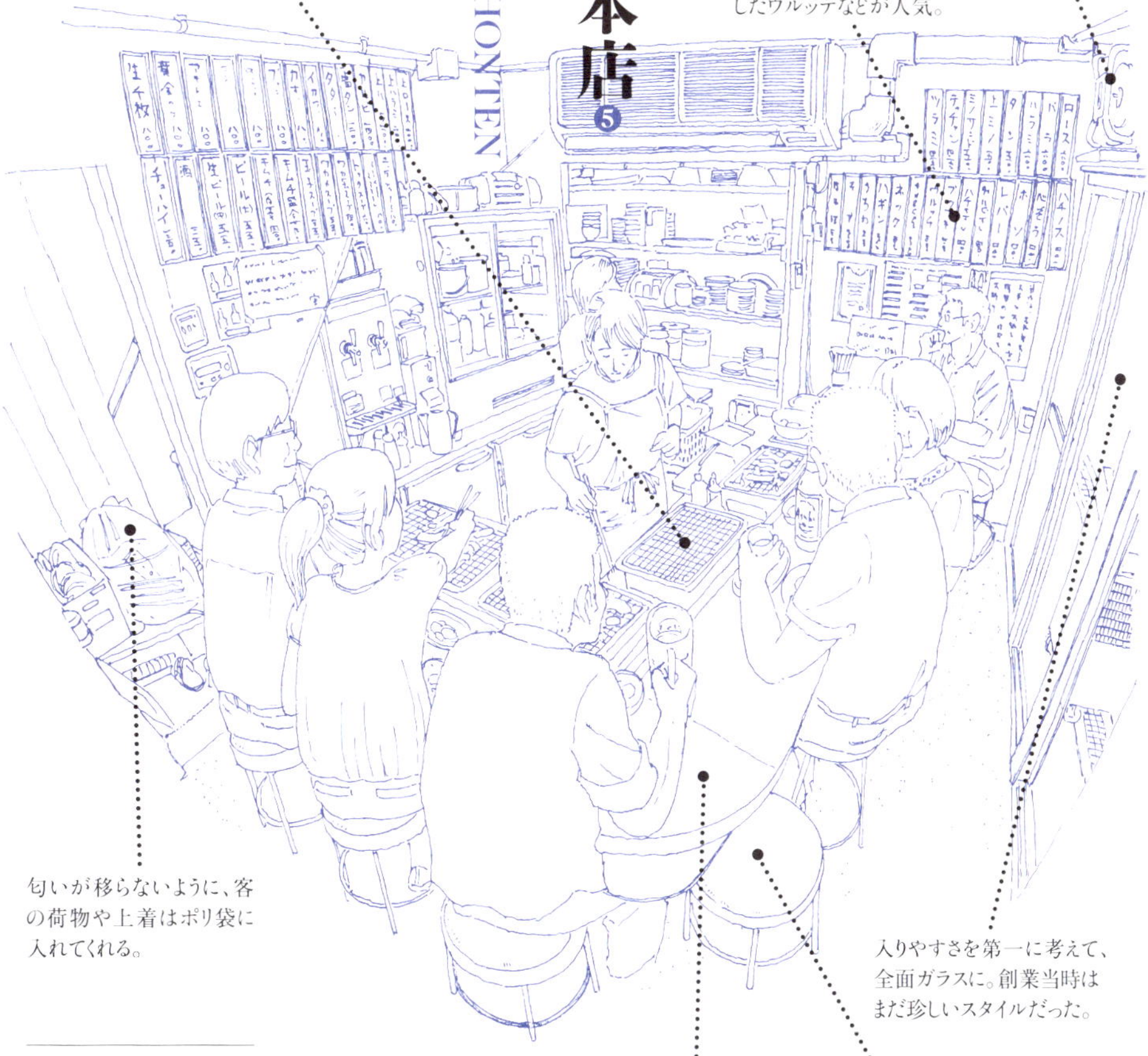

匂いが移らないように、客の荷物や上着はポリ袋に入れてくれる。

入りやすさを第一に考えて、全面ガラスに。創業当時はまだ珍しいスタイルだった。

L字カウンター

スタッフ一人でも切り盛りできるようにと作られたL字型。取材時は二人体制。

昭和テイストの赤い丸椅子。背もたれとクッションがなく、座りやすくて座りにくい絶妙のバランス。

客はいつも一杯で開店早々から並んでいるし、女子の姿もよく目にする。「目方も値段も半分!いろいろ食べやすく!」の宣伝文句通りでメニューは多い。「うちわ」「ハギシ」といった稀少部位、「黄金の玉」「小袋」など際どい生モノもある。けれども「やっぱり上ハラミ」(これだけ量が2倍である)という声も根強いし、ミノサンドの脂の残し方やテッチャンの掃除が上手い、という通な意見もなるほどである。オープンは昭和56年(1981)、焼肉=高級のイメージを覆すべく、先代が3.5坪のカウンターだけの店から始めた。現在、鶴橋に4店舗、道頓堀に1店舗を展開。ホソ450円、ツラミ450円、ハチノス400円。

●大阪市天王寺区下味原町1-10　✆06-6773-1300
17:00〜0:00(土・日・祝日は16:00〜)
火曜休(祝日の場合は翌日休)

住乃江味噌池田屋本舗 ⑥

SUMINOEMISO IKEDAYA HONPO

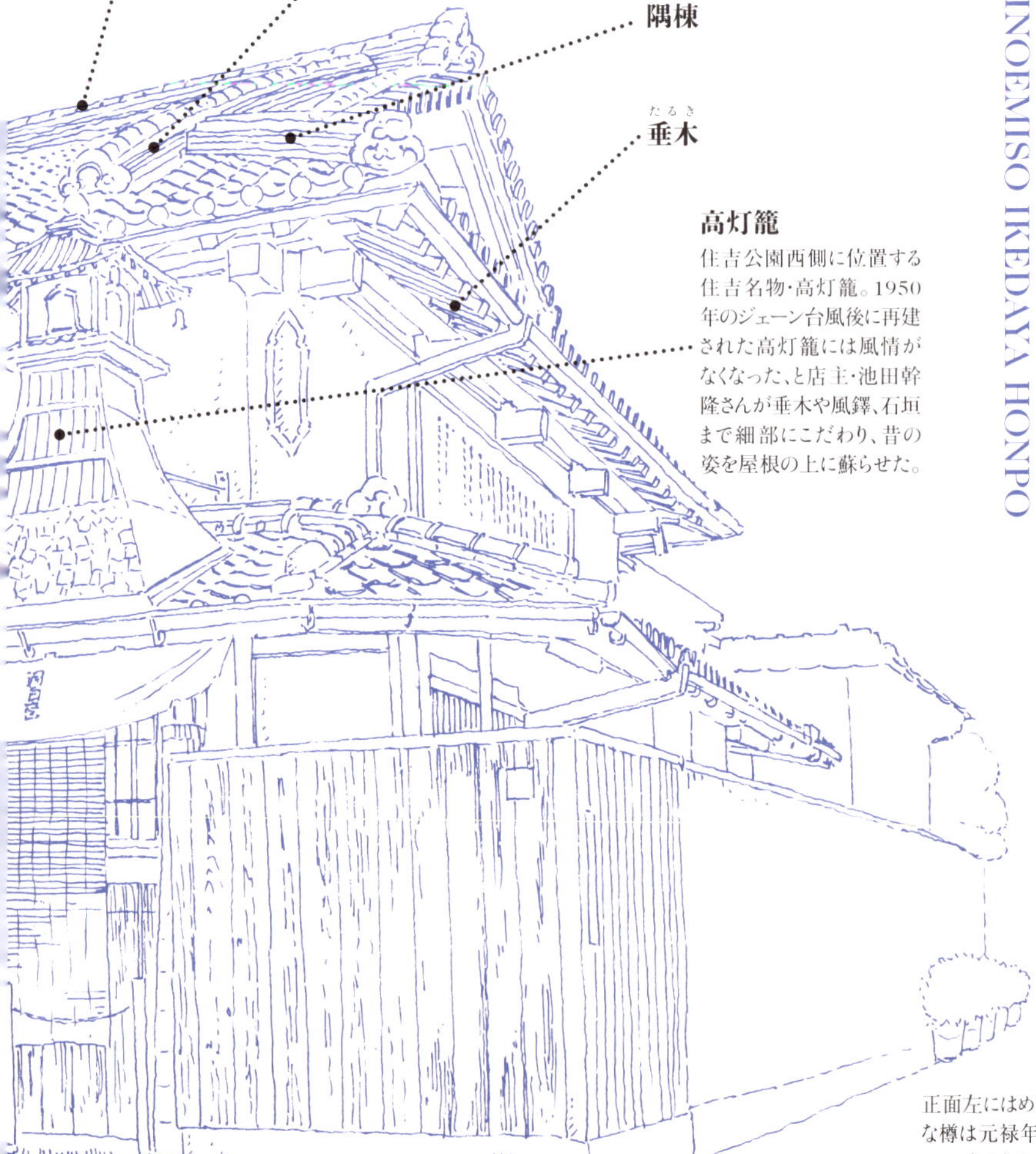

高灯籠

住吉公園西側に位置する住吉名物・高灯籠。1950年のジェーン台風後に再建された高灯籠には風情がなくなった、と店主・池田幹隆さんが垂木や風鐸、石垣まで細部にこだわり、昔の姿を屋根の上に蘇らせた。

正面左にはめ込まれた大きな樽は元禄年間（1688〜1704）のもの。重さ400貫（1貫3.75kg）。

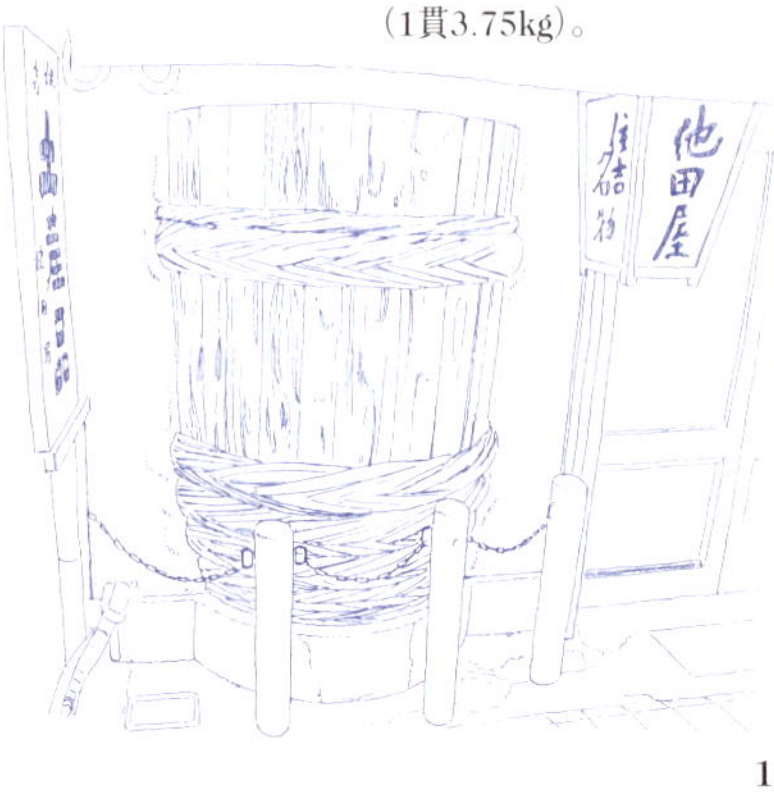

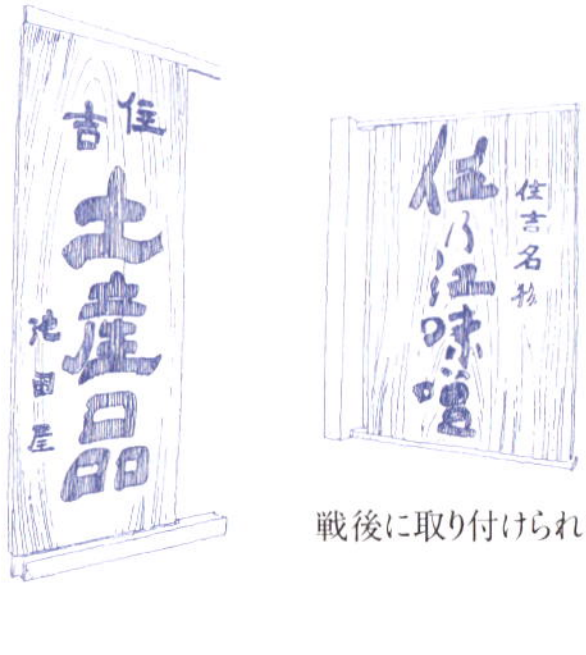

戦後に取り付けられた看板。

うだつ

蔵造りの防火壁。装飾としても、裕福な商家で競って立派なうだつがつけられた。立派なうだつを上げるには財力が必要だったことから、慣用句「うだつが上がらない」が生まれたとか。

看板

百人一首にも選出された歌、「住の江の　岸による波　よるさへや　夢の通い路　人目よくらむ」（古今集）が書かれる。住の江とは、住吉大社付近まで迫っていた海岸のこと。書は榊莫山に師事した墨象家・荻野丹雪の手による。

鍾馗《しょうき》

魔除けや厄除として屋根の上に飾られる。向かいの家の鬼瓦をにらみ返し、邪気を払う。

虫籠窓《むしこまど》

家屋の中二階の壁に、採光や通風を目的として作られた格子窓。名前の由来は虫籠に似ていることから。

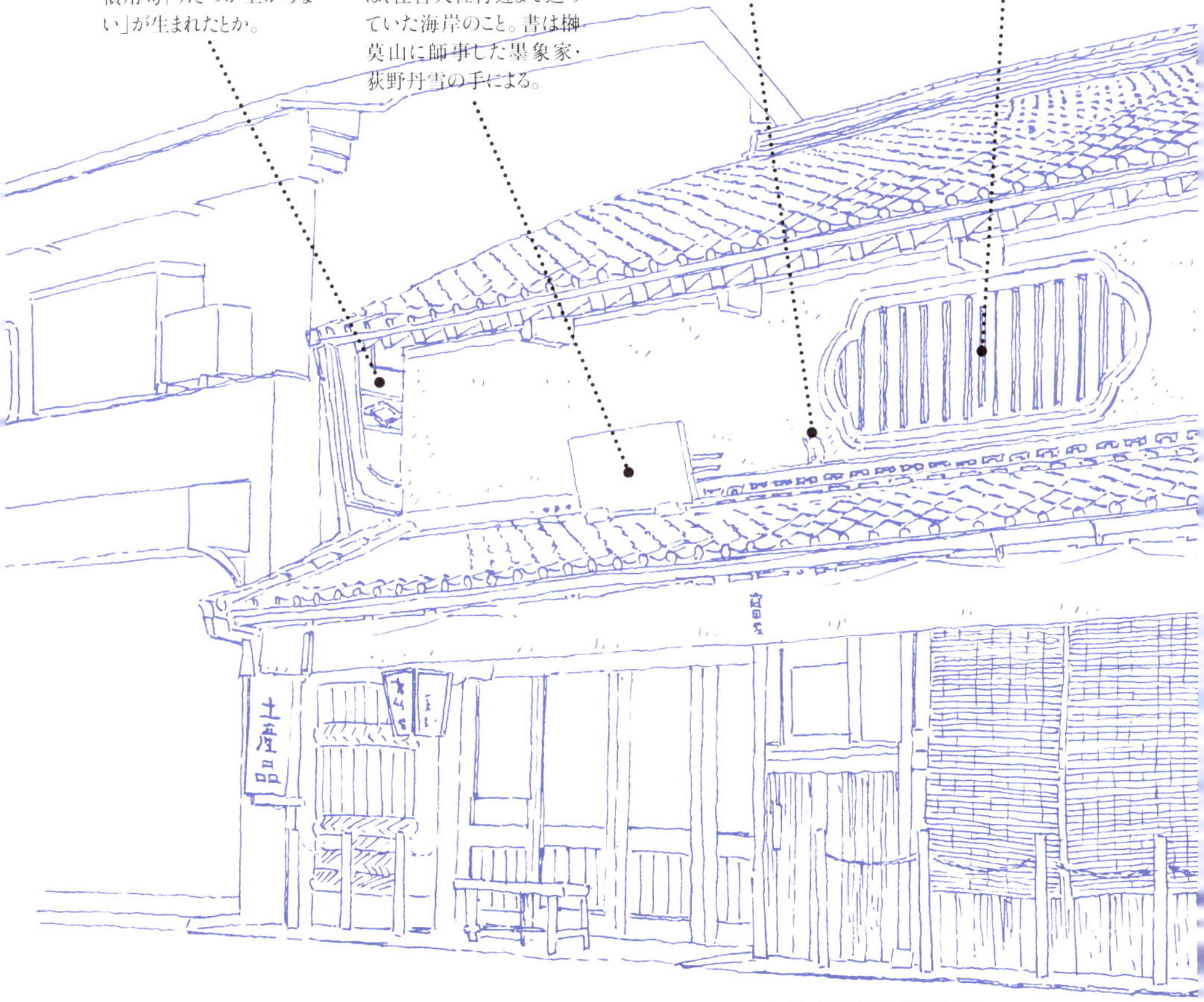

名物・住乃江味噌は純粋な食品で、手間暇かけて炊き上げているから常温で保存がきく。

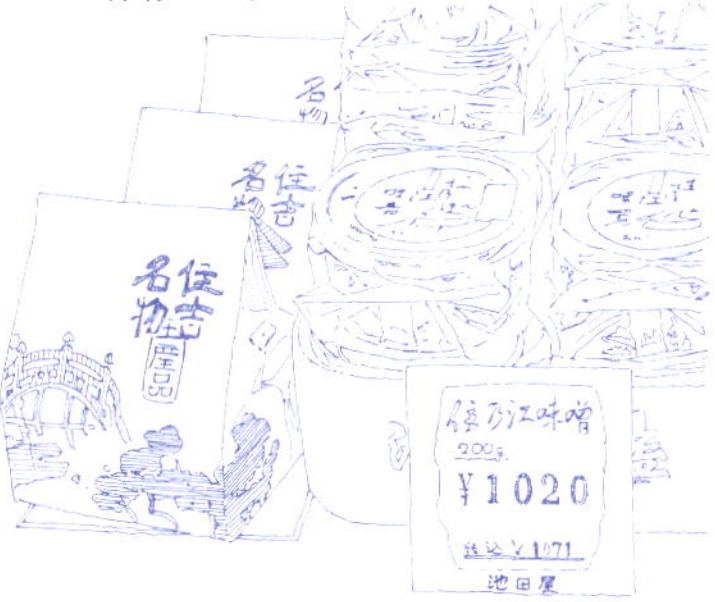

熊野街道と住吉街道の四つ辻角にあって、創業は永禄年間、450年以上の歴史を持つ名店だ。明治・大正・昭和天皇にも献上していたという、手造りの「住乃江味噌」が名物。池田屋伝来の元味噌に砂糖、黄ゴマを加えて炊き上げた絶妙な味で、白ごはんや焼きなす、キュウリなどと相性が抜群な「おかず味噌」である。この住乃江味噌は明治になってつくられた老舗の新製品であったが、それでも約140年の歴史を誇る。柚子味噌や、かつおでんぶも独特の味。住乃江味噌200g 1,144円、柚子味噌178g 993円、かつおでんぶ100g 788円。

●大阪市住吉区住吉1-9-22　✆06-6671-4845
9:30～16:30　水・日曜休

老舗

店とは「地元性」そのものである。

江 弘毅

「皿の上だけで星をつける」などと言い訳がましいことを言って、関西版をつくったのがミシュラン・ガイドだが、相当に苦労をした形跡がうかがえる。なぜなら大阪の店としての「うまいもん屋」は、うまいもん（皿の上の料理）＋屋（店自体）の双方がコミュニケーション的に相互嵌入して成り立っているからである。

もちろんハコとしての店の善し悪しというのは、建築がだれそれ設計で、店舗空間のデザイナーはだれで、ライティングのアーティストは…といったようなものでは決まらない。商業空間に対してのそういう見方は、それはそれで楽しいけれど、内外装にふんだんにお金を遣っていて流行の先端のデザインだからうまい店だ、という図式は大阪には絶対ない。

また飲食系に限っていうと、大阪の店はとくに庶民的なアイテムつまり、めし屋うどん屋お好み焼き屋…といったものに他所と比べてのダントツなアドバンテージがある。

日常的な「うまい店」のたたずまい。

旧いミナミすなわち南地でも「川八丁」と呼ばれた道頓堀を挟んだ東西の「浜（河岸）」は、芝居小屋や茶屋が連なる粋所だった。そのうちの「戎橋」と「大黒橋」の間の北岸が久左衛門町、南岸が九郎右衛門町である。ちなみに九郎右衛門町には天保の改革の最後期にあたる天保一三年（一八四二）の遊所処理で、泊茶屋や風呂屋が集められた。

明治三五年（一九〇二）創業の**大黒**❶は、その大黒橋のたもとの九郎右衛門町に開店し、戦後少し南東にあたる現在の位置に移店している。九郎右衛門町を含めた「南地五花街」は明治期以降、新町や北新地をしのぐ大阪最大の花街で、この店の近辺には芸者さんが多く住み、仕事の合間に化粧を落とすことなく簡単に食べられるかやくご飯が人気だったという。［大黒］は時代の流れや戦火を超えて、今なおそういった南地の空気を確かに揮発させている。

同じ道頓堀の南岸の旧九郎右衛門町で、モダンでハイカラな洋食の要となっていた牛肉精肉店が大正八年（一九一九）創業の**はり重**❷。道頓堀側の1階には洋食グリル、2～3階がすきやき、しゃぶしゃぶのお座敷肉料理店、そして御堂筋側にカレーショップを附属直営している。カレーショップは昭和三四年（一九五九）オープン。主力メニューのカレーライスにしろ洋食的牛丼のビーフワンにしろ、さしずめ当時からのファストフードといったところだが、迫力の内装同様、昨今のファストフード店には絶対その味を出せない精肉店直営の味だ。入って向こう正面の藍色タイル、天井に渡された梁、花形の電灯、レジカウンターと、昭和を素晴らしく物語る内装である。

ファストフードとセルフ・カフェ、コンビニ、チェーン店系の居酒屋…と、どんどん画一的な若い猥雑さが目立つ昨今の道頓堀にあって、柳がそよぐ昔ながらの佇まいがかえって珍しくなった**道頓堀今井本店**❸。二〇〇二年に建て替えられた8階建ての新しいビルだが、庶民の日常食にこそ大阪の食文化が宿るとばかりの綺麗で瀟洒な店舗だ。

大阪天満宮にほど近い天神橋筋商店街入口といった、絶好の大阪下町ロケーションにあるお好み焼きの**甚六**❹は昭和五六年（一九八一）創業。二〇一〇年のNHK連ドラ『てっぱん』の大阪ロケや、「赤井、朝日新聞で連載します」というコピーの赤井英和が登場する朝日新聞の大判ポスターやCMの背景に使われている。どこのディテールをどう切り取っても、典型的な「大阪のうまいお好み焼き屋」を具現化している店舗だ。

店の空間そのものを味わう。

大阪は焼肉・ホルモン帝国であるが、その聖地となるエリアが鶴橋だ。鶴橋に行くことすなわち「焼肉を食べに行く」ことであり、近鉄とＪＲのガード下を含め１００メートル四方に20～30軒の焼肉・ホルモン店がひしめき合っている。カンテキや卓上コンロからニンニクとたれが焦げる煙をバンバン出し、滴る脂が炎を噴かせるほとんど火事場状態の中で食べる焼肉のうまさは格別だ。

その鶴橋焼肉界の最ハードボイルド的店舗ということなら**空**❺である。それも4軒の建物があるうちの角地にあるL字カウンター店舗。「とにかく、焼肉・ホルモンが食べたい」という切実な身体の欲求は、コリアタウン的店舗ではなく、こういう空間でないとがっちり受け止められないのだ、と身体で知るべし。

住吉大社東参道と住吉街道の交差点にある**住乃江味噌池田屋本舗**❻の創業は永禄年間、参拝客がみやげ物を買い求めてきた店である。住吉高灯籠を配し虫籠窓のある蔵造りの建物は、国の有形文化財に指定されている。

こうして大阪の店を見てみると、店の作りや意匠…といったものに、何ものでもない「その店らしい」工夫が感じられるのと同時に、その店の存在そのものがまさにその店が立っている「場所の地元性」を具現化しているようだ。それこそが大阪の街場の店の代替不可能な奥深さにほかならない。

道頓堀

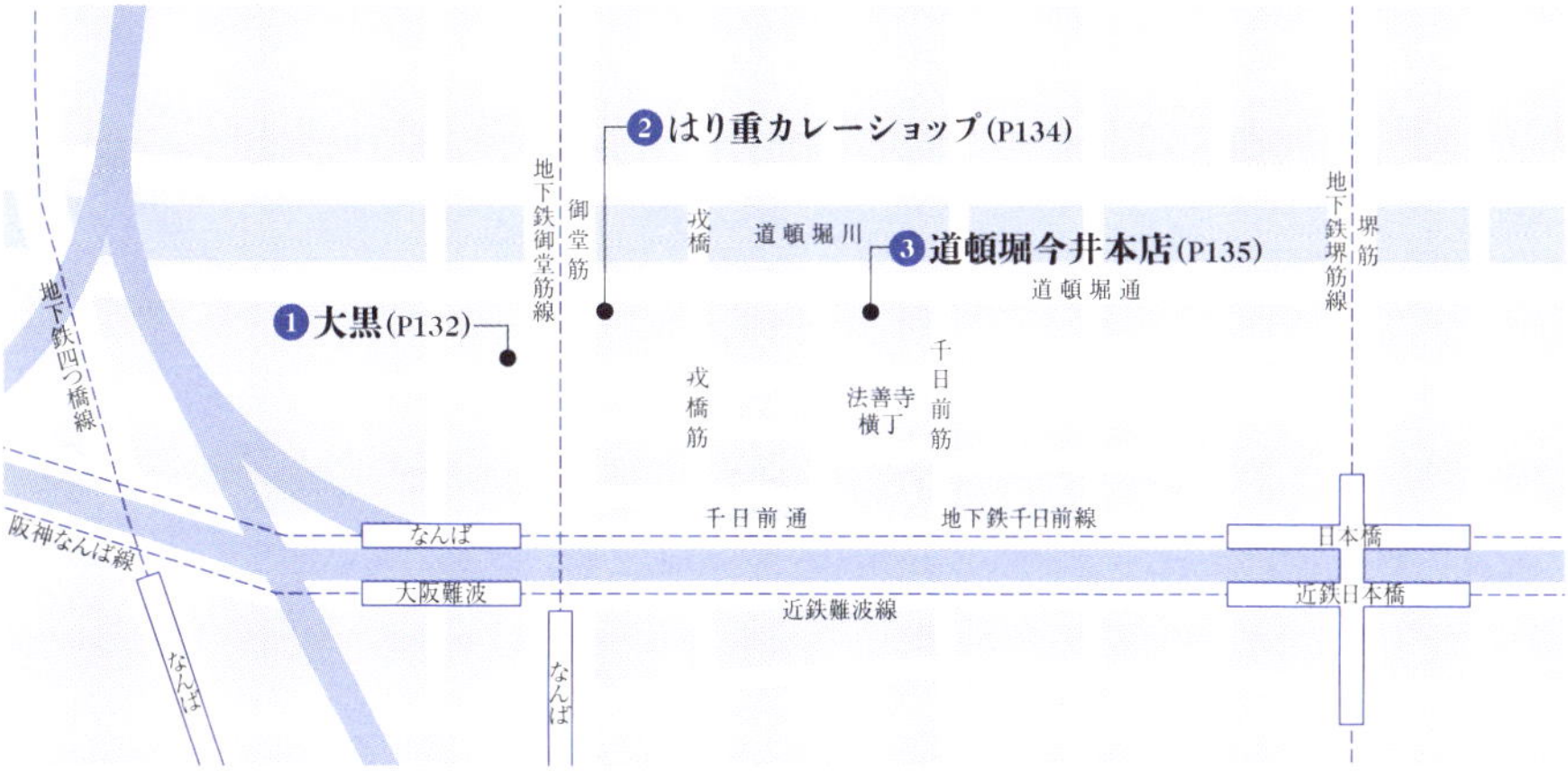

❷はり重カレーショップ(P134)
❸道頓堀今井本店(P135)
❶大黒(P132)
地下鉄御堂筋線
御堂筋
戎橋
道頓堀川
道頓堀通
地下鉄堺筋線
堺筋
地下鉄四つ橋線
戎橋筋
法善寺横丁
千日前筋
千日前通
地下鉄千日前線
なんば
大阪難波
日本橋
近鉄日本橋
近鉄難波線
阪神なんば線
なんば
なんば

天神橋

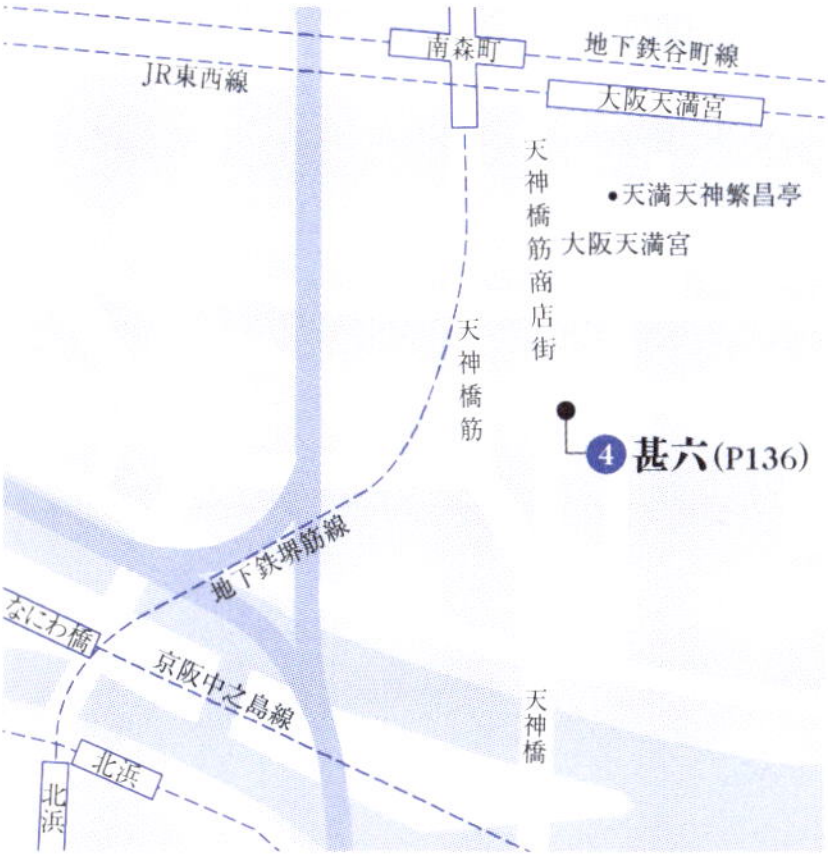

南森町
地下鉄谷町線
JR東西線
大阪天満宮
天神橋筋商店街
•天満天神繁昌亭
大阪天満宮
天神橋筋
❹甚六(P136)
地下鉄堺筋線
なにわ橋
京阪中之島線
天神橋
北浜
北浜

鶴橋

❺空 鶴橋本店(P137)
千日前通
地下鉄千日前線
鶴橋
近鉄大阪線
鶴橋
玉造筋
JR大阪環状線

住吉

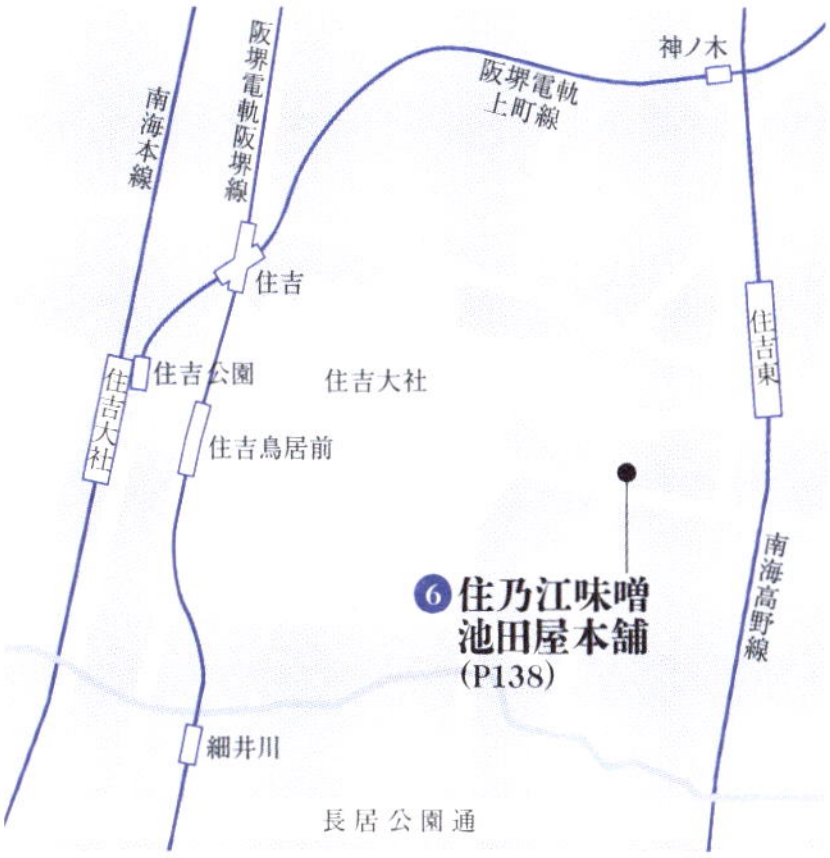

南海本線
阪堺電軌阪堺線
阪堺電軌上町線
神ノ木
住吉
住吉公園
住吉大社
住吉大社
住吉鳥居前
住吉東
❻住乃江味噌池田屋本舗(P138)
南海高野線
細井川
長居公園通

街のランドマークⅧ 喫茶・バー

2階の天井からぶら下がる華麗なシャンデリアは、3つを縦に繋げたオリジナル。同じものが2セットあり、年に1度、クリスマスシーズン前にかけかえる。足場を組んで取り外されたシャンデリアは業者にて洗浄、翌年に備える。

入ってすぐ左手にあって目を引く巨大レリーフ。向かって左は駆けてくる「男性」を、右はかがんだ姿の「女性」を表現。

螺旋階段の側面には大理石を使用。階段の曲線に合わせて大理石を加工するのは難しく、当時の一流の職人に依頼して一度は断られたほど。職人渾身の手仕事の技は必見。

純喫茶アメリカン ❶

CAFE AMERICAN

タイルが天井に幾何学模様を描く。天井にタイルを貼り付けるという手法は、当時ならでは。

天井に咲く花びらのような照明。店内の照明器具にはどれも電球の数が多く、交換・修理が大変だそう。

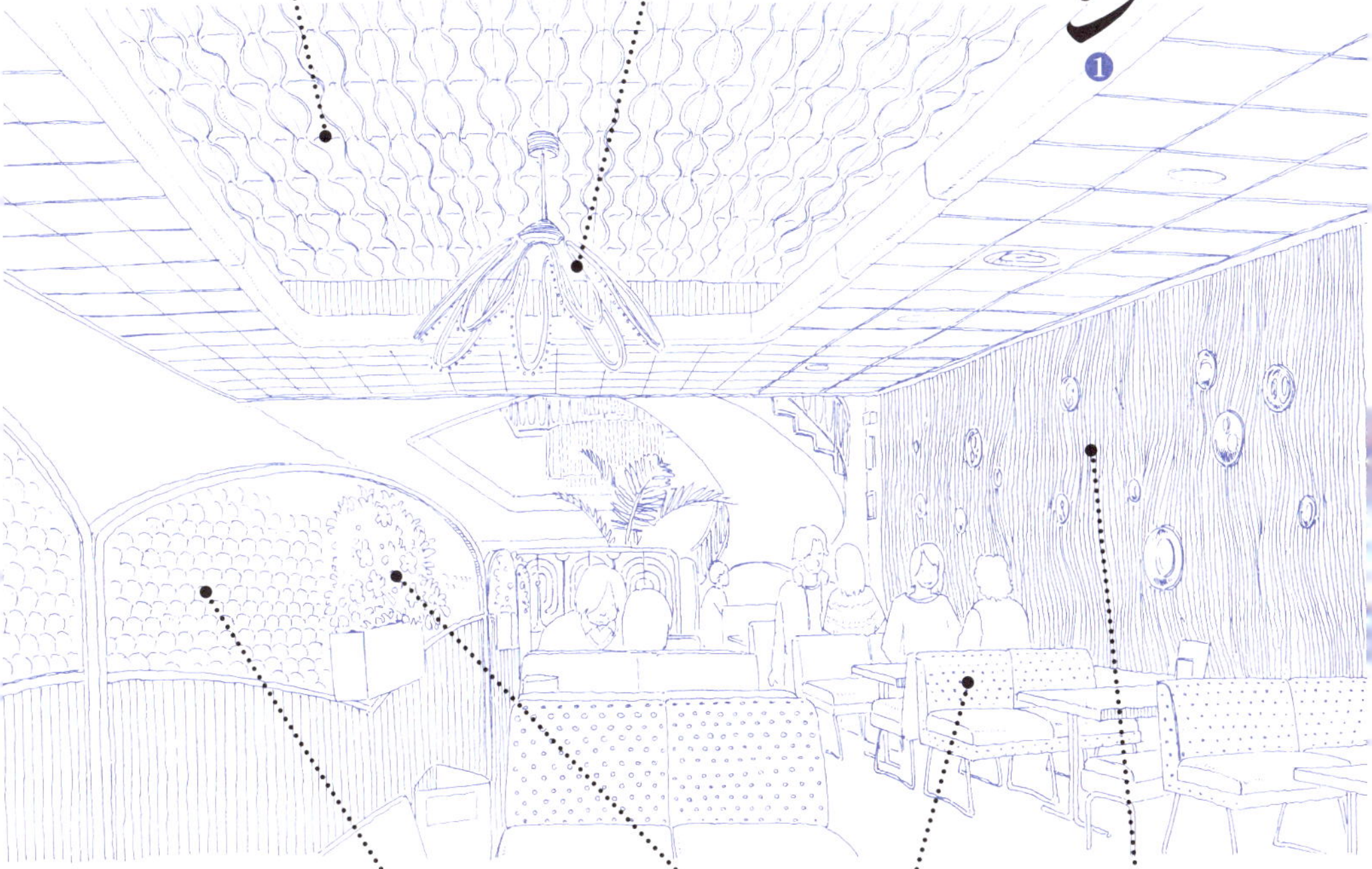

客席を仕切る白い衝立には、本物の貝の内側部分を使用。同じ大きさの貝を集めて、上品な模様に仕上げている。

本物主義を貫いて、店内に飾る花もすべて生花。

ナラ、ブナなど天然の木材の色を生かしながら、640枚を組み合わせて表面を波打たせた木壁。「店でメインの場所だから」と、30年以上前に家一軒が建つほどの予算をかけた。

絨毯の色に合わせて生地から選んだオーダーメイドの椅子。1階はブルーを基調としたアメリカンテイスト。2階は茶系でヨーロピアン風に。

昭和21年(1946)創業。総席数245。店の造りや装飾はご覧の通りだが、メニューブックから持ち帰り用の自家製焼きプリンの容器やサンドイッチの箱まで、軽快だが凄みのある意匠にデザインされている。サービスもホテルのカフェ顔負けで、蝶ネクタイにベストを着た店員が奥のカウンターに並ぶ姿は気持ち良い。豆は世界初の焙煎機を製造したドイツのプロバット社製で焙煎される。コーヒー550円、ホットケーキセット980円、カスタードプリン550円。

●大阪市中央区道頓堀1-7-4　✆06-6211-2100
9:00〜22:45(LO)
※火曜のみ〜22:15(LO)、モーニングは〜11:00
第2·3·その他1回木曜休

アラビヤ珈琲店 ②

ARABIYA COFFEE

手先が器用だった先代の手がけた、精巧な幌馬車の模型。入口付近の棚に飾られたぶらじる丸のモデルシップも先代の作品で、世界各国の砂糖が積まれている。

凝った細工の取っ手や蝶番などは、先代がこだわってヨーロッパまで行って買い付けてきたもの。

シュガーポットはオレンジ色のホーロー容器。蓋をくり抜いてスプーンが入る場所をキープ。

2代目・髙坂明郎氏の代に変わったとき、低かった棚の位置を上へ付け替えた。

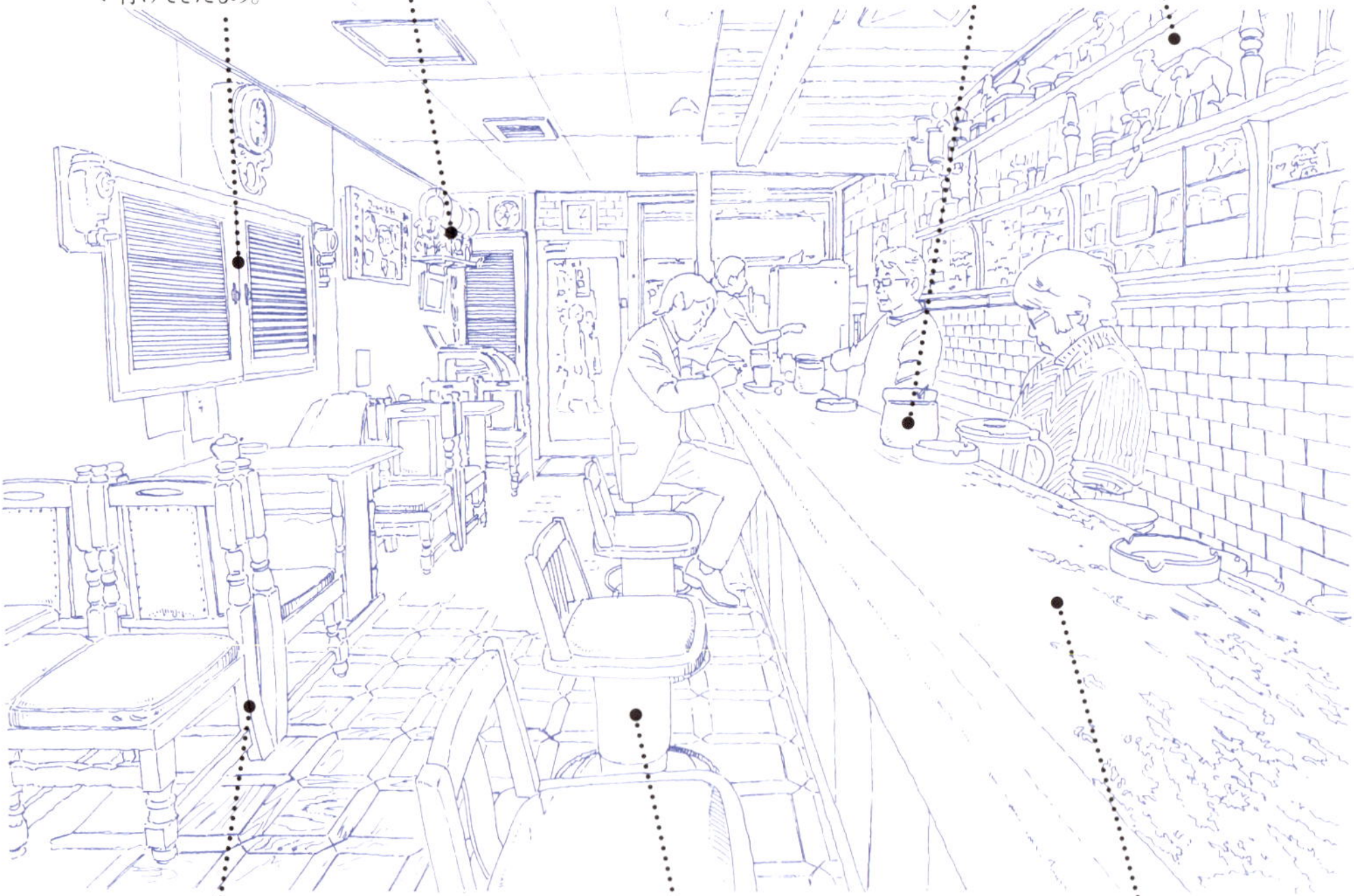

湾曲した後脚の木目が垂直方向に走っていることから、木を曲げたのではなく、削りだして作られたものとわかる。

2人がけテーブルの支柱を、スツールの支柱として再利用。約50年前、カウンターを高くしたときに継ぎ足したという鉄筋部分が、いい味を出している。

35年前に新しくしたカウンターは、米栂（ベイトガ）の一枚板。奥にある大テーブルの分厚い板も同じく一枚板で。

昭和26年（1951）に開店。コーヒーがまだ贅沢品だった頃から、マクドナルドやセルフサービスの店で誰もが気軽に飲める時代になるまで、ずっとミナミを見つめてきた。木枠のガラス扉からして、ゴージャスだとかシンプルだとかいった形容を拒絶しているかのような感触がする。珈琲は自家焙煎した粗挽きの豆をネルドリップで淹れる。先代の焙煎機は店の看板になっている。ブレンドコーヒー450円、ブラジルコーヒー520円、アラビヤサンド620円。

●大阪市中央区難波1-6-7　✆06-6211-8048
10:00〜19:00（木〜土曜・祝前日は〜22:00）　無休

看板、カップや灰皿のアラビヤ人の絵は、先代・髙坂光明氏の弟さんが『アラビアンナイト』の絵本を参考に描いたもの。グッズは購入もできる。カップ＆ソーサー1,800円。

店主・髙坂明郎氏による手彫り看板は、正面が先代で父親の光明氏、右側は弟さんで左側はご本人。明郎氏も、先代から手先の器用さを受け継いでいる。

キングオブキングス ③

KING OF KINGS

創業時からの常連客だった、二科会で活躍した洋画家・赤羽恒男氏による、ルクセンブルクの絵。

スチールパイプの先に灯りがついたオブジェのような照明。この照明や椅子、ソファなど、こだわり抜いたインテリアはすべて40年前の創業時のまま。

ピアノの音が響かないよう、防音のため天井にも絨毯を張っている。天井の色は空間を広く見せる白色が常識だったが、空をイメージして青緑色に。

ジャズなどのモダンではなく、クラシック音楽が流れる店にふさわしいクラシカルなデザインを若き建築士に依頼。欧州の教会をイメージして、ステンドグラスを壁一面に作った。外の蛍光灯の光がモザイクガラスを通じて柔らかく差し込む。

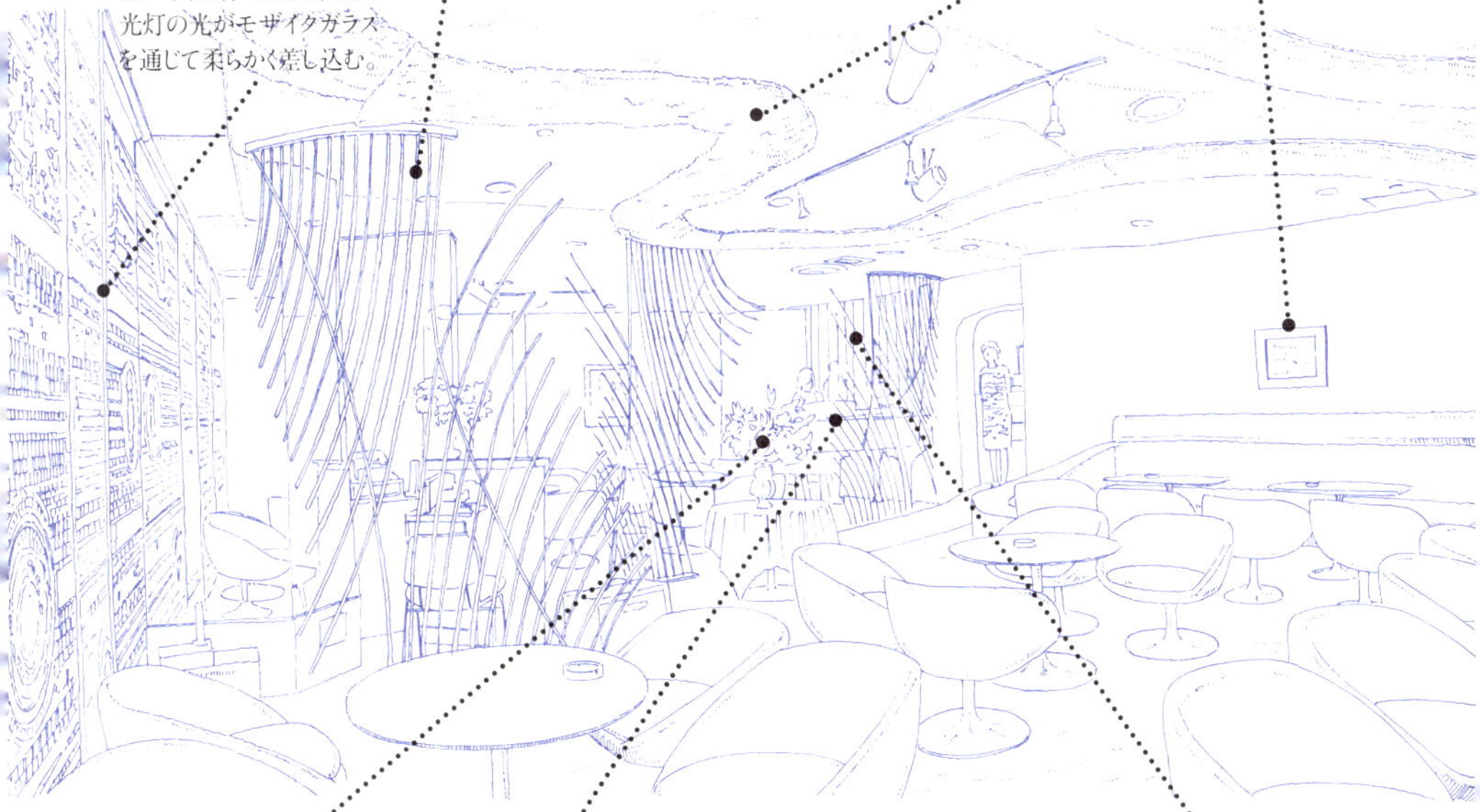

センターに飾られているのは生花。百合のいい香りが空間に広がる。

茶色のヤマハグランドピアノ。名曲喫茶だった名残で、クラシック音楽の生演奏を聴かせる店に。ピアニストは日替わりで、毎晩7時から9時半まで休憩を含めて3回の演奏を行う。

ピアノの裏側にあるカウンター席から見ると、暗闇の向こうにステンドグラスが光る近未来的風景が広がる。

バー空間で存在感を放つ木製のボトルキープ専用棚。全60枠に「オールドパー12年」がずらりと並ぶ。枠に振られた番号は、4、13などよくない数字を飛ばしているため、ラストが92番。

創業時から活躍する現役のレジスター。ボタンの形や色味にも注目。

グランドピアノが置かれ(今もある)、スコッチを飲む空間だが、昼はもっぱらコーヒー・サロンとして使われている。店自体の造作や家具に曲線が多用されているのだけれど、それが直線的な印象になっているとても個性的な空間。バー・カウンターのバックバーには、もう飲めないキングオブキングスの陶器のボトルと、この店で飲める唯一のオールドパーのみが並ぶ。披露宴や同窓会などのパーティー・スペースとしても重宝している。オールド・パー500円、ビール756円、コーヒー300円(17:00〜は540円)、ミックスサンドウィッチ810円。

●大阪市北区梅田1-3-1　大阪駅前第1ビルB1

✆06-6345-3100　12:00〜23:00(ピアノ演奏19:00〜21:30)　日・祝休(予約のある場合は営業)

堂島サンボア ④

DOJIMA SAMBOA BAR

センターに置かれたアンティーク調の皿は、ガラス皿に洋酒ボトルのキャップシールを張りつけ、石膏で後ろを固めたオリジナル。

某新聞社に勤めていた常連客が描いたという先々代の肖像画。1962年の署名。

青が冴える絵皿はデンマークのBing & Grondahl社のもの。先代のコレクション。

昔、関西のバーのオーナーが作った組織「KANSAI BAR ASSOCIATION」の楯で、店主の名前が刻まれている。現在、所持しているバーは数軒程度。

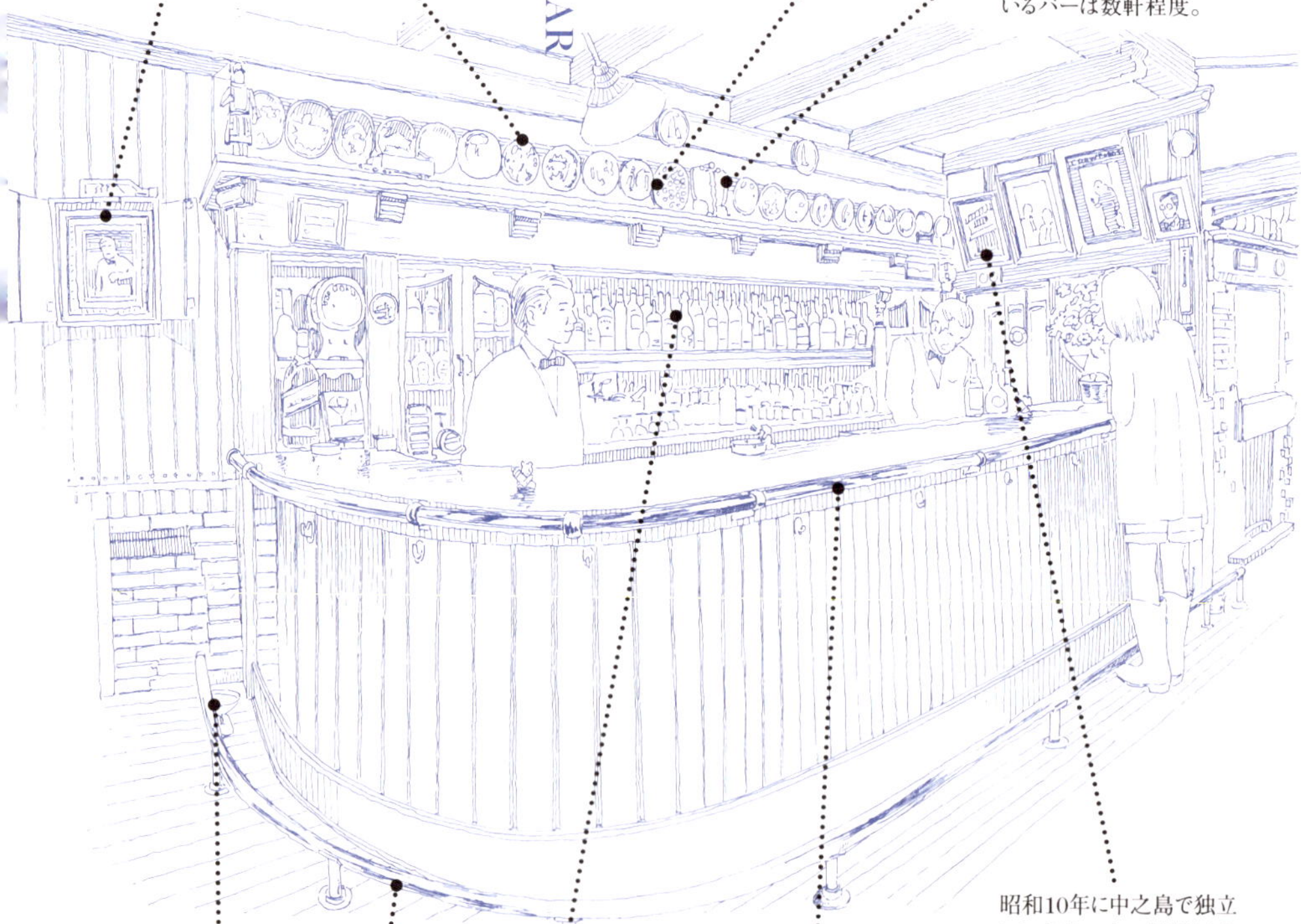

毎日磨き上げられる真鍮製のバー(肘かけ)。

昭和10年に中之島で独立した当時の店の外観写真と、店主・鍵澤秀都氏の祖父にあたる先々代の写真。

足下にはフットレスト(足かけ)がある。

痰壺。保健衛生法によって設置が義務づけられていた時代の名残。もちろん今は使用されていない。

彫刻の美しいバッグボード。「いま、こんな細工をする人はいないと思う」と店主・鍵澤秀都氏。

昭和9年(1934)創業。中之島にあった店を現在の北側へ移し、戦後すぐの昭和22年にこの地に移転させた。大阪キタ・ミナミに7店、京都に3店、東京に3店あるサンボア系のバーでも、最も伝統的かつ都会的な空気を持つ老舗であり、筆頭的存在だ(マッチ箱の裏には最初にこの店がリストアップ)。現在の店主は3代目にあたる鍵澤秀都さん。L字型のスタンディングのバー・カウンターと壁側にテーブル席がある。ウイスキー864円～、ベーコンのステーキ864円、チーズ盛り合わせ864円。

●大阪市北区堂島1-5-40　✆06-6341-5368
17:00～23:30(土曜は16:00～22:00)　日・祝休

リーチバー

LEACH BAR

⑤

余談だが、カウンター正面左端は指揮者・朝比奈隆氏の「指定席」だった。タプローズウイスキーの樽を眺めながら飲むのがお気に入りだったそうだが、常連客ごとに「お気に入りの席」がそれぞれ違うというのがこのバーらしい。

どっしりした存在感のある石積みの柱とは対照的に、バックバーと一番奥の壁面は煉瓦をヘリンボーン組みで斜めに配置（メニュー表紙もその煉瓦）。他の壁面はリーチバーならではの籐席（むしろ）をこれまた斜めに組んで、重厚な雰囲気の空間に動きと遊び心をプラスしている。

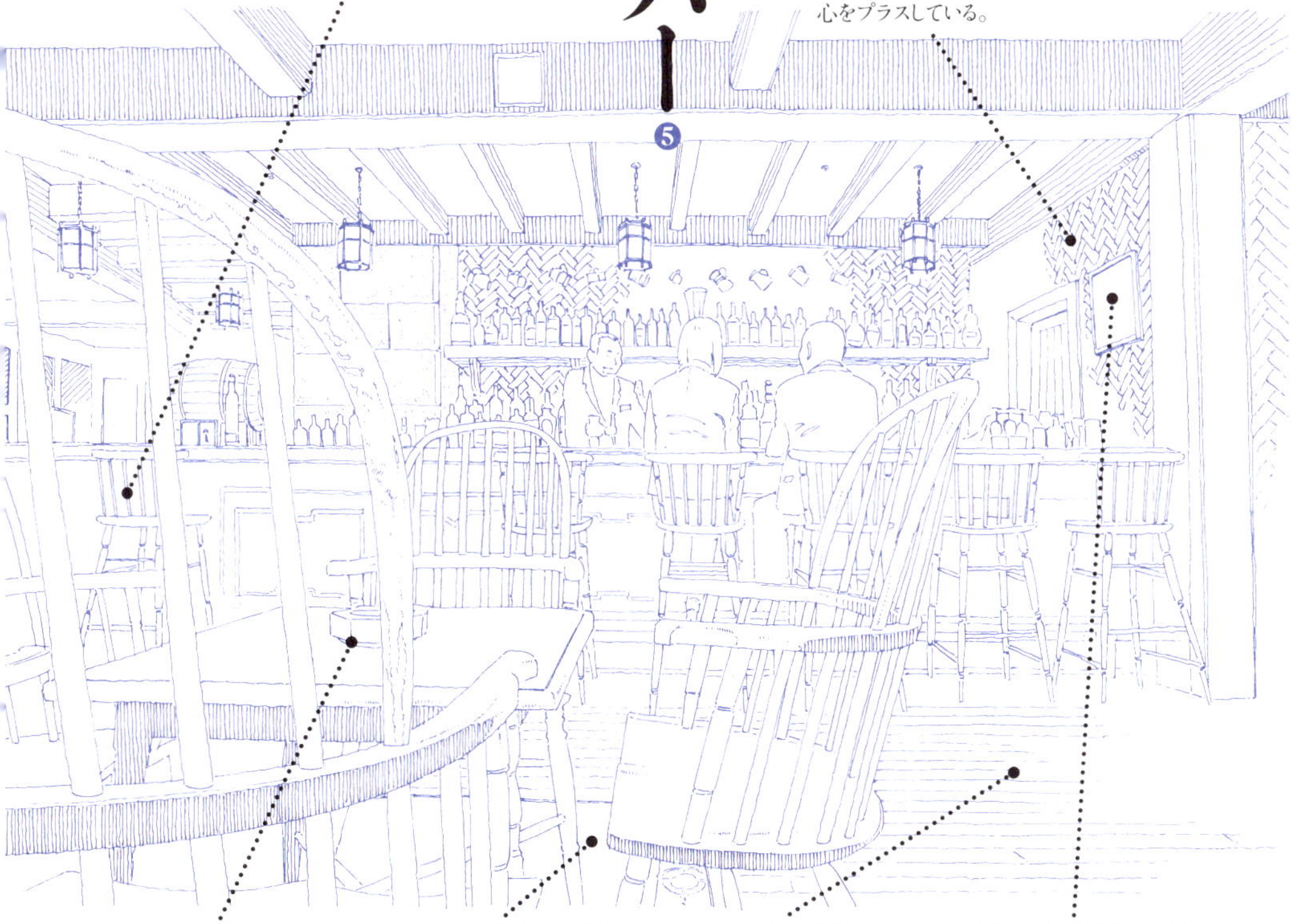

灰皿の内側、美しいグリーンはイギリスのジン、タンカレーのボトルを砕いて焼き込んだそう。長い歴史の中で何度も作り足されている。

各テーブルと椅子の下にはペルシャ絨毯が敷かれる。靴音や家具の音を吸収し、全体の調和を邪魔しない程度に華やかさ演出。

コツ、コツと靴音が美しく響くナラ材のフローリング。

芹澤銈介の絵「花瓶と栗」。芹澤が創始した「型絵染」の作品はカウンター左斜め後ろにある「沖縄風物」。対照的な2作品を見比べてみては。

大阪が誇る名門バー。日常生活の「用の美」が見事に昇華した、穏やかだが迫力のある類まれな酒場空間。椅子やテーブルは、明治末創業の秋田県の木工工房が手がけた正統派ウインザースタイルのもの。独特のゆるやかな曲線は、蒸し煮した木材を丁寧に「曲げ木」したもので、バー・カウンターに溶け込む。「ここで働きたいからリーガロイヤルに入社した」というバーテンダーの話は、さもありなんと頷ける。ビール951円～、ウィスキー951円～、カクテル1,070円～。※税・サ込み

●大阪市北区中之島5-3-68　リーガロイヤルホテル1F

✆06-6441-0983　11:00～24:00（LO23:45）　無休

創業当時からこのウィンザースタイルの椅子は代わっていないが、メンテナンスは職人の力がないと無理。ホテルの営繕担当が修復できないものは秋田にある木工所に頼んで、取りに来てもらうそうだ。

喫茶・バー

街と溶け合う店。

江 弘毅

千日前大通りを北へ渡り、戎橋筋を歩いて北2ブロックのちょうど法善寺へ行く道すがらに**アラビヤ珈琲店**❷はある。地元でも今はそう呼ぶ人は少ないが「南地中筋」という名称の旧メイン・ストリートが、この喫茶店の所在地である。

この店は常連客が多い。しかしそう感じさせないのが、この店のある「場所柄」なのだろう。2代目店主・高坂明郎さんは50代半ばだが、「初めて歌舞伎を見に行ったときに、長唄、鳴物、俳優と、舞台に上がっているのはうちのお客さんばっかりで驚いた」と少年時代のことを回顧する。もちろん「場所柄」とはこの店のロケーション、つまり外観・店内・客層を含めてのことであり、舞台の合間など「表に出て、顔を差す」ことを嫌う芸能関係の客にとって、店側が誰と気づかないほどの寛いだ空気感だ。

以前、仏料理の巨匠アラン・デュカスがパリから来阪したとき、テレビとグルメ誌の合同取材でミナミを一緒に歩いた。次の店、道頓堀今井本店（P135）へと移動中に、すたすたと歩いていた彼はいきなり「30分だけ休憩しよう」とこの店の扉を開けた。わたしはその時、「なるほど同じ感覚なんだ」と唸ったのを記憶している。

千日前筋にある**純喫茶アメリカン**❶は、昭和二一年（一九四六）創業だ。まだ焼け野原の千日前で、「喫茶と食事の最高級店」として開店した頃は、道行く人を驚かせたであろう。創業者・山野勝治郎氏の「儲けはすべて店に注ぎ込む」との信念は、入口に開口する迫力の螺旋階段と行き着く先の2階から吊り下げられた巨大シャンデリアが雄弁に物語る。壁から浮き上がるフェスティバルホールもかくやと思わせるレリーフは昭和三九年（一九六四）の彫刻家・村上泰造作。それら内装のすべてに圧倒される。戦後の大阪的趣味において、まさに「贅を尽くす」ことのひとつのありようが、その都度更新しつつ連綿と受け継がれている、この大型喫茶店の姿勢そのものだ。

まさに〝SALOON《サルーン》〟としか言いようのない「店舗空間」が大阪駅前第1ビルにある。**キングオブキングス**❸。かつて一世風靡した高級スコッチを楽しむためのモダンでデラックスな空間として、昭和四六年（一九七一）大阪万博の翌年に開店している。

際立って多い大阪の地下街にあって、ミッドセンチュリーモダンが色あせて見える「ハヤいデザイン」の飲食店空間。これほど地下街というロケーションにふさわしい店舗形態はないと思える。別に割りつけされたバー・カウンターの中ほどから、ガラスのスリットを通してラウンジ空間を見ていると（抜群の眺めだ）、それが「昭和遺産化」されることのない十分に考え抜かれた空間だということがよくわかる。

空気感が街へ滲み出る。

バーはカウンターの酒場だ。北新地にある老舗のバー、**堂島サンボア**❹のカウンター・スペースは、手本のような立ち呑みの止まり木である。スタンディングで洋酒を飲む際に、バー・カウンターに肘や手をつく高さや角度、欅材のカウンターと真鍮のバーの感触、足をかけるバーの位置や大きさ。人間工学に基づいていると説明されても納得する絶妙なものであるが、何よりも美しい。

昭和三〇年（一九五五）改装時の設計者は当時、建築誌にこう書いている。「施主は店主よりむしろ常連の客で、その人たちがいろんな注文を出す。出来上がってから訪ねて来ても、元の古巣へ帰った感じを失いたくないと言う事であった」。ゆえに「そこら辺りで見かける西洋居酒屋風とは何処か違ったぴりっとした風格のあるものにしたかった」。この空間設計者は実は英国のバーを知らない。が、この店の常連でもあった。だからこそ本場のバーを凌ぐ、卓越した店になった。

昭和四〇（一九六五）年に大阪が満を持してオープンしたのが大阪ロイヤルホテルである。そのとき当時の社長・山本為三郎氏が英国人の陶芸芸術家バーナード・リーチに、「君の記念碑のかわりに一つ部屋をつくるからやらないか、とすすめました」。設計を担当した吉田五十八《いそや》氏との対談で、そう語ったことが記されている。リーチも後に書簡で「わたしは一つの室の設計を試みましたが」と書いている。

この「部屋」あるいは「室」が**リーチバー**❺である。だからこそホテル内のバー・ラウンジといった単なる商業施設ではなく、独立した個店のようである。それは大阪での「街場のバー」の一つとしてもよく取り上げられていることからも明らかだ。

『バーナード・リーチ日本絵日記』（講談社学術文庫）を翻訳したのは交友関係の深かった柳宗悦《むねよし》だが、柳がこのリーチバーの設計に深くコミットメントしている。このバー空間に、河井寛次郎や濱田庄司、染色家の芹澤銈介《せりざわけいすけ》、版画家の棟方志功といった「民藝」同人たちの作品がさりげなく展示されているのはそれゆえだ。もっともそういった経緯を知らずとも、この「部屋」の椅子に座るだけで、バーとして他に類を見ないディテールの積層に驚くだろう。

これらの店は、外の通りと店の外観、さらに店内のインテリアや店の人と客の様子が、その街や通りと別つことが出来ない情景を醸し出している。ドアが開くやいなや、空気感まで街に滲み出ていて、一体なのだ。

北新地〜中之島

3 キングオブキングス(P147)
西梅田
阪神本線
ハービスプラザ
大阪駅前第1ビル
大阪駅前第2ビル
大阪駅前第3ビル
北新地
福島
JR東西線
堂島アバンザ
福島
4 堂島サンボア(P148)
新福島
渡辺橋
大江橋
朝日放送
田蓑橋
堂島川
渡辺橋
中之島フェスティバルタワー
京阪中之島線
玉江橋
錦橋
土佐堀川
なにわ筋
市立科学館
筑前橋
肥後橋
中之島
リーガロイヤルホテル
5 リーチバー(P149)
土佐堀通
グランキューブ大阪
常安橋
あみだ池筋
地下鉄四つ橋線
四つ橋筋

道頓堀

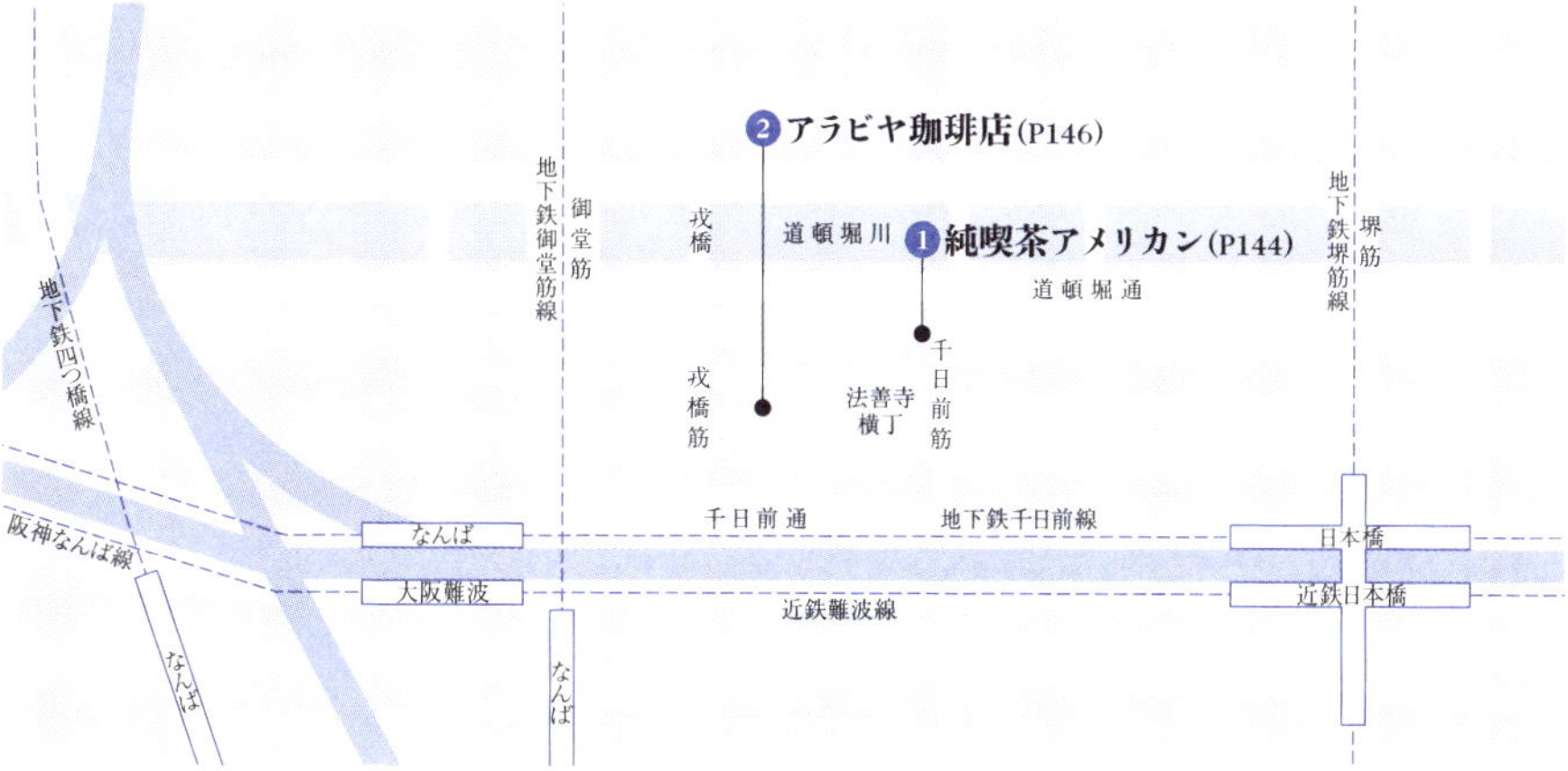

2 アラビヤ珈琲店(P146)
地下鉄御堂筋線
御堂筋
戎橋
道頓堀川
1 純喫茶アメリカン(P144)
地下鉄堺筋線
堺筋
道頓堀通
地下鉄四つ橋線
戎橋筋
法善寺横丁
千日前筋
千日前通
地下鉄千日前線
なんば
日本橋
阪神なんば線
大阪難波
近鉄日本橋
近鉄難波線
なんば
なんば

街のランドマークIX

公共建築

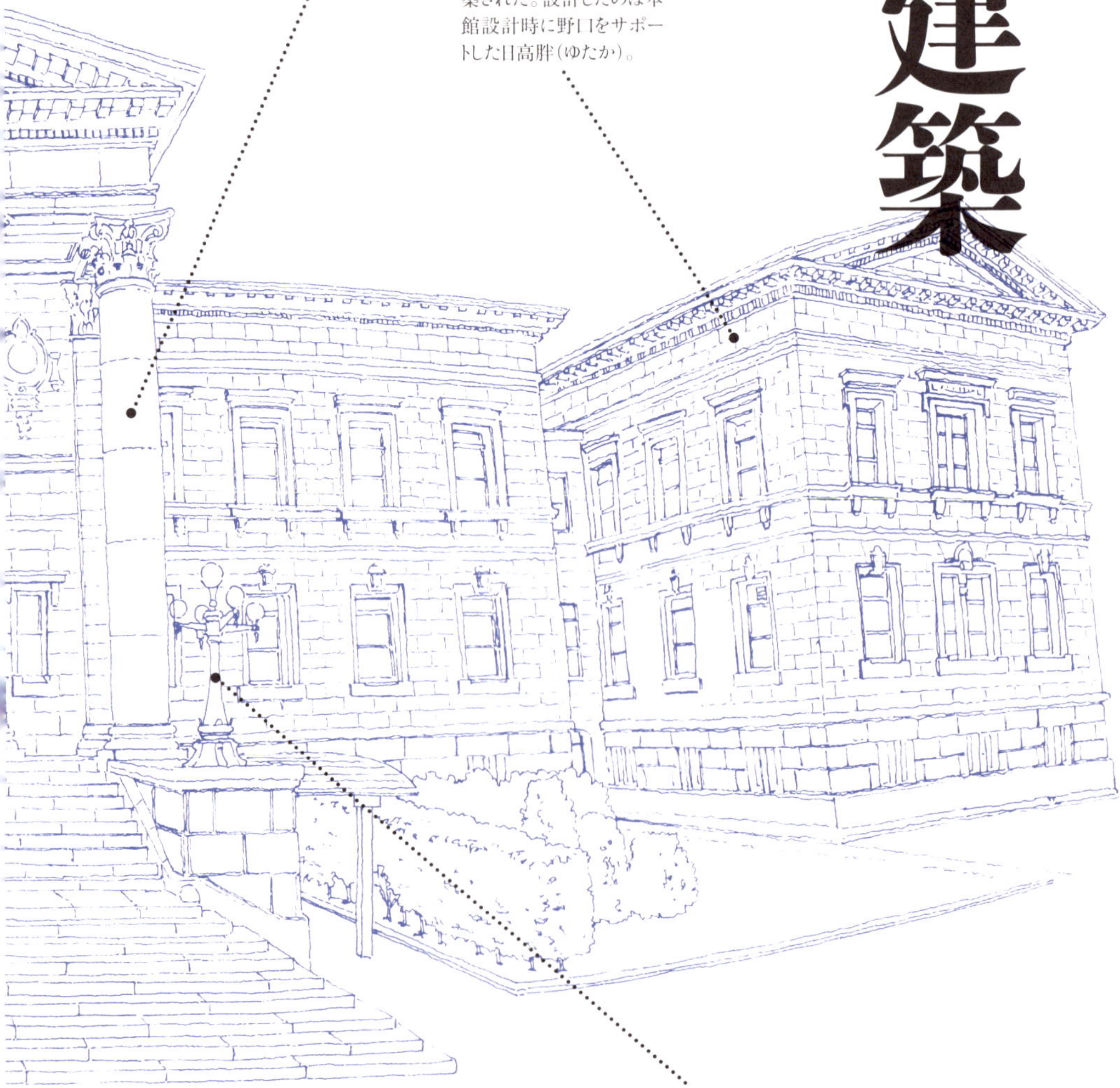
コリント式のオーダーは、アカンサスの葉をモチーフにした柱頭の装飾が特徴。
1922年、図書館が手狭になったため、やはり住友家の寄付によって両翼が増築された。設計したのは本館設計時に野口をサポートした日高胖(ゆたか)。
大階段の両脇に設けられた照明柱のデザインも特徴的。

大阪府立中之島図書館

OSAKA PREFECTURAL NAKANOSHIMA LIBRARY

引きがないため、正面からは中央のドーム屋根をみることが難しい。
張り出しの大きな立派なペディメント(破風)。
玄関扉の上部には、竣工時の施設名である「大阪図書館」が刻まれている。
2014年12月末に耐震補強工事が終了。2015年4月には永らく閉鎖されていた正面玄関が復活する予定。

中央ホール

3階のギャラリーとドーム屋根の間には、八聖殿になぞらえて、階段正面から右回りに菅原道真、孔子、ソクラテス、アリストテレス、シェイクスピア、カント、ゲーテ、ダーウィンの八哲の名が記されている。

ドームの頂部から、色ガラスを通してやわらかい自然光が注ぐ。

階段の両脇に立つ二つの彫像は、「文神像」と「野神像」。それぞれ「知性」と「野性」を表現しているといわれている。

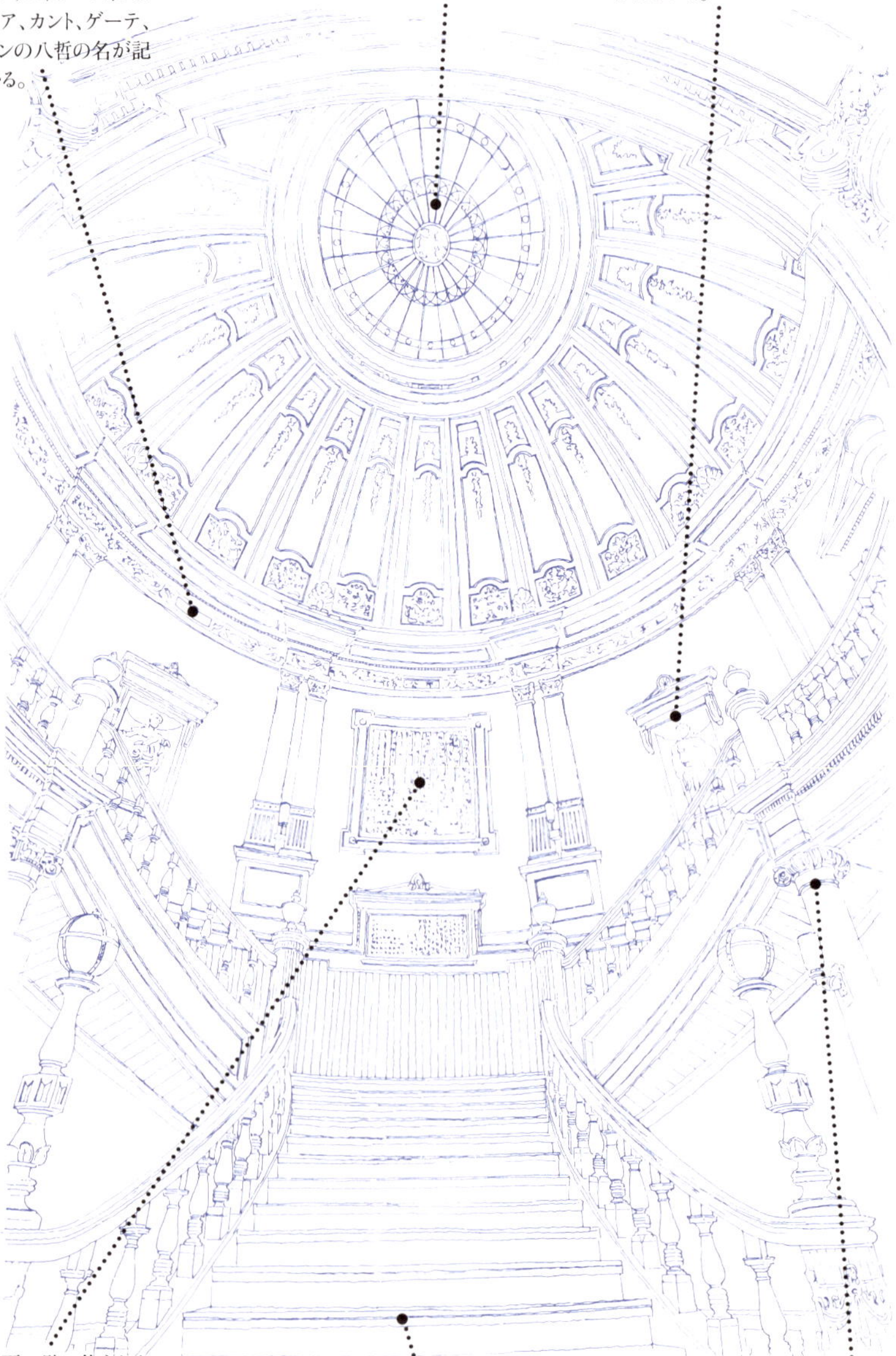

階段正面の壁に飾られた額は、寄付するにあたっての住友吉左衛門の思いをつづったもの。最初の竣工時のものと、両翼増築時の2つある。

末広がりにカーブを描くダイナミックな階段。

円形にホールを取り巻く木製のギャラリーは、イオニア式の円柱で支えられている。

日本における西洋建築の達成。

明治に入って大阪の近代化が進み、公立図書館設立の機運が高まるなか、住友家第15代当主住友吉左衛門友純《ともいと》の寄付によって、1904年に大阪図書館が開館した。友純は完成した建築を引き渡すかたちを取り、設計を住友内に設置した本店臨時建築部の技師長、野口孫市に託した。そもそもこの組織は住友が銀行業を始めるにあたり、本店建設や各地の支店のために設けたもので、野口は本店設計のための欧州調査から帰国後、すぐにこの図書館の設計に取りかかることとなった。

日本の建築界は明治以降、必死になって西洋建築の受容に努めてきた。造幣局の泉布観《せんぷかん》のように、初期は外国人建築家によって国家の重要な建築が建てられたが、明治20年代になると辰野金吾を筆頭とする日本人建築家の第一世代が育ち、東京の日本銀行本店などが建てられていく。しかしこの頃はまだ様式をなぞるのに精一杯で、どことなくぎこちなさが残った。

しかし30年代になってようやく、西洋のスタイルを十分に消化した建築が現れはじめる。野口が設計した中之島図書館はそのような時代の建築で、古典様式の非常に完成度の高い作品として、日本の近代建築史的にも高い評価が与えられている。

増築が繰り返されてわかりにくくなっているが、建設当初の中之島図書館は十字型プランの求心性の高いシンボリックなもので、まさにギリシア神殿の佇まいを思わせるものであった。現在は正面のすぐ前に大阪市役所が建っていて、写真を撮ろうとしても引きがなくて多くのカメラファンが苦労していると思うが、現在の市役所が建つ前ここには豊臣秀吉を奉る豊国《ほうこく》神社があり、図書館の正面には広々とした空間が広がっていた。実に象徴的な景観だったことだろう。

正面の大階段の先に設けられたポルティコには、コリント式のオーダー（列柱）が並び、立派な三角形のペディメントを支えている。その奥の壁面に設けられた特徴的なアーチ窓の先には、普段は公開されていない記念室がある。

現在は正面玄関からではなく、大階段の両脇から入館するアプローチになっているが、今の受付部分には、かつて下足預所があったという。内部の見どころは何といってもドーム屋根の下に広がる吹抜の円形ホールだ。ドームから自然光が取り入れられ、中央には優雅なカーブを描いて広がる舞台装置のような階段が設けられている。普段図書館を利用する人は意識しないかもしれないが、これほど密度の高い充実した空間は、日本国内ではなかなかお目にかかれない。

建設年:1904年（1922年両翼増築）
設計:住友本店臨時建築部（野口孫市、日高胖）
重要文化財
●大阪市北区中之島1-2-10

大阪府立中之島図書館

1世紀以上現役の「みんなの建築」。

高岡伸一

「公共建築」という章のタイトルに、それほど大した意味はない。これまでも大阪府立の文化施設や橋、駅・空港など、公共の施設は何度も取り上げてきたわけだし。ここでは最後に、これまで取り上げる機会のなかった、大阪名所として外すわけにはいかない名建築、「みんなの建築」を紹介したい。

大阪自慢の「みんなの建築」として、まず思い浮かぶのが大阪府立中之島図書館。中之島という恰好のロケーションに建つ、100年以上前に立てられた現役の公立図書館。数え切れない大阪人がここを訪れてきた。私も大阪関連の調べものでよく利用するし、浪人時代には自習室を使った受験勉強で大変お世話になった。まさに大阪を代表する公共建築。

とりわけ中之島図書館を「みんなの建築」と強く感じさせるのは、この施設が寄付によって建てられたという逸話。大阪屈指の財閥であった住友家の第15代当主・住友吉左衛門友純《ともいと》が、大阪のような大都市に立派な公立図書館がないのはおかしいと、建築物と図書の購入費の寄付を申し出た。友純は欧米諸国を外遊した際、アメリカの富豪がシカゴの美術館に多額の寄付をした話に感銘し、自分も社会的使命のひとつとして、公共の施設を建てたいと思い立ったのだという。

日本に寄付文化は根付かないとよく言われるが、必ずしもそうではない。次回に紹介予定の中央公会堂は株の仲買人として活躍した岩本栄之助の寄付で建てられた。大大阪時代を代表する近代建築・綿業会館も、東洋紡の岡常夫の遺言によって寄付された財産が元手になっているし、武家屋敷のような木造園舎で知られる愛珠《あいしゅ》幼稚園は、現在は大阪市立であるが、元々は船場の町衆が自分の街の子どもは自分たちで育てようと、資金を出し合って建てたものだった。

実は中之島図書館とこれら4つの建築は、いずれも重要文化財に指定されている。大阪の都心部・中之島と船場にある、近代以降に建てられた5件の重要文化財のうち、4件が寄付で建てられたものだ。別に意図して選んだわけではないだろうが、実に民都・大阪らしいセレクトといえるだろう。

話を中之島図書館に戻そう。現在中之島図書館については、今後のありようが議論されている。重要文化財に指定された優れた建築であることは前提としながら、それならもっと集客の見込める用途に使ってはどうかと、府市統合の議論に関連して話題となった。確かに、現在の状況は図書館としては手狭で、建築の魅力を必ずしも活かした使い方になっているとは言い難い。橋下大阪市長が美術館にしてはどうかと発言し、ツイッターなどで多くの意見が飛び交ったが、そのあたりは大いに議論すれば良いと思う。「みんなの建築」なのだから、みんなで決めればいい。

ただ中之島図書館には、大阪という都市のプライドを象徴する施設であってほしいと思う。中之島図書館は1世紀を超えて大阪人に使い続けられてきた。目先のことだけを考えることなく、現代に生きる私たちは、1世紀後の大阪に、この素晴らしい建築を届けなければならない。「みんなの建築」の「みんな」には、現在の私たちだけではなく、過去の大阪人、そして未来の大阪人も含まれているのだ。

アーチ屋根の一番上に飾られているのは2体の神像。当時の人々が大阪の発展に願いを込めた、商業の神メルキュールと、科学と平和の女神であるミネルバだ。当初の神像は戦時の金属供出で失われたとされているが、復元工事によって甦った。

3階特別室に面した壮麗なステンドグラスのアーチ窓は、2本の円柱で縦に3分割されるパラディアンモチーフと呼ばれる様式で、中央上部には鳳凰が描かれ、224個の丸い凸レンズが埋め込まれている。

赤レンガの壁を背景に、クラシックな様式で装飾された窓が配されている。

大集会室の正面玄関。保存・再生工事ではオリジナルを重視しながらも現代のニーズや機能に配慮し、新しく現代的なガラスの庇が設けられた。

大阪市中央公会堂

OSAKA CENTRAL PABLIC HALL

階段室の上部に設けられた半円の小ドーム。屋根を華やかなドームや窓で飾るデザインは、辰野式の特徴のひとつ。

中央公会堂を大きく特徴づける赤レンガの外壁は積んだものではなく、実は厚さ14ミリの化粧煉瓦を貼ったものだ。

赤レンガの壁に、白い花崗岩を帯状に回すのが辰野式の大きな特徴。中央公会堂では5段のボーダーになっている。

2002年の保存・再生工事の際に建物は地面から切り離され、地下にゴムとダンパーの免震装置が設けられて、重要文化財を地震から守っている。

大集会室

大集会室の折上げ天井は、日本建築の天井意匠を感じさせる。

赤レンガの辰野式建築。

中央公会堂の建築設計では、近代社会に相応しく、現在でいうところのコンペによって設計案が選ばれた。13名の建築家から応募があったが、応募者自らが審査に加わる互選式という珍しい方法によって審査が行われ、その結果、著名な建築家達を押しのけ当時29歳の若き建築家、岡田信一郎の案が選ばれた。

しかしそこには当時の日本の建築界を主導していた建築家、辰野金吾の大きな力が働いていた。辰野はこの事業に建築顧問という形で参画し、コンペ方式を提案、互選の審査にも加わっている。そして選ばれた岡田信一郎は東京帝国大学を卒業してまだ間もない、辰野金吾の教え子だった。

更に選ばれた岡田案はそのまま建設されるのではなく、辰野金吾の意向に従い変更が加えられ、大阪に設立した辰野の設計事務所によって実施設計が行われた。ことの成り行きは、辰野の思い通りに進んだといっていいだろう。結果的には、中央公会堂完成の翌年に亡くなる辰野金吾にとって、東京駅と並ぶ赤レンガの代表作に位置付けられる建築となった。何だかドラマのような話だ。

完成した中央公会堂のデザインは、一般にネオ・ルネサンス様式と説明されるが、そこには辰野が好んで用いたデザインスタイル、「辰野式」と呼ばれた特徴がよく現れている。赤レンガの壁に白い御影石で水平の帯を回し、窓まわりをクラシカルに装飾、屋根には大小のドームや屋根窓が華やかに配されている。辰野式の事例としては、他に京都文化博物館（旧日本銀行京都支店）や、規模は小さいが中央公会堂にほど近い、オペラ・ドメーヌ高麗橋（旧大阪教育生命保険・P68）などがある。

灯具のまわりにビーズをあしらった華麗なシャンデリア照明。

西洋の様式に基づいた中央公会堂だが、所々に和風の意匠も見受けられる。舞台を縁取るプロセニアムアーチ中央には、舞楽面の石膏像が飾られている。

コンポジット式の様式をもつ円柱は、大理石を模した擬大理石塗りが施されている。

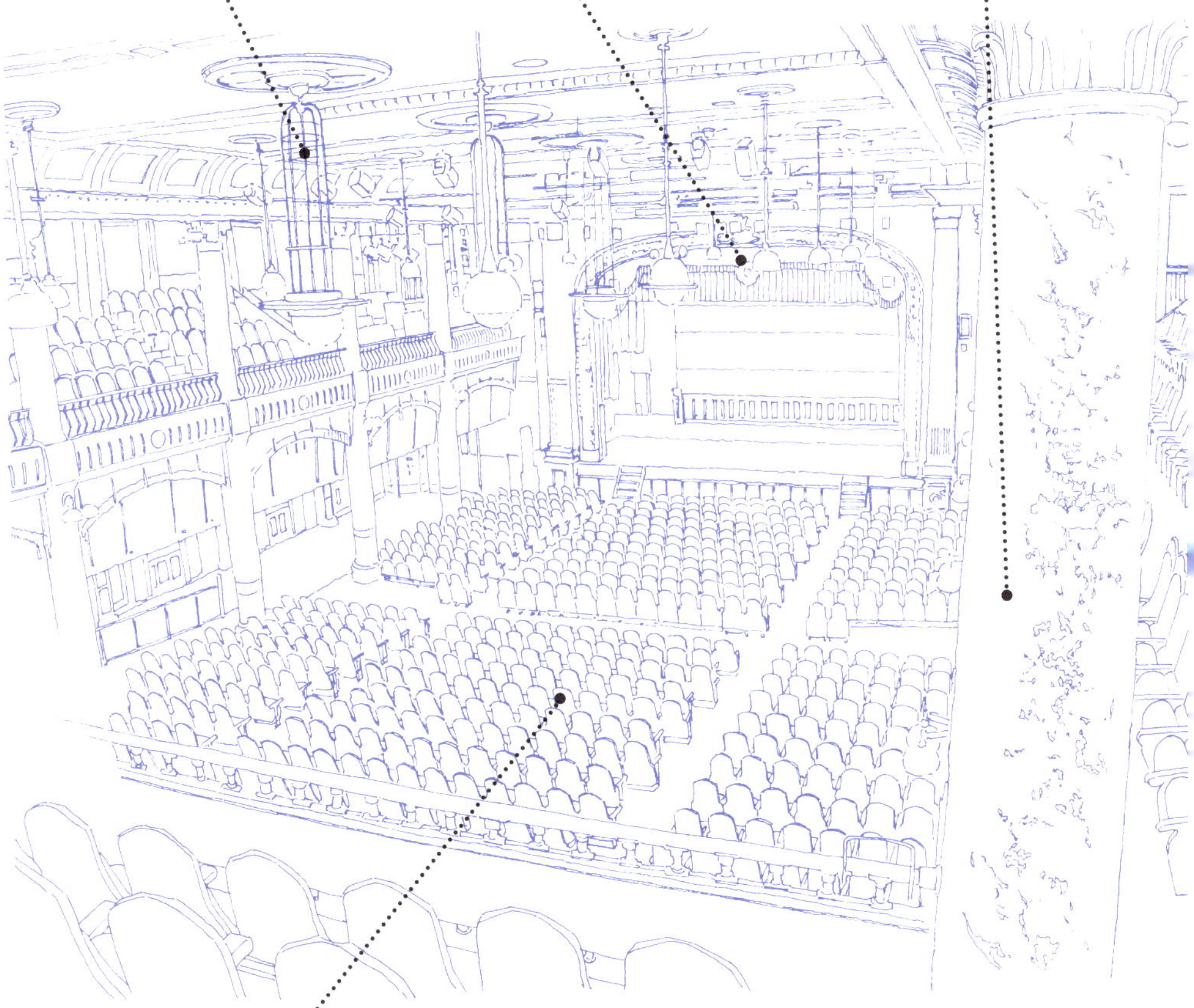

1000席を超える大集会室の客席。当初はフラットな平床で椅子も固定されたものではなかったが、1937年の改修で劇場のような勾配床に改修され、固定椅子へと変更された。

内部もクラシックなネオ・ルネサンスを基調としながら、装飾を幾何学的に簡略化したモダンなゼツェッション様式や、さらには和風の意匠も組み込まれている。例えば大集会室の巨大な天井が日本建築にみられる折り上げ天井になっていたり、中集会室には干支の動物をかたどった透かし彫りの装飾があったり。最も有名なのは、特別室に描かれた日本神話を題材にした天井画と壁画だろう。

建設年:1918年(2002年改修)
設計:原設計=岡田信一郎、
実施設計=辰野片岡建築事務所
重要文化財
●大阪市北区中之島1-1-27

大阪市中央公会堂

今も大人気、市民のための集会所。

高岡伸一

中之島図書館の東隣に並ぶ中央公会堂も、まさに市民のための集会所として、一世紀近くにわたって親しまれ続けてきた。コンサートや演劇はもちろん、ヘレン・ケラーやガガーリンが講演に立ち、戦争の空襲時には避難所として使われ、戦後の高度経済成長期には、地方から働きにやってきた人たちのための集団結婚式が行われたりもした。

この建物もまた、民間の寄付をもとに建てられている。北浜の株式仲買商として活躍していた岩本栄之助は、野村徳七、島徳蔵と共に「北浜の三傑」と呼ばれた人物で、１９０９年に大実業家の渋沢栄一を団長とするアメリカ視察団に同行、西洋の近代都市を視察するなかで、近代的な市民意識の醸成には大きな集会施設が必要だと思うに至り、帰国後に１００万円の寄付を大阪市に申し出た。しかし岩本栄之助は１９１６年、事業の失敗によりピストル自殺をはかる。中央公会堂の完成を見ずに39歳でこの世を去った岩本の悲劇は、中央公会堂に深い陰影を与えることとなった。

昭和40年代には中之島東地区の再開発が議論を巻き起こし、専門家や市民による大規模な保存運動が展開され、最終的には大阪市が正式に保存を決定した。また新聞社の呼びかけに応じて、保存のために約1万3千件、7億円を超える寄付が寄せられ、１００億円を超える保存・再生工事費の一部として使われた。中央公会堂は、大阪のみんなが守ってきた建築なのだ。

現在も立地の良さと施設の立派さ、それに反するリーズナブルな使用料が大人気で、毎月第一開館日の朝には、利用希望者の集まる抽選会が行われているそうだ。また会議や講演会だけでなく、

中之島

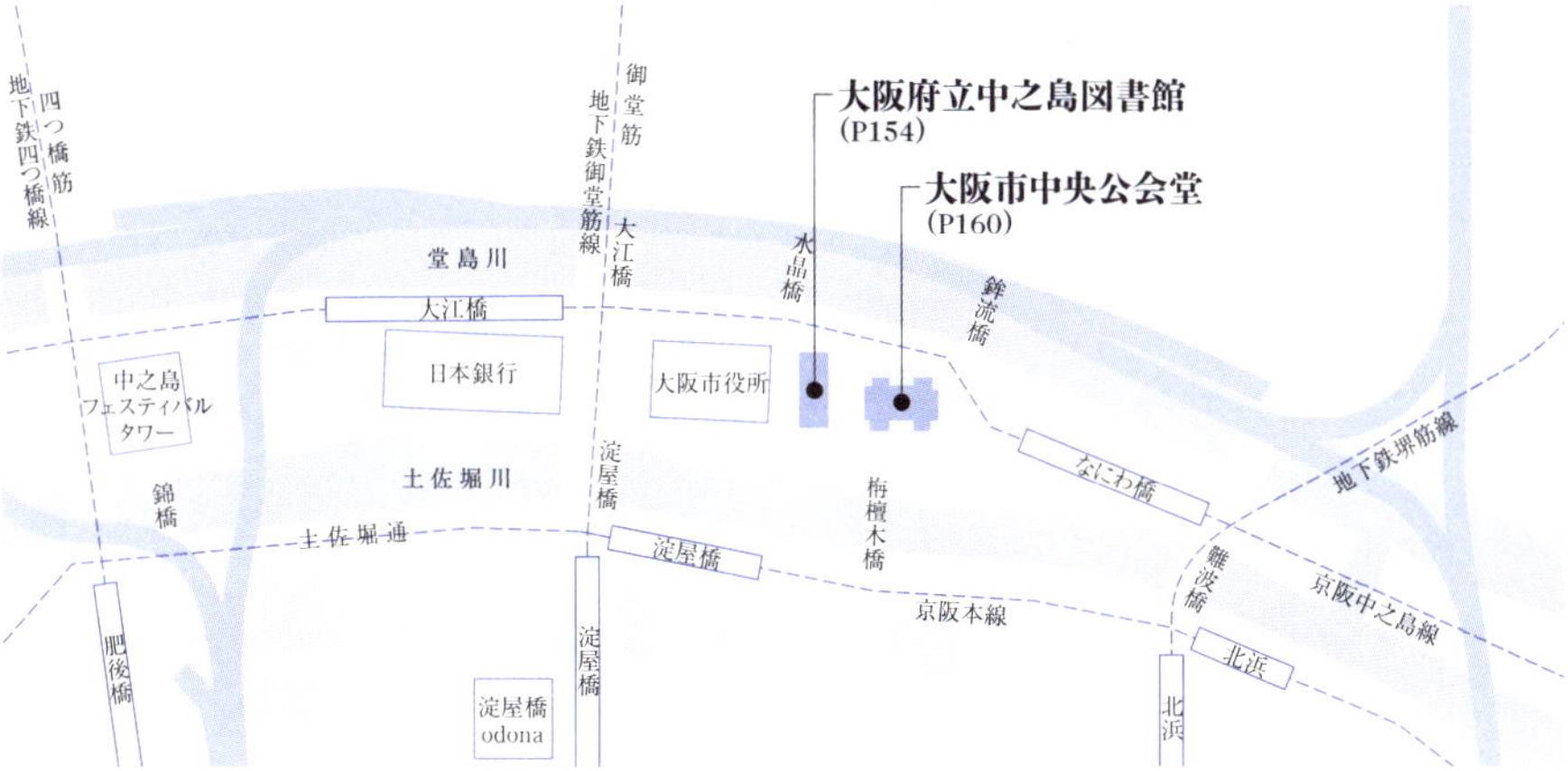

社交ダンスやウェディング会場としても人気がある。中之島の水と緑、そして中之島図書館と日本銀行と並ぶ建築群が織りなす景色は、大阪が世界に誇る第一級の都市景観といっていいだろう。

参考文献
『重要文化財 大阪市中央公会堂 保存・再生工事報告書』（大阪市教育委員会、２００３年）

国立民族学博物館

NATIONAL MUSEUM OF ETHNOLOGY

1981年に増築された講堂。
水盤が広がるメインエントランス。
1989年に増築された特別展示館。

西端の展示ユニットは後
年に増築された部分。

筒状のシリンダーには階段
やエレベーターなどの垂
直動線がおさめられている。

施設の中心にあたる中央
パティオ「未来の遺跡」。

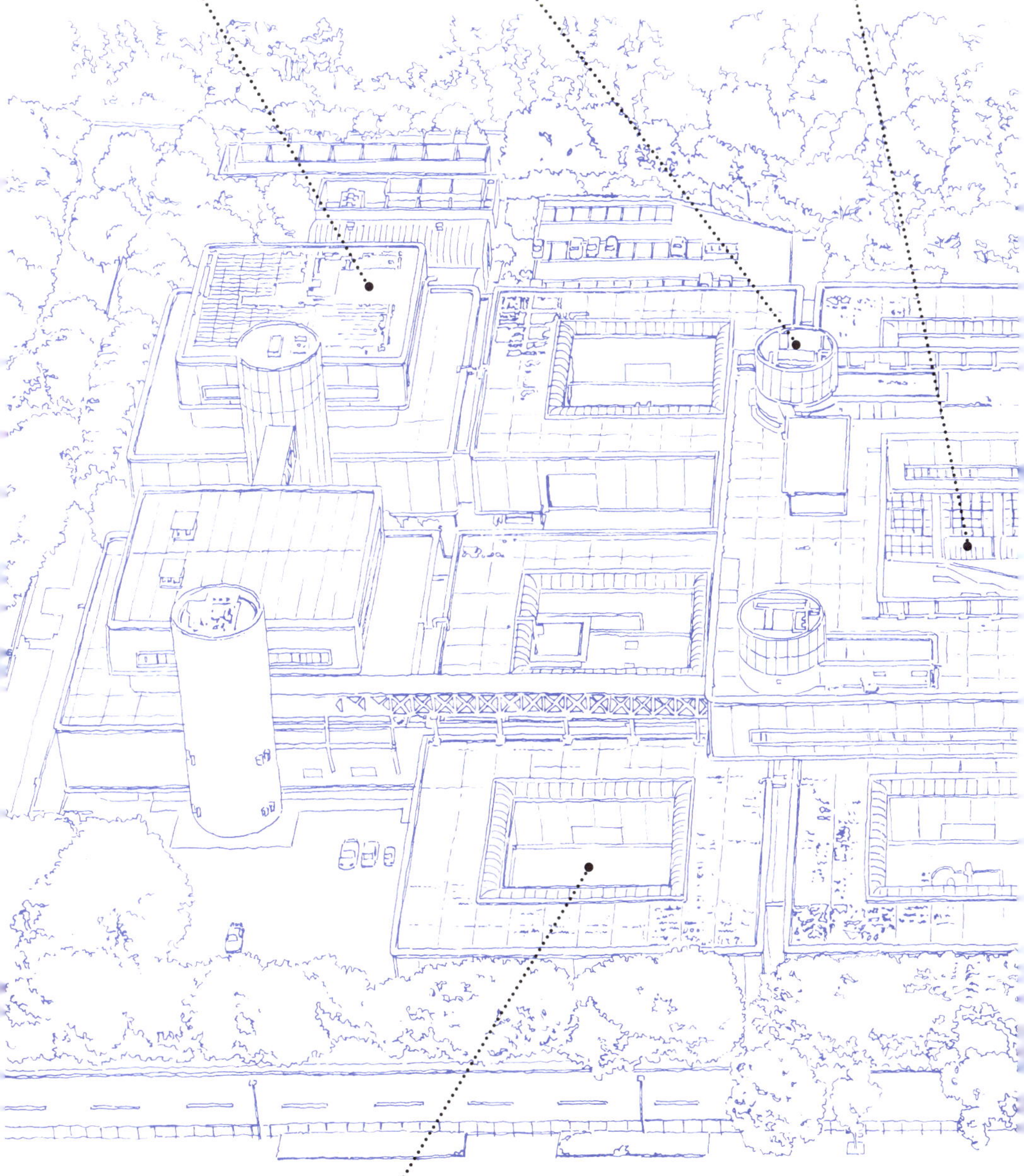

中央に中庭（パティオ）を
設けた40m角の展示空間
ユニット。

未来の遺跡

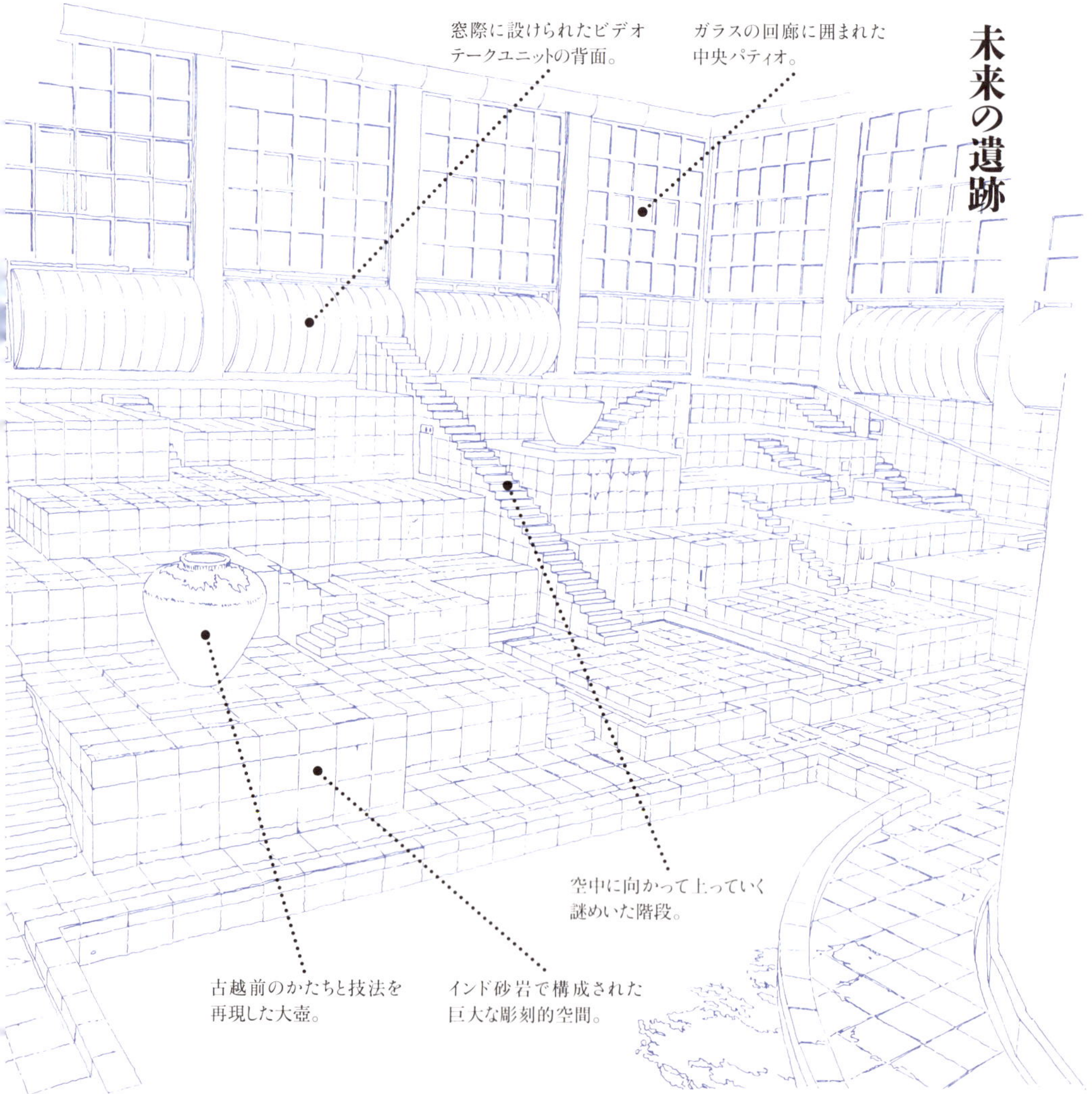
窓際に設けられたビデオテークユニットの背面。
ガラスの回廊に囲まれた中央パティオ。
空中に向かって上っていく謎めいた階段。
古越前のかたちと技法を再現した大壺。
インド砂岩で構成された巨大な彫刻的空間。

「みんぱく」という膨張し続ける生きもの。

みんぱくを設計した黒川紀章は東京大学の大学院在学中に早くも自身の設計事務所を立ち上げ、若い頃から大胆な構想案を発表するなどして、世界的にも知られる存在となっていた。１９７０年の大阪万博でもパビリオンの設計を担当し、国家プロジェクトであったみんぱくが開館した時はまだ43歳。早熟な建築家であったといえる。

黒川は設計に際して、40ｍ×40ｍの展示ユニットを単位に4万m^2を超える広大な敷地を分割して、東西に将来の増築部分を残して全体を構想した。40ｍ角の展示ユニットは中央にパティオと名付けられた中庭を配するロの字型になっていて、展示空間に自然採光を取り入れる他、ロの字が並ぶことで、展示空間の動線に回遊性をもたらすことを意図している。

ビデオテーク

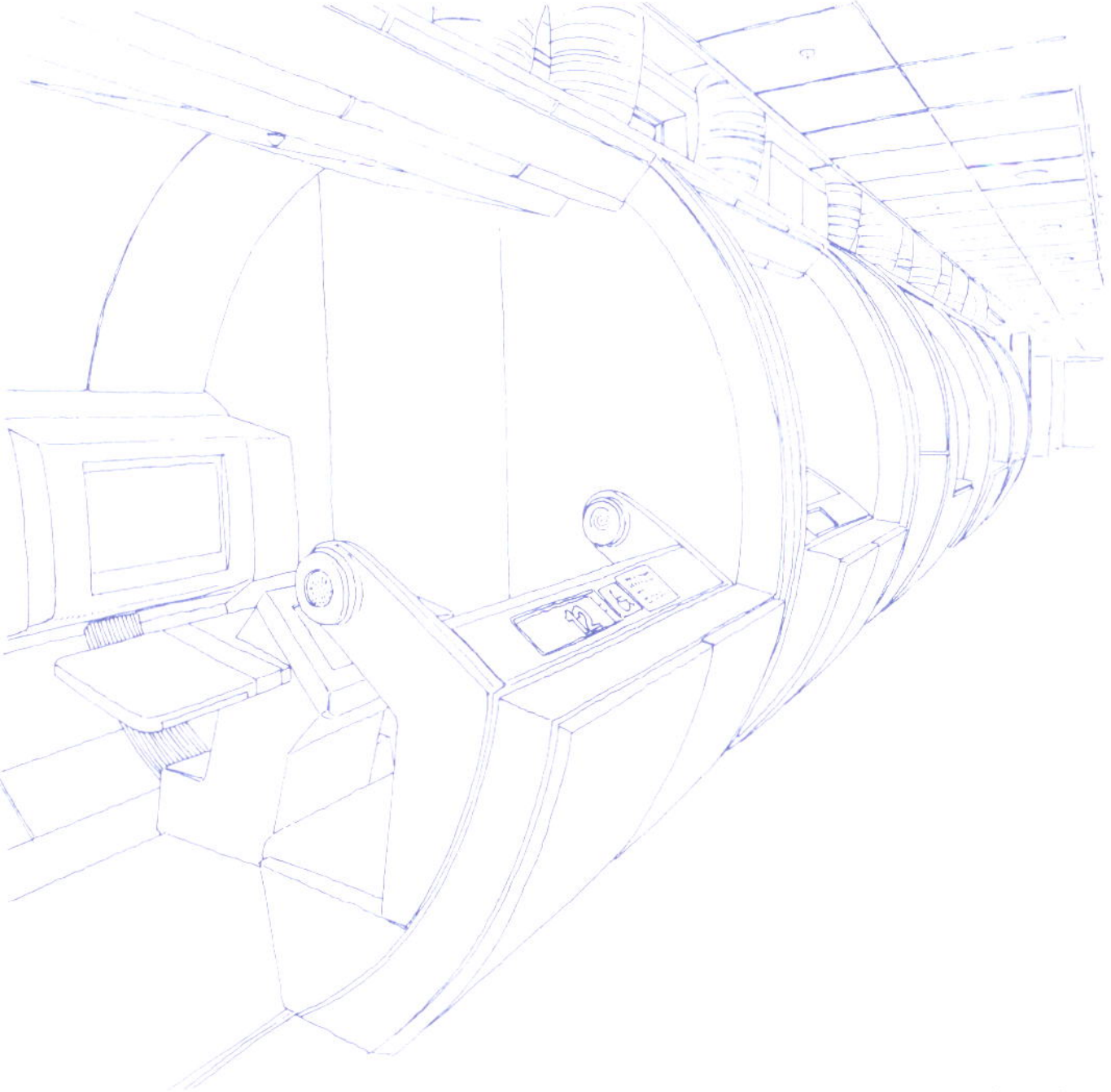

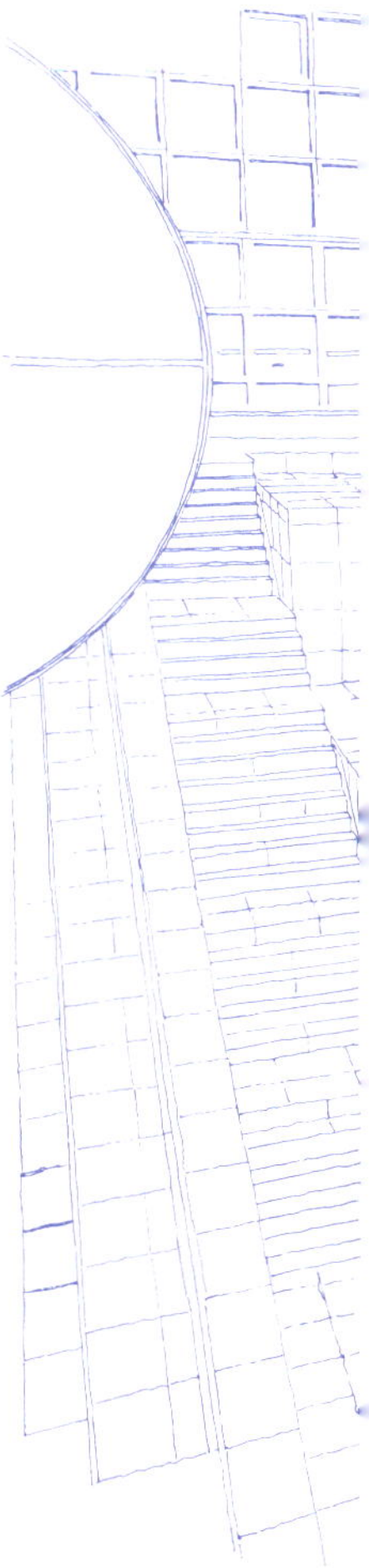

中央パティオの周りに配されたビデオテーク。1977年の竣工当時、観客が一覧表から選んだ映像資料を自動で再生するこのシステムは、世界初の画期的なものであった。現在はレトロフューチャーなデザインはそのままに、オンラインのデジタル動画配信システムに換装して、世界各地の映像資料を視聴することができる。

建設年:1977年
設計:黒川紀章建築都市設計事務所
●吹田市千里万博公園10-1

周囲の自然景観に馴染むように低く抑えられた外観は、地面から少し浮いたシンプルな直方体が、水平に並ぶようにデザインされている。外観を特徴付ける渋い色合いのグレーのタイルは、当時黒川が「利休ねずみ」といって好んで用いたもので、日本の風景にもっとも浸透しやすい色彩と考えていた。黒川は利休ねずみを物質的存在を消去する中性色と捉えていたが、初代館長の梅棹忠夫も、「よくみるとじつに千変万化の色彩をはらんでいるのに、すっととおってみたら、なにも色彩がなかったという感じになる」と感想を述べた。

みんぱくは１９７７年の竣工後、79年、81年、83年と展示場や講堂の増築を繰り返し、１９８９年には特別展を行う特別展示館も完成した。その後も増築を重ねながら、展示空間の刷新を繰り返し、現在もメタボリズムの思想を背景に新陳代謝し続けている。

国立民族学博物館

新陳代謝を繰り返す建物。

高岡伸一

公共建築の最後に紹介するのは、日本が世界に誇る国立民族学博物館、通称「みんぱく」だ。みんぱくには世界各地の民族や文化を特徴づける34万点の標本資料、7万点の映像・音響資料、そして65万点の文献資料が収集され、日常に使われる生活道具から、祭礼に用いられる衣装など、ありとあらゆるモノが展示空間を所狭しと埋め尽くしている。1977年、大阪万博の跡地に開館し、あの知の巨人、梅棹忠夫が初代館長を務めた。

みんぱくには、決して軽い気持ちで行ってはいけない。軽く見て回るだけでも、余裕で2時間はかかってしまう。腰を据えてじっくり観察しようものなら、1日ではとても足りない。人類の営みをダイレクトに伝えるモノの力に感動し、世界を凝縮した濃密な展示に脳は痺れ、見終わったあとはヘトヘトになってしまう。世界の果てから膨大なモノを集めてきた研究者の執念には圧倒される他ない。交通アクセスが不便なのが難点だが、何度でも足を運びたくなり、行けば必ず新しい発見と感動を与えてくれる。本館展示の他にも所蔵品と美術作家のコラボレーションを試みたり、意欲的な企画展、特別展を催すなど、話題性にも事欠かない博物館だ。

みんぱくは万博記念公園のちょうど中央付近に建っている。万博時にはスイス館があった辺りだ。公園のゲートから10分ほど歩いて行くと、人工池の背後に、万博後40年の歳月を経て生い茂った樹木に囲まれた、灰色のシックなタイルとアルミの鈍い輝きのコントラストが印象的な建築が現れる。

メタボリズムという建築思想。

みんぱくを設計したのは建築家の黒川紀章。晩年は政治活動などを通じてエキセントリックな言動がマスコミで面白おかしく取り上げられたりしたが、彼の残した作品と建築思想は、日本の現代建築に大きな影響を与えた。間違いなく、20世紀の日本を代表する建築家の一人だ。

黒川は1960年代、日本の都市が急成長した高度経済成長期に提唱された、新陳代謝を意味する「メタボリズム」という建築運動で中心的な役割を果たした。建築を固定したものではなく、生物のように新陳代謝していくものと捉え、古い細胞が新しい細胞へと入れ替わっていくように、建築も必要に応じて成長、更新されていくべきだと主張した。彼らの運動は世界的にも影響を与え、その功績を振り返る大規模な回顧展が、2011年に六本木の森美術館で開催された。

メタボリズムのアイコンとしてよく取り上げられるのが、カプセルのような住居ユニットを積み上げた黒川の代表作、東京の中銀カプセルタワーだ。大阪にも心斎橋にソニータワーがあったが、残念ながら既にない。メタボリズムの熱気は1970年の大阪万博でピークを迎えてその後終息していくが、みんぱくで黒川は広大な敷地にあらかじめ余地を残し、40m×40mの展示空間ユニットを並べ、将来建築が増殖していくことを想定した計画を提案した。そして1977年の竣工後、増え続ける収蔵品に合わせて、これまで何度も増築を繰り返してきた。

メタボリズムは理念としては大きな影響を与えたが、実際のところ実現した建築作品が新陳代謝していったかといえば、ほとんどが完成した当時のまま更新されることはなかった。そういう意味でみんぱくは、博物館の機能とうまくマッチして、メタボリズムの思想を体現してきた貴重な作品といえるだろう。

さて、「大阪名所図解」もこれで最後だ。これまで大阪にある数多くの建築などを紹介してきた。

それらは造形物として鑑賞される美術品ではない。ここで紹介してきた「名所」はあくまで使ってなんぼ、使われてなんぼの存在である。数多くの人がそこへ足を運んで身を置き空間と関係を結ぶことで「場」が生まれ、それが折り重なり堆積することで余所にはない、ここだけの「場所」へと育っていく。

この本で取り上げたのは必ずしも「観光名所」ばかりではない。ありふれた都市生活の背景に溶け込んで、普段意識することのない空間もある。しかしそんなありふれた日常を構成している場所の存在こそが、大阪を大阪たらしめている正体であるはずで、大体私たちはその場所が失われたときに初めて、その存在のかけがえのなさに気づくことになる。

みんぱくには道具だけでなく、民家や集落なども展示されているが、例えば50年後とか100年後、増殖を続けるみんぱくに「大阪」という展示コーナーが設けられたとして、ここで取り上げた建築や街場が紹介されたら、訪れた未来の大阪人や世界の人々は、そこから何を読み取るだろうか。私たちが全く意識しないような部分から、現在のステレオタイプな大阪イメージとは全く異なる、しかしどうしようもなく大阪的な固有の価値を、そこに読み取ってくれるのではないだろうか。

みんぱくの中央には「未来の遺跡」と名付けられた大きな中庭空間が設けられているが、みんぱくに引っかけて最後を締めくくるならば、私たちはまさに、現代の大阪という「未来の遺跡」を生きている。

※地図はP131の「万博公園」地図を参照

索引

大阪名所地図

キタ

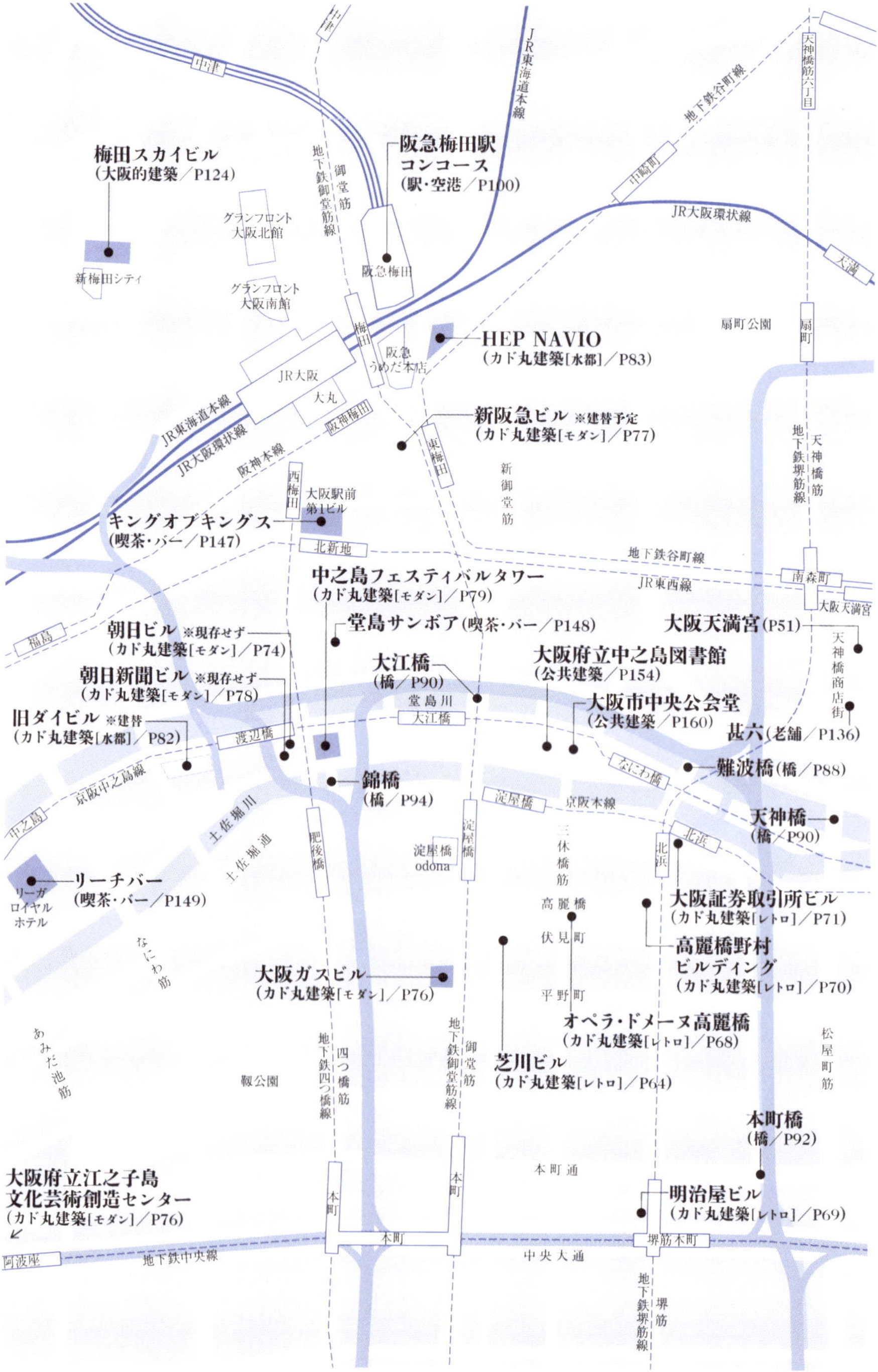

梅田スカイビル
（大阪的建築／P124）
新梅田シティ
グランフロント
大阪北館
グランフロント
大阪南館
阪急梅田駅
コンコース
（駅・空港／P100）
阪急梅田
JR東海道本線
中津
地下鉄御堂筋線
御堂筋
地下鉄谷町線
中崎町
天神橋筋六丁目
JR大阪環状線
天満
梅田
阪急
うめだ本店
HEP NAVIO
（カド丸建築［水都］／P83）
扇町公園
扇町
JR大阪
大丸
阪神梅田
新阪急ビル ※建替予定
（カド丸建築［モダン］／P77）
東梅田
JR東海道本線
JR大阪環状線
阪神本線
新御堂筋
地下鉄堺筋線
天神橋筋
西梅田
大阪駅前
第1ビル
キングオブキングス
（喫茶・バー／P147）
北新地
地下鉄谷町線
JR東西線
南森町
大阪天満宮
中之島フェスティバルタワー
（カド丸建築［モダン］／P79）
堂島サンボア（喫茶・バー／P148）
福島
朝日ビル ※現存せず
（カド丸建築［モダン］／P74）
朝日新聞ビル ※現存せず
（カド丸建築［モダン］／P78）
大江橋
（橋／P90）
大阪府立中之島図書館
（公共建築／P154）
大阪天満宮（P51）
天神橋商店街
堂島川
大江橋
大阪市中央公会堂
（公共建築／P160）
旧ダイビル ※建替
（カド丸建築［水都］／P82）
渡辺橋
甚六（老舗／P136）
京阪中之島線
なにわ橋
難波橋（橋／P88）
錦橋
（橋／P94）
淀屋橋
京阪本線
中之島
土佐堀川
土佐堀通
肥後橋
淀屋橋
淀屋橋
odona
三休橋筋
北浜
北浜
天神橋
（橋／P90）
リーチバー
（喫茶・バー／P149）
リーガ
ロイヤル
ホテル
高麗橋
伏見町
大阪証券取引所ビル
（カド丸建築［レトロ］／P71）
高麗橋野村
ビルディング
（カド丸建築［レトロ］／P70）
なにわ筋
大阪ガスビル
（カド丸建築［モダン］／P76）
平野町
オペラ・ドメーヌ高麗橋
（カド丸建築［レトロ］／P68）
あみだ池筋
地下鉄四つ橋線
四つ橋筋
靱公園
地下鉄御堂筋線
御堂筋
芝川ビル
（カド丸建築［レトロ］／P64）
松屋町筋
本町橋
（橋／P92）
大阪府立江之子島
文化芸術創造センター
（カド丸建築［モダン］／P76）
本町
本町
本町
本町通
明治屋ビル
（カド丸建築［レトロ］／P69）
阿波座
地下鉄中央線
中央大通
堺筋本町
地下鉄堺筋線
堺筋

ミナミ

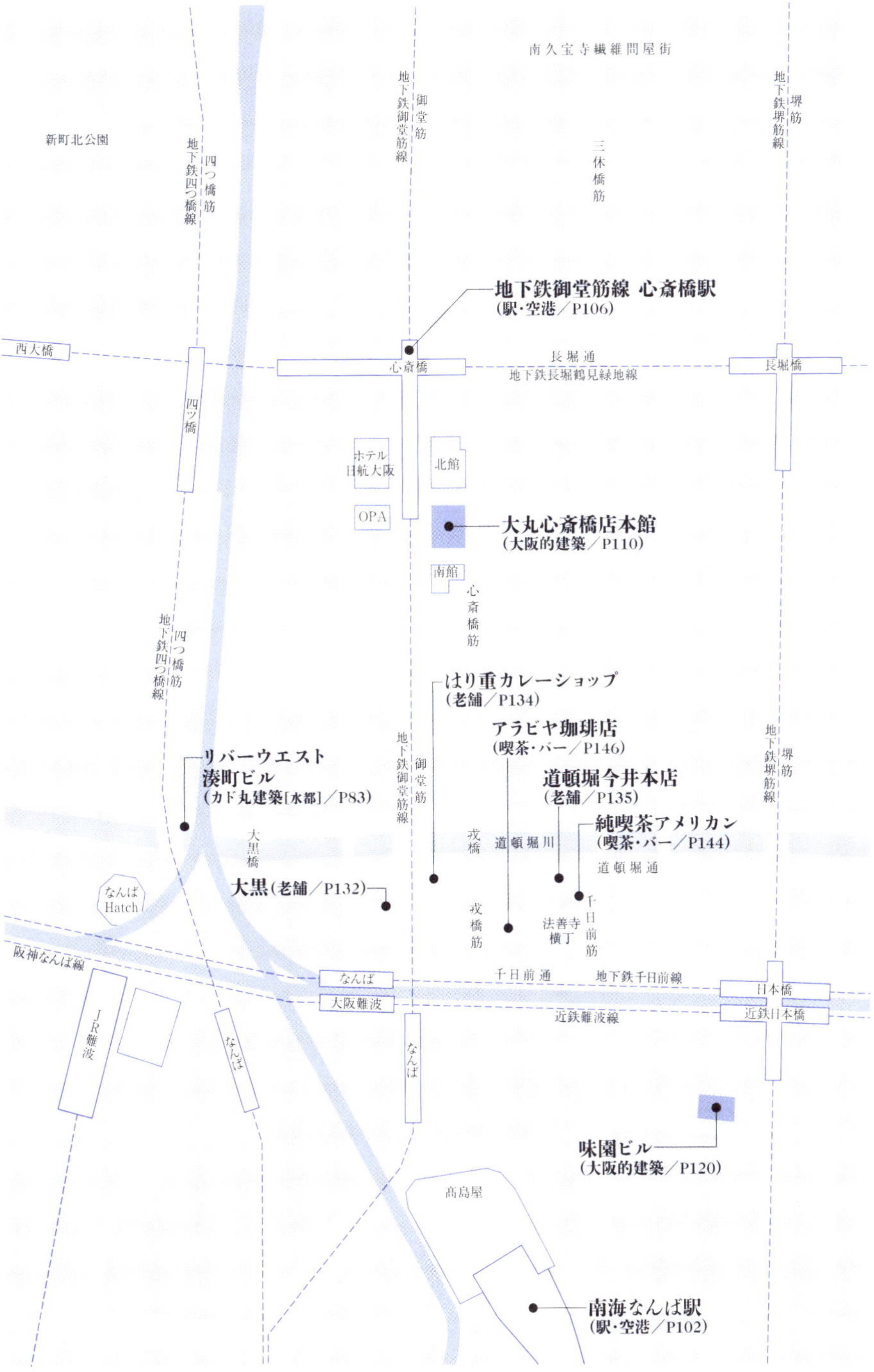

南久宝寺繊維問屋街
新町北公園
地下鉄四つ橋線
四つ橋筋
地下鉄御堂筋線
御堂筋
三休橋筋
地下鉄堺筋線
堺筋
地下鉄御堂筋線 心斎橋駅
(駅・空港／P106)
西大橋
心斎橋
長堀通
地下鉄長堀鶴見緑地線
長堀橋
四ツ橋
ホテル日航大阪
北館
OPA
大丸心斎橋店本館
(大阪的建築／P110)
南館
心斎橋筋
はり重カレーショップ
(老舗／P134)
アラビヤ珈琲店
(喫茶・バー／P146)
道頓堀今井本店
(老舗／P135)
純喫茶アメリカン
(喫茶・バー／P144)
リバーウエスト湊町ビル
(カド丸建築[水都]／P83)
大黒橋
戎橋
道頓堀川
道頓堀通
なんばHatch
大黒(老舗／P132)
戎橋筋
法善寺横丁
千日前筋
阪神なんば線
なんば
千日前通
地下鉄千日前線
日本橋
大阪難波
近鉄難波線
近鉄日本橋
JR難波
味園ビル
(大阪的建築／P120)
髙島屋
南海なんば駅
(駅・空港／P102)

綱本武雄（つなもと・たけお）
1976年神奈川県生まれ。多摩美術大学美術学部建築学科を卒業し、大学院修了後、尼崎や神戸、三田をはじめさまざまな地域活性化事業の企画・運営に携わる株式会社地域環境計画研究所へ。現在、同社取締役。作画活動も多く、絵を担当した共著に『工場を歩く』（神戸新聞総合出版センター）、『工場は生きている』（かもがわ出版）などがある。

酒井一光（さかい・かずみつ）
1968年東京都生まれ。大阪歴史博物館学芸員。専門は建築史。城郭・寺社・近代建築など大阪の歴史建造物について幅広く調査研究活動を行う。これまでに担当した展覧会に特別展「村野藤吾 やわらかな建築とインテリア」「民都大阪の建築力」などがある。著書に『窓から読みとく近代建築』（学芸出版社）、共著に『大大阪モダン建築』（青幻舎）など。

髙岡伸一（たかおか・しんいち）
1970年大阪市生まれ。髙岡伸一建築設計事務所主宰。設計活動と並行しながら、近代建築や戦後建築の再評価・利活用について研究し、特に大阪の活性化に繋げるべく実践を展開。共著に『大大阪モダン建築』（青幻舎）、『いいビルの写真集』『いい階段の写真集』（共にパイインターナショナル）など。2013年から大阪市「生きた建築ミュージアム」推進有識者会議委員。

江 弘毅（こう・ひろき）
1958年岸和田市生まれ。『Meets Regional』の編集長を12年間務めた後、現在株式会社140B取締役編集責任者。編集者として多くのメディアに携わるほか、新聞・雑誌・インターネットにおいて多数の連載を執筆。著書に『有次と庖丁』（新潮社）、『飲み食い世界一の大阪』（ミシマ社）、『「うまいもん屋」からの大阪論』（NHK出版新書）など。神戸女学院大学非常勤講師も務める。

初出
「寺社・城郭のかたち」
『大阪人』2012年4月号増刊「ザ・大阪のデザイン」を再構成
「街のランドマーク」
株式会社140Bウェブ連載（http://140b.jp/meisho/）を再構成

※金額・開館（営業）時間などの情報は2014年8月現在のものです。

大阪名所図解

2014年9月26日　初版発行

著者　画　綱本武雄
　　　文　酒井一光
　　　　　髙岡伸一
　　　　　江 弘毅

発行人　中島 淳
発行所　株式会社140B（イチヨンマルビー）
〒530-0004
大阪市北区堂島浜2-1-29　古河大阪ビル4階
電話　06-4799-1340
振替　00990-5-299267
http://www.140b.jp

印刷・製本　モリモト印刷株式会社
ブックデザイン　山﨑慎太郎
マップ　齋藤直己

ISBN978-4-903993-21-8